法学入門

永井和之 [編]
森　光

第3版

中央経済社

まえがき

　あまり知られていないが，ドイツの文豪ゲーテは，シュトラスブルグの大学で法学を学んだ法律家である。ゲーテは，『詩と真実』の中で自分の学生時代を回顧しているが，その中に出てくる若きゲーテは，法学の勉強に身が入らず，法学が面白くないと不満を述べる，怠惰な法学徒である。何とか学位はとるものの，それは補習教師の助けをかりての嫌々の勉学の末であった。それから250年の時がすぎた現代の日本の法学部にも，この若いゲーテのごとき学生が溢れている。

　法学の勉強は，砂を嚙むがごとき味気ないものと言う人もいる。それもそうかもしれない。しかし，その一方で，法学の世界に深く入り込むと，業欲な人間に安定と平和をもたらす叡智にふれることもできる。ひとたびこの域に達するや，それまで味気ないと思われた記述の中に，燦然とした知性の輝きを感じるようになる。ところが，多くの学生はそこまでたどり着くことなく挫折するか，あるいは栄達のための苦行と割り切り，この学問世界を足早に通り過ぎようとする。

　それではどうすればよいのであろうか。大学法学部で教鞭をとる本書の編者と執筆者たちの一致した考えは，①まずは法学という学問世界の全体の見通しをたて，②出発点をなす基礎的な事項をしっかり学び，③その出発点に何度も立ち帰るようにするというものである。そのための一助として本書は編まれた。本書では，序章で，法学という学問の歴史的展開を概観し，法学という学問の目指すところをつかむとともに，法学という学問世界の横の広がりを把握し，今後の勉学にあたっての指針を示すことにした。その上で，第1章で法学の全分野にわたる基礎知識を学び，第2章で公法，第3章で私法，第4章で刑事法の基礎的知識を，出来る限りシンプルに解説することをめざした。これらの基礎知識は，法学という学問世界でほぼ常に必要とされることである。また，この基礎知識は，必ずしも，われわれ日本人にとって常識ではなく，頭で理解し

なければならないものである。それも，しっかりと腑に落ちるまで理解してお
かねばならない。

　本書は，一人の人間が一生をともにし，棺にまで持ち込むような本ではない。
しかし，せめて法学の勉強を一通り終えるまで，すなわち大学法学部のカリ
キュラムを一通り終えるまで，勉強机の一角に置いておいてもらいたい。そし
て，法学の勉強で道に迷い途方に暮れるならば，しばしの休息の後，法学の勉
強の出発点をなす本書に立ち返り，再び足を前に踏み出して欲しい。そのよう
な願いを込めて，本書を世に出すことにしたい。

　本書がこのような形で出来上がるまで，様々な方々に有形無形の御協力をい
ただいた。特に中央経済社の露本敦氏と木村寿香氏には，多大なお力添えをい
ただいた。この場を借りてお礼申し上げる。

平成26年1月

永井　和之

第3版の刊行にあたって

　平成26年の本書の初版の出版より，早いもので6年がすぎた。この間，本書
の執筆陣の所属する中央大学法学部の他でも多数の大学で本書は教科書として
採用された。このことは執筆者の一人として望外の喜びである。今回の改訂で
は，新たに第5章を加え，法の解釈についての説明により多くのページを割く
ことにした。編者もまた1年次を対象とする「法学入門」を担当しているが，
その経験から，入門者に対し，早い段階で法学を学ぶ者が目指すべき到達点を
示しておく必要があると感じたからである。この第5章は初学者にはやや難解
かもしれないが，是非とも果敢に読解に挑戦してもらいたい。最後になったが，
初版から引き続き本書の「成長」にご協力いただいている中央経済社の露本敦
氏にこの場を借りて厚くお礼を申し上げたい。

令和2年2月

森　　光

法学入門■目次

まえがき

序　章　法学という学問

第1節　「法」という漢字 …………………………………………………… 1

第2節　法学史点描 …………………………………………………………… 3
　　　　1．古代ローマの法学／3
　　　　2．中世イタリアにおける大学法学部の誕生／5
　　　　3．近代自然法論とその影響／6
　　　　4．近代国家と法学／7
　　　　5．日本における欧米型法制度と法学教育機関の整備／8

第3節　法学という世界の広がり ………………………………………… 11
　　　　1．基礎法学／11
　　　　2．実定法学／14
　　　　3．実定法の伝統的分類／17
　　　　4．基本七法／18
　　　　5．20世紀に誕生した新たな分野／19

第1章　「法」とは何か

はじめに―「法源」とは何か ……………………………………………… 23

第1節　法の存在形式 ……………………………………………………… 24
　　　　1．成文法と不文法／24
　　　　2．憲　法／25
　　　　3．法　律／27
　　　　4．命　令／28

5．条　　例／28

　　　6．条　　約／29

　　　7．規　　則／30

　　　8．慣　　習／30

　　　9．判　　例／31

　　　10．条　　理／34

　　　11．学　　説／35

第2節　法の正当性の実質的根拠 ……………………………………36

　　　1．神　　意／36

　　　2．道　　徳／37

　　　3．君主の意思／39

　　　4．国民の意思／40

　　　5．伝統・継続性／40

　　　6．正義（iustitia）／41

第2章　公法入門

はじめに―「公法」の諸分野 ………………………………………45

　　　1．公法・公法学とは何だろうか／46

　　　2．公法を学ぶにあたって知っておきたい諸概念／51

　　　3．公法学の考察対象／54

第1節　主　　権 ……………………………………………………60

　　　1．主権とは何だろうか／60

　　　2．主権をめぐる公法学の議論／63

第2節　人　　権 ……………………………………………………68

　　　1．人権とは何だろうか／68

　　　2．人権をめぐる公法学の議論／72

第3節　統　　治 ……………………………………………………77

目次　3

　　　1．統治とは何だろうか／77
　　　2．統治をめぐる公法学の議論／81

第4節　権利の実現 ･･ 84
　　　1．権利の実現とは何だろうか／84
　　　2．権利の実現をめぐる公法学の議論／88

第3章　私法入門

はじめに―私法の位置づけ ･･･････････････････････････････････ 91
　　　1．私法とは／91
　　　2．市民法としての民法／92
　　　3．企業法としての商法／93
　　　4．労働法，不動産賃貸借法，消費者法／95

第1節　私法上の権利主体 ･･･････････････････････････････････････ 99
　　　1．人／99
　　　2．労働者，不動産賃借人／100
　　　3．消費者／102
　　　4．商　人／103
　　　5．法　人／103

第2節　所有権 ･･･ 107
　　　1．所有権の保障／107
　　　2．売買契約による所有権の取得／110
　　　3．所有権と利用権／114
　　　4．占有の機能／115

第3節　契　約 ･･･ 117
　　　1．契約自由の原則（個人意思尊重）とその制限／117
　　　2．契約上の債務の不履行（契約の拘束力と債権者の
　　　　救済）／123

3．権利の実現（強制履行の手続）／124

第4節　過失責任 …………………………………………………… 130
1．資本主義の出発点としての過失責任主義／130
2．過失責任主義の修正／131
3．他者によるリスク負担／133
4．予防法／135

第4章　刑事法入門

はじめに―「刑事法」の諸分野 ………………………………… 137
第1節　「刑法」とは ………………………………………………… 138
第2節　刑法の任務 ………………………………………………… 139
1．はじめに／139
2．刑法の任務／141

第3節　行為規範としての刑法，裁判規範としての刑法
……………………………………………………………………… 146

第4節　わが国の刑法と罪刑法定主義 ………………………… 147
1．沿　革／147
2．現行憲法下における罪刑法定主義／147

第5節　刑罰の正当性 ……………………………………………… 152
1．はじめに／152
2．応報刑論／153
3．目的刑論／154
4．相対的応報刑論／156

第6節　犯罪概念の明確化
　　　　　―犯罪の成立要件（三つの基本的要件）………… 159
1．はじめに／159

2．構成要件該当性／160

　　　3．違法性／163

　　　4．責任（有責性）／169

第7節　刑事手続 ·· 176

　　　1．刑事手続のもつ意義／176

　　　2．刑事手続の流れ／178

　　　3．公　判／179

　　　4．捜　査／182

　　　5．公　訴／183

　　　6．上訴・再審／185

第5章　実践の学としての法解釈学

はじめに―法の解釈とは何か ·· 187

第1節　法解釈学という学問 ··· 190

　　　1．歴史／191

　　　2．他の学問との相違／192

第2節　学理解釈（無権解釈）と有権解釈 ·················· 193

　　　1．学理解釈（無権解釈）／193

　　　2．有権解釈／194

第3節　文字通りの適用 ·· 196

　　　1．条文を探そう／196

　　　2．条文を読もう／198

　　　3．条文の内容を整理し，フローチャートをつくってみよう
　　　　／201

　　　4．あてはめを行う／203

第4節　発展的な法の解釈のための手段 ······················ 204

　　　1．拡張解釈・縮小解釈／205

２．反対解釈・類推解釈・勿論解釈／206

　　３．違憲立法審査権の行使／208

　　４．条理の適用（補充的法創造）／208

第５節　法の解釈の妥当性の実質的根拠……………………… 208

　　１．憲法の枠内におさまっていること／209

　　２．立法趣旨（立法者意思）／210

　　３．法目的（法律意思）／211

　　４．具体的妥当性・一般的妥当性／212

　　５．一般の人々の正義・衡平感覚への合致／212

　　６．まとめ―総合的判断の必要性／212

参考文献／215

索　　引／219

Column

1 世界の中の日本法の位置づけ／16

2 法令と判例の調べ方／33

3 脳死は人の死なのか／42

4 さまざまな民意／64

5 「権利の論理」と「制度の論理」／74

6 統治行為論／79

7 「弱者保護」という観点の変容／98

8 消費者事件被害者の実効的救済—消費者被害回復裁判特例法の制定／106

9 空き地・空き家問題，所有者不明土地問題／116

10 結果の妥当性と一般条項（信義則，公序良俗）／122

11 民事責任と刑事責任／131

12 法の支配／144

13 刑罰と損害賠償責任／159

14 決定論の行き着く先／171

15 様々な犯罪の態様（発現形式）／175

16 裁判員制度／186

17 法律用語の意味を正確におさえよう／199

序章

法 学 と い う 学 問

第1節 「法」という漢字

　法学とは，その名の示す通り，「**法**」についての学問である。その何たるか
を学ぶことが法学の主たる目的である。そこで，まずはこの「法」という漢字
の探求から始めることにしよう。

　周知の通り，漢字は中国より伝来した。漢字の中には日本に特有な和字ある
いは国字とよばれるもの（例えば，畑，峠，凪など）があるが，「法」という漢
字は中国に由来する。

　古来中国では，ルールや決まりを意味する用語として，「刑」が用いられて
いたが，春秋時代より，それにかわって「法」が用いられるようになる。法と
いう漢字は，もともとは灋という形であり，角をもった空想上の神獣，または
それによる神判を意味していた。この神獣は正邪の判断ができ，その角で邪な
者を突いたとのことである。この漢字を好んで用いたのは，韓非子に代表され
る「法家」の思想家たちであった。彼らは，「法」を，①刑罰，②官僚制的業
務の準則，③官吏登用の基準，④土地政策，経済政策，治安政策という意味で
用いた。

　しかし，その後の時代には，ルールや決まりを意味する漢字としては，「法」
よりもむしろ「律」の方が好まれるようになる。また，仏教伝来後には，仏の
道を意味するサンスクリット語のダルマという単語の訳語としてもこの漢字は
用いられるようになる。このように，「法」という漢字は，中国で古来より用

いられてきたが，それは様々な意味で用いられ，またルールや決まりを意味するもっとも典型的な語でもなかった。

　江戸時代までの日本の文語表現は中国の古典に大きく依拠していた。そのため「法」という漢字をめぐる事情は，中国と同様であった。確かに，聖徳太子の十七条憲法や武家諸法度のように，「法」が用いられることはあった。しかし，「大宝律令」「養老律令」という単語が示すように，ルールや決まりを意味するもっとも典型的な漢字は，むしろ「律」であった。また，公事方御定書や慶安の御触書のように，「お定め」や「お触れ」といった表現もしばしば用いられた。

　少し意外かもしれないが，「法」という漢字が今日的意味で用いられるようになるのは，明治以降になってのことなのである。明治時代になると，日本は，欧米型の国家・社会を構築する課題に直面した。その課題に応えるため，欧米の学問や技術が日本に伝わり，外国語を学んでいない日本人にも理解できるよう，専門用語が漢字へと翻訳されることになる。その作業の中で，ラテン語のiusに由来するフランス語やドイツ語や英語の単語が「法」と訳されることに決められたのである。

　ルールや決まりを意味する単語としては，ラテン語（およびその強い影響下にある西ヨーロッパの各国語も同様）には，ius（Recht, droit）とlex（Gesetz, loi）という二つの語がある。この両者は，似て非なるものである。

　iusという単語は，①裁判所，②ある国家や集団の内部で実効性をもっている規範，③権利，④正しいこと・もの，正義といった意味で用いられた。他方，lexは，もっとも典型的には，都市国家を構成する全市民より成り立つ民会で議決した事項（この中にはルールも含まれる）を指し，後にそれ以外の方法により制定された法規のことも指すようになる。iusの②の意味とlexとは近似しているが，前者は法規に限らず慣習法や学説法等も含むルール全般を指すのに対し，後者は規範が文の形で表現された法規（成文法）のことを指す点に相違がある（成文法と不文法という区分については，本書24ページを参照のこと）。

　また，前者には「正しい」という意味が内包されているのに対し，後者にはこうした含意はない。中国語由来の「律」や日本語の「お定め」「お触れ」とlexとはほぼ同義といえるが，iusに対応する単語を固有の日本語や漢字の中に

見いだすことはできない。今日では，一応，lexやGesetzやloiを「法律」と，iusやRechtやdroitを「法」と翻訳することにしている。

法学（Rechtswissenschaft, jurisprudence）という学問の認識対象は，このius＝法である。ところが，困ったことに，伝統的な日本語の中にこの単語に相当する単語が存在せず，明治期になって翻訳語として「法」という漢字がそれを意味する単語として使用されることになった。そのためか，「法」の意味が正しく共有されておらず，法学とは六法全書に記されている諸々の条文を覚える学問であるというイメージが流布しているように思える。

法をめぐる学問は，次節でみていくように古代ローマに発祥し，様々な思想をその内にとりこみつつ発展してきた。法学を学ぼうとする人間は，法という外来の概念をまずは謙虚に理解する姿勢をもたねばならない。そして，何が法であるかをめぐって長い時間にわたって続けられてきた真摯な取り組みに敬意をもち，この学問が多様な文化の総合的知見として成り立っていることを理解しておく必要がある。

第2節■法学史点描

1．古代ローマの法学

フィレンツェのラウレンツィアナ図書館に大切に保管されている，一対の古い書物から話を始めよう。この書物はそれぞれ450枚を超える羊皮紙から成り立っており，15世紀にフィレンツェがピサとの戦いに勝利した際，戦利品としてこの地に運ばれてきた。この書物がつくられたのは，それからさらに数百年を遡り，6世紀から7世紀のことと推測されている。その中身は，533年に東ローマ皇帝のユスティニアヌスが編纂を命じた**学説彙纂**（正式名称は，『我らの至聖の皇帝ユスティニアヌスによる法の詳解にして，あらゆる古法の集成，ディゲスタあるいはパンデクテン』）である。

「ローマ法大全」（Corpus Iuris Civilis）と称されるユスティニアヌスによる立法事業の成果は，次の四つの書物から成り立つ。すなわち，ハドリアヌス帝以降に制定された勅法（皇帝たちの命令，判決，通達等）をまとめた勅法彙纂（Codex），前1世紀から3世紀の法学者たちの著作物のダイジェスト版である学説彙纂，法学入門書である法学提要（Institutiones），そしてCodex公布後に

ユスティニアヌス帝が制定した勅法を集めた新勅法（Novellae）である。この中でもっとも重視されたのが，学説彙纂なのである。

　学説彙纂に集められた法学著作が著された時代は，ローマの帝政前期（元首政期）に相当する。この時代，ローマは，地中海を囲む領域を支配下におさめ，永く続いた内乱も収束させ，アウグストゥスまたはプリンケプスとよばれる支配者の下，安定した秩序を築き始めていた。この秩序はその後３世紀の初頭まで200年以上にわたり続くことになる。このような時代に数多くの法学文献が著されたのであった。そして，この時代は，法学の「古典期」と称されている。

　こうした法学文献は，ローマという都市国家の古より伝わる市民法を解説したもの，民会議決や元老院議決や法務官告示といった制定法について解説したもの，法学者の間で争われていた問題を集め自説を展開したものなどがある。学説彙纂には，92人の法学者たちのこうした著作が収められている。その著者たちは，前期にあっては，元老院議員などローマ社会の資産家にして名望家であった。後期には皇帝に仕える高級官吏たちが主となった。しかし，この92人の中には，特段の財力・権力をもたない法学教師もまた存在する。また，名望家や官吏たちにしても，その社会的地位ゆえに法学者として評価されたのではなく，その法学者としての声望，その学説の卓越さゆえに評価された人々である。

　法学者や法律家というと，裁判官・検察官・弁護士といった裁判実務のプロフェッショナルをイメージしがちであるが，ローマの法学者たちはこうした仕事を業とするものではなかった。また，元老院議員として，あるいは皇帝の側近として立法に携わった者もいるにはいたが，名の残る多くの法学者たちは立法者として活躍したわけでもない。彼らの活動の中心にあったのは，人々に法が何であるかを教示したり，適正なルールとは何かを考察して提言することであった。こうした彼らの活動こそが法学という学問の出発点となったのである。

　この時代の後期に登場したもっとも偉大な法学者の一人であるウルピアヌスは，初学者向け教科書の冒頭で，法学について次のように述べている。「これから法学の道に入ろうとするものは，先ず法（ius）という名称の由来を知らねばならない。この名称は正義（iustitia）に基づいて名付けられたものである。なぜなら，まことに正当にもケルススが，『法は善と衡平の術である』と定義

しているからである。世人がわれわれを『善と衡平の術の神官』と称するのは，妙味妙趣のいたりである。なぜなら，われわれは正義を敬慕し，善と衡平の知識に仕えるものであって，衡平を衡平にあらざるものから識別し，許されるものと許されざるものとを区別し，たんに刑罰の威圧によるばかりでなく，賞賜の奨励によって世人が善人となることを熱望し，もし私に誤りがなければ，真実にして，偽りのない哲理を体得したいと願うものであるからである」（訳は眞田『法学』10頁による）。このウルピアヌスの言葉は，学説彙纂の第1巻の第1章の第1番目に採録され，法学を学ぶ者がまず初めに触れるべき一文となった。

2．中世イタリアにおける大学法学部の誕生

　大学法学部という研究・教育機関の歴史は，11世紀のボローニャに始まる。この機関は，時の権力者によって設置されたものではない。法学を学ぶことを求める学生と，これを教示する教授たちが参集してこの大学は発祥した。教授たちの研究対象であり，かつ学生の勉学対象であったのがローマ法大全，特に学説彙纂であった。

　教授たちの研究は，まずはローマ法大全の個々の章句を矛盾なく理解することであった。この書物は，一見したところ，古代の著作や立法の無秩序な寄せ集めにすぎず，さらに個々の記述は相互に食い違う内容を有していることもある。このようなローマ法大全を首尾一貫した内容をもつものとして解釈することが彼らの目標であった。彼らは，ローマ法大全に注釈をつけ，そのテキストの語句や文の意味内容についての自らの解釈を展開した。講義の内容もその核心部分は，ローマ法大全の各記述の意味内容についての解説を行うことであった。

　数世代にわたりこうした活動は継続し，1230年頃，アックルシウスという法学教授がこうした注釈を集大成し『標準注釈』という書物を出版した。この書物は，ローマ法大全の意味内容の理解のためには大変便利なものであり，その後も永く利用されることになる。ちなみに，今日のローマ法研究にあっても，ローマ法大全の記述が一読してわからない場合，あるいはその記述と関連する記述がどこにあるかを探すために，この『標準注釈』が用いられる。

大学に参集した学生が目指したのは，第一義的には，法学教授となる資格（すなわち学位）を得ることであった。そのためには，教授たちの行っているような研究を行う能力をつけることが必要であった。しかし，こうした純粋に学問的訓練を受けた者は，当時の世界にあって，実務家としても重宝され，学位を得たものは大学の外でも栄達の道が開かれた。そのため，ボローニャの大学には，ヨーロッパ各地から多数の学生が集まることになった。その後，ボローニャにならって，プラハ（1348年），ウィーン（1365年），ハイデルベルク（1386年）でも，同じような大学法学部が設立されることになる。

ボローニャをはじめとする各地の大学法学部で教えられたのは，ローマ法であり，また教会法であって，大学のある国の法制度が教えられたわけではなかった。大学法学部が専らそれぞれの国の法を教えるようになるのは，近代以降のことである。

中世から近代に至るまで，西ヨーロッパ世界には，各都市や各国に固有の法と併存する形で，これらを超えて等しく通用する**普通法**（ius commune）が存在した。この普通法はローマ法と教会法とから成り立っており，教会法は教会の設置する裁判所で，ローマ法は，各国や各都市の裁判所において，固有の法による裁判ができない場合に適用された。また，国や都市どうしの紛争の解決をする際の基準となるのもこうした普通法であった。そのため，外交に携わるものにも普通法の知識が必要とされた。

まさしくそうであるからこそ，大学法学部でローマ法や教会法を学んだ者はどこの国や都市においても働くことができた。大学法学部で学んだ者は，故郷に戻ってよりよい地位を取得したり，あるいは別の国や都市に仕えることもできたのである。

3．近代自然法論とその影響

近代になると法学をとりまく環境は大きく変化する。なかでも特に大きな影響を与えたのが近代自然法論であった。

私法領域に多大な影響を与えた思想家は，グロチウス，プーフェンドルフ，トマジウスといった人々（彼らは思想家であると同時に当時の普通法についての法律家でもある）である。前述のように，中世以来，西ヨーロッパには，国や都

市を超えて通用する普通法が存在した。これらはローマ法大全とその解釈学説から成り立っていたが、**自然法**論者たちは、ローマ法のテキストへの束縛から離れ、普遍的に存在すべき理想的な法の構想を始めた。彼らは、人間の本性に立脚し、理性による考察を通じ、こうした法を認識し体系化することを目指した。

公法領域では、ホッブス、ロック、ルソーといった思想家たちがあるべき国家、あるべき国家権力の行使の仕方を理論化することを目指した。彼らの思想は一人ひとり独特のものであるが、共通して言えることは、神という超越的存在を思考の外におき、国家以前の状態、すなわち自然状態をまずは論じた上で、社会契約を通して国家が成立するという考え方をとることである。そして、そういうものである国家はいかなるものであるべきかという議論を展開する。

刑事法領域では、ベッカリーアを代表的な思想家としてあげることができる。この領域も、自然法論の誕生した当時にあっては、ローマ法に依拠しており、過去の権威に立脚した議論を行っていた。しかし、ベッカリーアら自然法論者は、社会契約を通して成立した国家にとってあるべき刑罰とは何かを考察し、理性により正当化され得る刑罰の在り方を提唱する。

こういった自然法論者たちの構想する自然法は、その時点では、単なる一つの思想にすぎなかった。当時にあって実定法であった普通法は旧来通り存在していた。しかし、こうした構想は、徐々に現実世界を動かしていく。フランス革命に代表されるように、こうした思想家たちの思想が社会の根本的な変革をもたらした。こうした動きは法学の外で行われたものであるが、革命の後、社会契約論に基礎をおく彼らの思想をベースとした憲法典が編纂され、それに依拠した形で国家理論や公法理論が形成されていくことになる。また、私法や刑事法領域では、ローマ法大全への束縛から離れ、自然法に依拠した形での自由な議論が可能となり、その成果が法典の編纂という形で結実していく。

4．近代国家と法学

この地球上には、歴史的にみても地理的にみても、様々な形態の国家が存在してきた。ところが近代になるとある一つの国家観が成立し、いまやその国家観に依拠した諸々の国家が全地球上を覆うに至る。その国家観によると、国家

とは独自の領土と国民とを有し，その範囲内で他国から独立した主権を有する
ものとされる。またそれぞれの国家は独立しており，ある国家と別の国家とは
平等であり，相互に支配・服従の関係にたつものではないとされる。こういう
国家を**主権国家**と呼ぶ。さらにある国家を構成する国民は，民族的にまたは歴
史的・文化的に一体性をもつべき（あるいは逆に一つの民族は一つの国家を構
成すべき）との思想がここに加えられた。そのためこのような近代国家は**国民
国家**（nation state）ともよばれる。このような近代国家は，16世紀以降にま
ずはイギリスやフランスで成立し，それがヨーロッパ全土へ，さらには地球全
土へとひろがっていった。

　もちろん法学という学問は，近代国家の誕生のはるか以前より存在し，国家
の枠内にしばられているものではなかった。古代ローマの法学はローマという
都市国家の法とあわせ，都市国家をこえて通用する**万民法**（ius gentium）を
その認識の対象においていた。中世の法学ではヨーロッパ全土で通用し得る普
通法（ius commune）をその対象としていた。ところが，近代に入り，主権国
家の概念が成立して現実化した。そして，各国はそれぞれ独自に法制度を形成
し始めた。とりわけ大陸法系の国々は，この時期に法制度を法典という形にま
とめることを目指した。そして法学は，こうした各国独自の制度をいかに運用
し，いかに継続形成していくかを主たる関心とするものとなった。

5．日本における欧米型法制度と法学教育機関の整備

　日本という国家は，大陸からほどよい距離をとる島々を領土とし，外敵の侵
入をほとんどうけることなく，他面，文化的に様々な外来の文物を摂取しつつ，
独自の国家制度，法制度を発展させてきた。こうした発展の成果は，われわれ
の現代の法制度や法学の基底をなし，日本で法学を学ぶものにとってけっして
無視することのできない重要性をもつが，やはり今日の日本の法学の出発点は，
明治維新にある。

　明治政府の急務は，欧米列強による植民地化の脅威の下にあって，日本を彼
らと対等にわたりあう力をもつ国家にすることであった。そのために，軍備を
増強し，経済的な力をつけるとともに，法制度を欧米化することが必要であっ
た。

明治政府がまず目指したのは，**法典**の整備であった。日本にとって運のよい
ことに，当時のヨーロッパ各国では，自然法論の影響により，社会変革の一環
として法典の整備が進められていた。法典は単に個別的な事項を規定する通常
の法律とは異なり，ある領域に関して，体系的かつ包括的な規定をもつ成文法
である。国家の基本的事項を規定する憲法典，私法の一般法を規定する民法典，
いかなる行為が犯罪にあたるかを網羅的に規定した刑法典，そして民事裁判に
ついて規定する民事訴訟法典，刑事裁判について規定する刑事訴訟法典，商人
の間の慣行に基づき成立しているルールをまとめた商法典，以上の六つの法典
が国家の法制度の中核をなすものであり，近代国家たるものはこれらを整備し
ているのが当然であるという風潮が存在した。そうであればこそ，これらの六
法典さえ整えれば，一応，欧米と肩を並べることのできる近代国家であると胸
をはることができたのである。

　法典を整えることで，一応，欧米型の法制度の装いをつけることはできるが，
これだけでは，法制度は機能しない。これに加え，専門的知識・技能をもった
法律家を政府は自らの内に抱えこみ，裁判官や検察官といった職務に従事させ
なければならない。また，欧米の法制度は，法律家という職能集団の存在を前
提としており，政府の外にも政府の法律家と対等にわたりあうことのできる法
律家（すなわち弁護士）がいなければならない。

　ヨーロッパでは，前述のように大学法学部が法律家の養成を担っていた。各
国家は，大学法学部の卒業生を雇うという形をとればよかった。近代になり，
政府の雇う法律家の数が増えていく時代になると，大学法学部に国家予算を投
入し，支援するという形をとることができ，各国家が自らの手で一から法律家
を養成する必要はなかった。しかし，大学や，法律家という集団がそもそも存
在していなかった日本にあっては，こういう方法をとることはできなかった。

　当初，明治政府は，司法省の内部に学校をつくり，将来裁判官や検察官にな
るべき人材を自ら養成しようとした。このタイプの教育システムは，当時，工
部省や陸・海軍でもとられた。司法省では，10代半ばの若者（その大部分は全
国様々な藩の武士の子弟たち）を集め，まずはフランス語を学ばせ，そしてフラ
ンス語で法学の勉学をさせた。その中で優秀な学生は，フランスへと留学させ
た。しかし，この方法で養成できる人間は数に限りがある。明治9年（1876）

に一期生20人，その8年後に二期生37人を卒業生として送り出したにすぎない。そこで，日本語で短期間に法学を学ぶ速習コースも内部に設置された。このコースは，明治12年に一期生47人，明治16年に二期生101人が卒業している。しかし，それでも，この時期における司法官の需用に応えることは到底できなかった。

　この状況を改善させるため，政府が明治10年（1877）代後半にとった方策が二つある。その一つは，東京大学法学部と司法省法学校とを合併させ帝国大学法科大学とし，ここの卒業生を行政官や司法官に採用するというものである。もう一つが試験による任用制度である。明治17年より試験による登用制度が開始され，法律学の知識を問う試験が課せられた。

　弁護士（代言人）については明治9年（1876）より制度化が始まる。この年に代言人規則が制定され，各裁判所ごとに希望者に免許が発給されるものとなった。すなわち，各地方の裁判所ごとに資格付与がなされた。この免許は一年ごとに更新を要するものであり，発給した裁判所のみでしか有効ではなかった。また，無理もないことではあるが，発給の際の審査では，欧米流の法学上の素養の有無ではなく，品行や履歴のよろしさが問題となった。

　代言人制度が本格的に整えられるのは明治13年（1880）になってからのことである。この年，代言人になるための試験が中央政府の下で行われることになった。そして，この試験の合格者には，日本全国の裁判所で活動する資格が与えられた。試験は司法省が実施し，民事法，刑事法，訴訟手続，および裁判に関する科目を受験することが求められた。この制度改革により，代言人の数は増加し，明治12年には全国で149名であったところ，13年には799人，14年には818人，15年には1,015名と増加していく。なお，東大法学部（帝国大学法科大学の前身）の卒業生は，当初は，この試験を経ずに代言人資格を得ることができた。

　明治政府による法制度の欧米化が順調に進んだ背景には，人材養成を初期段階から重視していたことがある。法典編纂のために外国人を招聘するのと時を同じくして，明治政府は日本人法律家の養成に向けた活動を始めている。その一つは前述の司法省法学校であり，もう一つは開成学校（明治10年より東京大学と改称）の中に法学部を設けたことである。この両方とも10代半ばの士族の

子弟を集め，前者ではフランス語，後者では英語の教育を施し，この言語を通して法学教育を施した。教師は当初は外国人が中心であった。ここの在学生や卒業生がフランスやアメリカ，そしてイギリスやドイツへと留学生として送られる。留学生たちは明治10年代の半ばになると続々と帰国し，自ら後進の育成を始める。

前述の通り，司法省法学校と東京大学法学部は合併し，帝国大学法科大学となる。ここの教師たちの中心となったのが，帰国した留学生たちであった。また，彼らはこの他にも，様々な法学校をつくったり，その運営に深くかかわるようになる。そしてこの時期に，専修大学，法政大学，明治大学，早稲田大学，中央大学，獨協大学，日本大学の前身となる法学校が誕生した。

第３節■法学という世界の広がり

１．基礎法学

法学という学問は，一言で言えば，法とは何かを探求する学問である。古代ローマに始まる法学の歴史を振り返ってみると，その探求にあたり，実際に動いている法実務を直接意識しつつ，実定法そのものを認識対象とする態度と，それとは一歩距離をとり，他の学問分野の方法論を適宜応用しつつ，法についての考察を進めていく態度とが併存してきた。前者が**実定法学**，後者が**基礎法学**と呼ばれている。まずは基礎法学からみていこう。

（1）　ローマ法─古典学と法学

古代ローマの法学は，人々に何が法であるかを教えることをその主たる役割としていた。中世に始まる大学法学部は，当初にあっては，このローマの法学をその時代に復活させることを目的としていた。ここでの勉学は，その時代のどこかの国や都市，あるいは国際社会で通用している法を学ぶのではなかった。また教授たちの研究もそうした法がどうあるべきかについての提言にかかわるものではなかった。彼らが目指したのは，まずは古代ローマの法学の成果を正確に認識することであり，古代より伝わるテキスト（つまりローマ法大全）の意味内容を明らかにすることであった。13世紀から14世紀にかけ，法学の関心

は，ローマ法大全に依拠しつつも，古代を志向するよりは現実に生起する問題の解決に向き始める。そして，大学法学部の関心は，ヨーロッパにあって国を超えて通用している普通法（ius commune）という実定法の維持・発展を担うことに移るが，その後にあっても，古典古代を範にとり，そこに回帰しようという動きは繰り返し現れてくる。

ヨーロッパは，様々な点で古典古代（ギリシア・ローマ）を模範としている。そのため多くの学問領域でギリシア・ローマから伝わる文献を研究する手法がとられてきた。哲学はいうまでもなく，医学すらも，ある時期までは古代の文献研究がその中核をなしていた。法学も事情は同じである。近代に入ると，科学の発達により，学問のあり方は大きく変わる。法学領域では，自然法論の中で理性的認識に基づく体系構築が目指されることになるが，自然科学や医学の分野で生じたような学問的方法論の根本的な転換は生じなかった。また，19世紀に入ってからもドイツの私法学に見られるように，古典回帰運動が再燃し，その動きのなかでドイツの民法典が編纂されていくことになる。そのため，法学という分野は，古代の遺産の影響を今日なお色濃く残している。こうした伝統を引き継ぎつつ古代の法制度の探求や，その現代への影響を探求するのが**ローマ法**という分野である。

(2)　法制史―歴史学と法学

法制度は歴史と深いかかわりをもっている。例えば日本国憲法第1章が定める天皇制は，1000年をはるかに越え2000年にまで及ぼうとする歴史をもつ。家族法上の夫婦や親子といった制度は，有史以前にまで遡る。そのため，現在われわれが用いている法制度を学び，その運用や改善を考察するにあたっては，その成り立ちや形成発展の過程を知っておく必要がある。

法は国家と密接不可分な関係にある。また国家は民族としばしば結びつく。日本国という現在の一つの国の法を理解しようとするならば，この国やこの国を構成する諸民族が歴史の中で法制度や法思想をいかに発展させてきたかを知らなければならない。これを担うのが**日本法制史**という分野である。

日本は明治維新以降，欧米の法制度・法思想・法学説を摂取してきた。また，今日の国際社会はヨーロッパの人々が形成した国際社会が基礎となっている。

そのため，ヨーロッパの法制度の形成過程は，日本の国内法や国際社会の法を考える上で大きな関心がもたれるところである。これを探求するのが**西洋法制史**という分野である。

(3) 法哲学—哲学と法

　哲学という学問は古代ギリシアに発祥した。ソクラテス，プラトン，アリストテレスらがその創始者たる栄誉を与えられている。この学問はありとあらゆるものごとをその対象にするが，その中のおそらくもっとも重要な対象の一つに，正義がある。前に述べたように，「法（ius）」という言葉には，「正しい」という意味が含意されている。そのため「正しい」とは何かを哲学が考察の対象にするとき，その営みは法学のそれと重なり合うことになる。法学領域でこの作業を行うのが**法哲学**である。

　古代ローマは，様々な点でギリシアの影響を受けているが，こと法学に関しては，ギリシア哲学の影響は部分的なものにとどまっている。中世にあっては，専ら古代の権威や神の権威が法の正当性の根拠を提供していた。ところが近代に入り，こうした束縛を法学が脱するや，法の正当性の基盤を哲学が提供することが求められることになった。近代自然法の思想家・哲学者たちの課題の一つがここにあったといえる。特に公法や刑事法といった権力作用の確固たる正当性を必要とする領域においては，その要請は極めて大きく，その事情は今日なおかわっていない。

(4) 法社会学—社会学と法学

　法学という学問は，もっぱら当為（どうすべきか）にかかわるものである。すなわち，われわれの社会をより良くするためにはどういうルールがあるべきなのかに主たる関心が払われている。しかし，このような提言を行うために，現状でどのような法が存在しているのかを把握しておく必要がある。この点に焦点をあてるのが**法社会学**という分野である。

　通例，法は法源の中にある。すなわち憲法，法律，条例，慣習などの法形式の中に存在すると理解されている。しかし，例えば法律の中にルールが書き込まれているとしても，それだけでそのルールが存在しているとはいえない。法

14　序　章　法学という学問

が存在するといえるためには，それが人々の間で一定程度遵守されている必要
がある。また違反者に対し実効的な制裁が加えられるシステムが機能していな
ければならない。こういう観点から法社会学では，人々の法意識，現実の紛争
処理過程，法律家たちの果たしている役割などを，主として社会学の手法を用
いつつ実証的に明らかにすることを目指している。

2．実定法学

(1)　国内法

「社会あるところに法あり」という有名な法格言が示すとおり，法は社会を
ベースとして存在している。今日ここでいう社会とは，第一義的には，国家で
ある。

今日の法学においては，国家の内部において存立する法の学習・研究が量的
にはより多くの比重を占めている。本書もまた主として日本の国内法の核心部
分の解説により多くの頁をさくものである。国内法の諸分野の分類・区分は次
節以降でみることにし，ここではそこに入る前提として，国内法の枠内におさ
まりきれない法学領域について概観しておくことにする。

(2)　国際法（国際公法）

今日の世界には200近い数の主権国家が存在する。これらの主権国家を主た
る主体として成立しているのが国際社会である。この国際社会をベースとして
成立している法を探求するのが**国際法（国際公法）**という分野である。

国際法は，国際社会の間に存在する慣習と，国際法上の複数の主体（主権国
家および国際機関）どうしの間で締結された条約とから成り立っている。平等
な主権国家から成り立つ国際社会にあっては，これらの主権国家の権利義務を
その意思に反して制限する規範を制定する機関（例えば，地球連邦議会のよう な
もの）は存在しない。

20世紀になると，国際社会にはUnited Nations（国際連合）をはじめとする
多数の国際機関が誕生した。これらの機関は国際法上の主体たる地位が認めら
れている。今日の国際法ではこれらの機関についても考察の対象としている。

第3節●法学という世界の広がり　15

(3)　国際私法

　日本の領土内で二人の日本国民の間で法律関係が生じた場合，そこでは日本の私法が適用される。それでは日本の国民と別の国の国民との間で法律関係（例えば，貿易や国際結婚）が生じた場合にはどうなるのであろうか。こうした場合にいずれの国の私法を適用すればよいかに関わるのが**国際私法**である。

　この点を決定するため，日本には，法の適用に関する通則法という法律が存在する。同様の法律を各国は有している。したがってこれらの法律を適用すればよいのであるが，例えばある法律関係について両国が自らの法を適用すべきと定めていたり，逆にいずれもが適用しないと定めているとすると，法律のみでは判断がつかない。こういう場合，国際私法という領域では，条約，慣習，条理（実質的には学説）に従って，いずれの国の法が適用されるべき法（すなわち**準拠法**）となるかを考察することになる。

(4)　外国法

　日本の大学では日本語で法学が語られている。日本語を公用語とする法秩序は現在日本のみである。そのため日本の法学は，日本国の国内法と，日本国がかかわりをもつ国際的な法分野に主たる関心がおかれることになる。しかし，これとあわせ，外国の国内法についても法学という分野で多くの関心がもたれている。

　外国法の研究は多様な意義を有する。第一に，現行の日本の法制度は主として欧米諸国の法制度を模範として形成されている。そのため，われわれの実定法の趣旨を理解するために，またそれを改善していくにあたり，模範にした国の法（**母法**）が学ばれることになる。こうした観点から**フランス法**，**ドイツ法**，そして**アメリカ法**が学ばれている。第二に，グローバル化する今日にあっては，外国の法知識が法実務上も，またビジネスのためにも必要とされる。こうした観点から日本と経済的な結びつきの強い，**アメリカ法**，また中国法・韓国法などの**アジア法**，さらには**EU法**への関心が高まっている。第三に，**比較法**という観点である。歴史上戦争が頻発していることからわかるように，人類は自らを律する秩序の形成を苦手とする。そうであればこそ，人類の様々な経験を総合的に考察する謙虚な姿勢が必要となる。こうした観点から様々な発想下の法

16　序　章　法学という学問

思想や法制度が学ばれることになる。近年では，上にあげた外国法の他，**イスラーム法**への関心も高まっている。

Column 1

世界の中の日本法の位置づけ

　今日の国際社会は約200の主権国家によってなりたっている。その個々の主権国家がそれぞれ独自の法秩序を構築しているが，その秩序の作り方にはいくつかのパターンがあり，それにあわせた形で，世界の法秩序をいくつかの法体系に分けることができる。

　今日の世界は，ヨーロッパの人々（その中でも，古代の末期に西ヨーロッパに侵入し住みついた人々）が作り上げた法思想・法観念がベースになっているが，このヨーロッパの枠内にもいくつかの法体系が存在する。第一に，ローマ法の影響を強く受けた法体系である。これは通例，大陸法系と呼ばれる。ここに属する国には，ドイツ，フランス，イタリア，スペイン，オランダなどがある。第二に，英米法系である。これはヨーロッパの中ではイギリスのみであるが，イギリスの世界進出の結果，現代では大きな影響力を有するに至っている。第三に，マルクス主義思想の影響下で成立した社会思想を基盤とする法秩序をとる社会主義法系である。

　近代に入り，ヨーロッパ諸国の世界進出（侵略）が始まる。地球上のあらゆる地域がヨーロッパの諸勢力と対峙することになった。その結果，元来存在していた社会は移民してきた人々によってとってかわられ，もともとの住民は単なる少数民族とされてしまった地域がある。北米大陸やオーストラリア大陸，ニュージーランドなどがこれにあたる。ここまでいかなくとも，ヨーロッパ諸国の植民地とされ，旧来の秩序が作りかえられてしまった地域もある。アジア，アフリカ，南米のほとんどの地域がここにあたる。

　日本は戦国時代にスペインやポルトガルと接触し，一旦はオランダを除くヨーロッパ諸国との交流を断った。しかし，19世紀になると，イギリス・フランス・アメリカの進出の波の中で，旧来の幕藩体制が崩壊することになった。しかし幸いにも欧米諸国の植民地となることはなく，そのため特定のどこかの国の法秩序をそのまま受容することはなく，自らの善しとする法制度を適宜取り入れる形で欧米型の法制度を構築していった。その結果，当初はフランスやドイツ，戦後は

第3節●法学という世界の広がり　17

アメリカからと，異なる国の異なる発想の下で形成された法制度を導入したため，法制度の全体像が多層的でやや統一性を欠くものとなっている。

　最後に，イスラーム法について少々述べておこう。7世紀初頭，メッカの預言者が創始したイスラーム教は，またたくまに西アジア，北アフリカへと広がり，その後も東南アジアやヨーロッパへと拡大していく。これは同時に，イスラームの教えに立脚した法秩序の拡大でもあった。イスラーム化された地域にあっては，この教えは単なる人々の信仰にとどまらず，法秩序の基本原理を構成するものでもあった。こうした地域もまた，近代に入ると欧米勢力と対峙させられ，旧来の秩序は大きな変化を被ることになった。しかし，東アジア世界の儒教が欧米の法思想に対抗できなかったこととは対照的に，イスラーム圏では今日でもイスラーム法は法秩序の根底をなしている。

3．実定法の伝統的分類

(1)　実体法と手続法

　古代ローマの法学者は，直接裁判実務に携わる人々ではなかった。法学上の問題を考察するとき，彼らは，一定の事実があることを前提にし，そのときにいかなる法的判断を下すべきかという点に専念していた。その際，その前提となる事実がどのようにして確定されるかについてはさほどの関心をもたなかった。彼らにしてみるとその仕事は弁論家の仕事であって法律家の仕事ではなかったのである。中世の大学法学部で研究対象とされた法とは，どこかの国や都市の法ではなく，ヨーロッパの普通法であった。この普通法は，少なくとも世俗法部分は，様々な国や都市の裁判所で適用されるものであり，その適用のための特定の裁判所があるわけではなかった。こうした伝統により，人の権利・義務の発生・変更・消滅にかかわる法（**実体法**）を特定の裁判所で用いられる手続とは切り離した形で論じるスタイルが形成されることになった。そして，そのスタイルは近代の，特にドイツの法学の中でさらに推し進められた。今日の主要六法典の内，民法典，商法典，刑法典，憲法典がこうした実体法について規定している。

　これに対し**手続法**とは，実体法により定まる権利・義務を—主として裁判という手段で—具体的に実現していく方法にかかわる法である。今日は，そのた

めに民事訴訟と刑事訴訟という二つの訴訟形態があり（行政訴訟は形式上は民事訴訟の枠内に入れられている），それぞれ法典が制定されている。

(2)　私法と公法

この区分は，古代ローマの法学者ウルピアヌスにまでさかのぼる。彼は「法学には二つの立場がある。すなわち**公法**と**私法**である。公法とは，ローマという国の地位に関わるものであり，私法とは個々人の便益にかかわるものである」と述べている。古代ローマでは，自由で平等な市民たちからなる社会の上に国家が存在すると考えられていた。こうした市民どうしの間の関係を規律するルールが私法である。これに対し，彼のいう公法とは，具体的には神事・祭式，神官や政務官などの役職の規律にすぎない。古代ローマの法学者の著作は，その大部分が私法を対象とするものであり，公法はこの時代にあってはまだ独自の原理に基づく法分野にはなっていない。

近代に入り，自然法の思想家たちによりなされた国家とは何か，またどうあるべきかについての哲学的議論を契機として，法学領域においても公法が体系的かつ独自の原理をもつまとまりとして自覚され，ウルピアヌスの上記の区分を借用する形で，私法とならぶ法分野に位置づけられることになった。

(3)　民事法と刑事法

民事法とは，当事者が対等の地位にたつという前提の下で成り立っている一群の実体法や手続法のことを指す。これに対し，犯罪の処罰や予防等にかかわる実体法・手続法のことを**刑事法**とよぶ。主要法典に関して言えば，民法，商法，民事訴訟法が前者であり，刑法と刑事訴訟法が後者である。

4．基本七法

今日，憲法・行政法・民法・刑法・商法・民事訴訟法・刑事訴訟法が法律学の基本をなす分野（法律基本7科目，基本七法）と位置づけられている。その名の示す通り，この7分野は法学を学ぶ上で必ず学んでおくべき分野である。

この7つの分野は，必ずしも，何らかの体系や論理によって区分されたというものではない。これは，概ね19世紀までに，それぞれ一定のまとまりをもつ

形で形成された分野の集合体である。そのため，この7分野を概観するには，形成過程を時代をおってみていくのが有益である。

　この中でもっとも古いのは民法である。民法は，もとをただすと，地中海世界における都市国家ローマの法にまでさかのぼる。都市国家というものは，自由で平等な市民によって構成されるという理念の下にあり，こうした市民たちの相互関係を規律するルールが民法の原型である市民法（ius civile）である（なお，この時点ではまだ手続法や刑事法も未分化な形で混在していた）。この時代，すでに公法と私法の区分があり，公法上の規律も当然存在してはいたが，こうした規律に関する学問はまだ存在してはいない。

　次に古いのが商法である。商法は，商人間の慣習法として成立した。中世イタリア商人や近代初頭のオランダ商人たちが国をまたにかけて活動する中で，様々な国の商人たちの間で通用する商法が形成された。

　近代に入ると，近代自然法思想の中で，国家の成り立ちやその正当化契機もまた考察の対象となり，こうした思想に立脚する形で各国で憲法典が制定された。そして憲法典に定まる国家の基本をなす制度の運用，形成発展のあり方を考察する憲法学が誕生した。また，行政による公権力を適正にコントロールする方法を考察する行政法学もまた生み出された。

　元来，刑罰も私法的枠組みの中で科せられてきた。ローマ法では窃盗や器物損壊等がなされた場合，被害者は加害者を民事手続で訴え，その中で贖罪金を請求した。この贖罪金とは単なる損害賠償ではなく，相手に罰を科すという性質をもつものであった。ところが，近代に入ると，刑罰権は国家が独占的に行使すべきものと考えられるようになり，刑事法が独自の法分野として捉えられるに至った。これとあわせる形で市民法から刑罰的要素が取り除かれた。

　西洋における法学は，主として実体法を対象とするものであった。しかし，18世紀以降，各国で訴訟法についての独自の法典が制定されていく中で，手続法についても独自の分野として認識されることになった。こうして民事訴訟法，刑事訴訟法という分野が形成された。

5．20世紀に誕生した新たな分野

　上でみてきた区分は19世紀までのヨーロッパの法学の中で生み出されたもの

20　序　章　法学という学問

である。日本は19世紀に国家や法制度の「欧米化」に取り組んだため，わが国の法秩序の基本部分はこの区分に立脚することになった。

　ところで，19世紀から20世紀にかけて，人類の歴史の中でも際立った形で，社会が変動している。資本主義は高度化し，人々の経済活動は全地球規模で進められるようになった。これに伴い，環境破壊という問題も顕在化してくることになった。そうした中，法学の中においても，新たな法分野が誕生してくることになる。これらは，伝統的区分にはとらわれずに展開していく。

(1)　社会法—特に労働法

　19世紀の私法は，古代世界を模範としつつ，自由で平等な市民によって構成される市民社会のための法であった。各市民はそれぞれ固有の財産をもち，自らの意思でこれを使用したり他人に譲渡できるものとされた。また，誰かに損害が発生した場合に各市民が法的に責任を問われるのは，その市民に故意・過失がある場合に限定されるとした。こうした思想から近代市民法の諸原則が導かれることになる。この考え方は，資本主義の初期段階における人々（特に新興のブルジョアジー）のニーズに則したものであった。

　ところが資本主義の発達に伴い，19世紀末から20世紀にかけ，富裕層と貧困層の格差が拡大していく（日本でも，江戸時代より明治期以降の方が貧富の差は拡大している）。私法は，すべての人々の関係を規律する一般法であるため，富裕層どうしの法律関係のみならず，富裕層と貧困層との法律関係にも当然に適用される。そうなると，前者においては妥当とされる規律であっても，後者においては不適当な結果を生み出す場合のあることがわかってきた。そこで，近代市民法の諸原則は様々な形で修正されることになった。こうした方向でなされた諸々の立法成果が**社会法**とよばれている。

　社会法に属する代表的な法分野が労働法である。社会が資本主義化する以前より，雇用という法関係は確かに存在した。しかし，その時代にあっては，雇用という契約により自らの生活のために必要な資金を得ている人は少なかった。人々の生活に必要な財の配分は身分関係に立脚する形でなされていたのである。ところが資本主義が高度化すると，多くの人々は労働者として働くことで自らの生活を支えるようになる。こうした労働者の地位を適正に守っていくために

労働法という分野が形成されることになったのである。

　労働法に関しては，19世紀に成立した諸分野のような統一法典は存在しない。労働基準法や労働組合法を中核としつつ，さまざまな個別法令からこの分野は成り立っている。

（2）　経済法

　人が生きていくためには，衣・食・住にかかわる財が必要である。この財は多くの場合有限であり，社会のルールに従ってその配分がなされなければならない。農業を中心とする社会では土地や家畜などの財産の配分が重要になるが，こうした社会では専ら身分関係と結びついたルールの中で財産は配分された。ところが時代が進む中で，貨幣を媒介とする物の取引が財の配分で占める重要性を増していく。こうした取引が行われる場を「市場」と呼ぶ。当初，市場はまさしく非常設の取引所である「いちば」と一致したが，それが飛躍的に拡大し，今日ではわれわれのほとんど全生活を覆うに至っている。

　市場は，取引関係や価格決定に関し，ある種の規制を自らの手で行う能力を有している。19世紀にあっては，この市場それ自体に内在されたメカニズムに委ねておけばよいという思想が支配的であった。この思想の下では，法とは，人々の自由な経済的行為のチャンスを確保するものでさえあればよく，それ以上の法の介入は不要ということになる。19世紀型の私法はこの発想の下にあった。ところが資本主義経済が高度化する中で，市場のこのメカニズムは決して万能ではなく，放っておくとやがて少数者による独占状態がおき，このメカニズム自体が機能しなくなることがわかった。そこで，今日では，市場のメカニズムが適正な形で維持され，これを通じ人々の経済活動の健全性を確保するためには，外在的な規制が必要であり，むしろそれをすべきであると考えられている。そのための諸立法が**経済法**とよばれ，その適正な運用を探求する独自の分野が形成されている。

（3）　環境法

　産業革命は人類に大きな恵みをもたらした。その反面，大気汚染や水質汚濁といった公害を引き起こした。さらに，地球規模での環境破壊ももたらした。

自由な経済活動を認め，過失責任の原理の下で責任を限定する19世紀型私法の下では，公害問題への適切な対応は困難である。甚大な公害被害は，しばしば人の予想を超えたところで生じる。ところが過失責任の原理によると，予想できなかった以上過失はないとして，被害を引き起こした者への責任追及ができない。また，自由な経済活動を保障する以上，行政による事前の介入も制限されてしまう。しかし，公害被害や地球規模での環境破壊を自由な経済活動の下で認容してよいわけではない。そこで，私法や公法の垣根を越え，適宜旧来の法理論を修正しつつ，公害の発生防止や環境保護を実現していくためのルールが必要となり，様々な立法がなされている。こうした立法を中心におきつつ，環境の維持を可能にできる法を考察していくのが**環境法**という分野である。

第1章

「 法 」 と は 何 か

はじめに―「法源」とは何か

第1章では，現在の日本における法とは何かについてみていくことにする。ここでいう法とは，ある国家や集団の内部で実効性をもっている規範という意味におけるそれ，すなわち**実定法***である。

> ***実定法と自然法**　ヨーロッパの法思想史の中では，人間がつくりだした実定法とは別に，人間の手によらずに生成した，人間を超える永久・普遍の法，すなわち自然法が存在するとされてきた。古代にあっては，様々な都市国家に共通して存在する，あらゆる人々に共通する法が自然法とされた。中世では，自然界に神の定めた法則が存在するのと同様，人間社会の中にも神の定めた法則があり，この法則が自然法であるとされた。近代に入ると，グロチウスに代表される近代自然法論者たちは，神という存在を意識的に排除した上で，人間の本性に基づく形で存在する自然法を構想するようになる。そして，このような構想の結果生み出された人権をはじめとする諸制度は，現代の法制度にとりこまれることになった。しかし，今日の法学において「法」を語る際，通例，自然法はそこから除外される。

裁判の場において，裁判官は，自らの信条に基づいて裁判をするのではなく，実定法を適用して，判決を下さねばならない。この実定法の由来する源が「法源」とよばれる。法源について入る前に，まず法の適用とは何かについて，簡単に説明しておこう。

法の適用は，次の三つの段階から成り立つ（参照図表1-1）。

図表1-1　法の適用の3段階

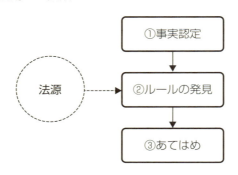

すなわち，①事実を認定すること，②この紛争の解決のために適用すべき規範（ルール）を明らかにすること，③規範を事実にあてはめて結論を出すことである。当たり前のことであるが，裁判官は己の信条にのみ基づいて判断を下してよいわけではない。裁判官は，この世の中でこの時点で有効であるとされている規範，すなわち実定法に基づいて裁判をしなければならない。この実定法の湧き出てくる源泉とされているものが「法源」とよばれるものである。

第1節　法の存在形式

1．成文法と不文法

　法の存在形式を整理するため，古代ローマより，これを**成文法**と**不文法**とに分ける区分が用いられている。
　成文法とは，規範の内容が文の形をとって表現されているものをいう。例えば，君主の定めた決まりやルールは，通例，その内容を文にして人々に知らしめるし，議会でルールを決める際には，まずは案を条文の形にした上で，それをルールとしてよいかどうかの議論が行われ，決議される。このようにして定

められ，条文の形をとるに至っているものが成文法とよばれるものである。通例，法という場合，こうした成文法をイメージすることが多いであろう。

不文法とは，その名の示す通り，ルールの内容が文の形で表現されていないものである。この形態の法源は，特定の誰かが定めたものではなく，複数の，そしてしばしば長期にわたる人々の営みの結果，でき上がったものである。それは例えば裁判官たちが判決を出す営みを繰り返す中で生み出されたり（判例法），法学者たちが法とは何かを不断に議論する中で形成されたり（学説法），人々の社会生活の中で自然に意識されるに至ったり（慣習法）するものである。こうした法形式は，明文をもって表現されているわけではないが，裁判において適用されるべきルールの源泉として扱われる。

法の歴史をふり返ってみると，元来は不文法が主で，成文法はそれを部分的に補完するにすぎなかった。そうした時代にあっては，法は「作られるもの」というより「在るもの」「発見されるべきもの」と理解されていた。近代に入り法典編纂が普及する中で，状況は逆転し，今日では成文法の方が主たる法源となっている。

2．憲　法

(1)　「憲法」の意義
後述のように「憲法」という用語には，実質的意味の憲法，立憲的意味の憲法，形式的意味の憲法という三つの意味がある。ここでとりあげるのは第三の意味の憲法であり，具体的には日本国憲法を指す。

(2)　誰が日本国憲法を制定したのか？
日本国憲法の前文は「日本国民は，……主権が国民に存することを宣言し，この憲法を確立した」と述べており，この憲法を制定したのが国民であるという立場を明確にしている。この点は，大日本帝国憲法とはまったく異なる。大日本帝国憲法では，天皇が憲法を定めたという形がとられている。日本の歴史を振り返ると，大日本帝国憲法は，天皇の名前でもって藩閥政治家たち（その筆頭にいたのが伊藤博文）がつくったものであるし，日本国憲法は占領軍の強い影響下でつくられた。しかし，法学領域において重要なのは，理念上は誰が

制定権者であるかという点である。

　前文に示されているように国民がこの憲法を制定した以上，この憲法を変更できるのは国民ということになる。ここでいう国民とは，一人ひとりの国民ではなく，一種の機関としての国民である。この国民には，国民投票という形で，憲法の改正の可否についての最終的決定を下す権限が与えられている（憲法96条）。この憲法を制定したのが国民である以上，かえるのも国民であるという理屈なのである。

(3)　最高法規としての日本国憲法

　日本国憲法は，単に法源の一つであるにとどまらない。この憲法により，いかなる法形式がこの国において法源たりうるのかが決定される。この憲法の下，国会の定める法律，内閣等の行政府の定める命令，地方自治体の定める条例，内閣が他国と締結する条約，最高裁判所の規則，衆議院・参議院の定める規則が法源性をもつことになる。

　また，この規定は日本国の「最高法規」であるとされ，この憲法下において法源と認められている法形式であっても，その内容が憲法の定めに反するときは法的効力を有さない。なお，その判断は裁判所に委ねられている。

3.　法　律

(1)　議会の定める制定法としての法律

　「**法律**」という用語も多義的である。ここでは，そのもっとも狭い意味について限定してみていく。その意味での法律とは，国会という議会で制定された成文法のことを意味する。他方，大日本帝国憲法では，帝国議会の協賛を経て天皇が定めた成文法のことを指していた。このように「法律」という用語は，わが国では新旧憲法下で一貫して，国民の代表者が集う国の最高の議会が制定に深くかかわる法形式のことを意味している。

　ヨーロッパの議会制度の歴史は長い。古代の地中海世界に登場したローマやアテナイといった都市国家は，その構成員である市民全員が一同に会し，国の重要事項を審議し議決するための会議体（民会）を有していた。この会議体を通じて形成される市民の総意は，国家の最高の意思であるとされた。中世の西

ヨーロッパの各国では，重要事項を決定する際に，貴族や聖職者といった各身分の代表者の集う身分制議会が開かれた。無論，これを開くか否かは王が決めることであり，またその決議に従うかの判断も王に委ねられていた。近代になると，国の主権者たる国民の代表者が集う議会が誕生し，この議会の決定は，国民の意思そのものであると考える思想が普及した。

この議会の思想が明治期になり日本に入ってくる（それ以前の日本の歴史には議会に相当するものを見いだすことはできない。欧米ではすでに2,000年の歴史を有している議会制度は，わが国ではわずか150年の歴史すら有さない）。それに刺激された形で，国の議会の設立を求める自由民権運動がおこり，また政府も国の近代化を推し進める必要性ゆえに，議会の開設に向け積極的に動き，明治23年（1890），初の帝国議会が開かれることになった。大日本帝国憲法下では，立法権はあくまでも天皇にあり，国民（当時の用語では臣民）は議会を通してそれに協賛するにすぎなかったが，現在の憲法下では，主権者たる国民がその意思を表明し立法する場として国会という議会は存在している。

(2) 日本国憲法における法律

以上のような歴史的・思想的背景の下，国会は日本の「唯一の立法機関」であるとされ，この機関の制定する規範である法律は，憲法を除くその他の法形式に優越する地位が与えられている。この後にみる命令や条例といった法形式は，法律に反する内容を規定してはならない。また，法律に反する慣習法は法的効力を有しない。これは，主権者である国民の意思を国の中心に据えるという思想から導かれている。

法律ができ上がるまでの過程を概観しておこう。国民といえども，国会に法律案を審議してもらうよう直接申し出ることができるわけではない。これができるのは，内閣という機関（憲法72条，内閣法5条）と国会議員たち（国会法56条）である。わが国の国会は衆議院と参議院という二つの議院をもち，この双方の議院で法律案が可決されることで法律案は法律となる（憲法59条1項）。これが原則であるが，いくつかの例外を憲法は定めている（同条2項以下）。

二つの議院での議決が法律制定の中心的な手続であるが，それのみで法律がその効力を発するわけではない。そのためには，さらに公布の手続を経ること

が求められる。公布は天皇の国事行為（憲法7条1号）である。そこで，議決が完了すると，議決した法律を記した文書は，衆議院または参議院の議長より内閣を経由して天皇に奏上され，その日から30日以内に天皇がこれを公布する（国会法65条・66条）。公布は，慣習法により，官報への掲載という形で行われることになっている。公布がなされると，別段の定めがその法律中にない限り，その日より起算して満20日が経過した日から施行される（法の適用に関する通則法2条）。

4. 命 令

「**命令**」とは，日常用語では，目上の者が目下の者に何かをするように言いつけることを意味する。法学でもそういう意味で用いられることもあるが，ここで扱う命令とは，国の行政機関が制定する規範のことをいう。この意味での命令には，内閣が制定する政令，内閣府の定める内閣府令，各省大臣が定める省令などがある。

今日の日本は，三権分立という統治原理を採用している。これにより，国会は国の唯一の立法機関とされ，憲法の特別の定めがない限り，国会以外の機関による立法は許されない。議会制度の歴史は，大きな流れでいえば，王の有していた立法権を議会が掌握していくというものである。日本に関していえば，大日本帝国憲法の下では天皇に立法権があり，天皇は議会の協賛を経て制定する法律以外に，命令を制定することができた。しかし，日本国憲法はこれを認めていない。

以上の統治原理の下，今日では，行政機関が命令という形で制定できる事項は限定されている。すなわち，命令は，法律により委任された事項および法律を執行するための事項に関してのみ制定することができるにすぎない。前者の命令を**委任命令**，後者を**執行命令**という。

5. 条 例

「**条例**」とは，今日の法律用語では，都・道・府・県や市・町・村といった地方公共団体が制定する法形式である。各地方公共団体はそれぞれ議会を有し，この議会が条例を制定する。

日本国憲法は，大日本帝国憲法とは異なり，地方自治についての独立した章（8章）を設け，一定の範囲で各公共団体の自治を認めた。その一環として，各地方の運営に関し，住民の民主的運営を実現するため，各公共団体の議会にルールを制定する権限が認められている。しかし，これはあくまでも自治の範囲に限定され，さらにその範囲内であっても憲法・法律・命令に反することはできない。

6. 条 約

「**条約**」とは，国際法上の複数の主体（国家や国際組織など）の間で文書の形で締結された合意のことを指す。その文書のタイトルに，条約（treaty）という名称の他，協約（convention），協定（agreement），憲章（charter）といった名称がつけられていても，これらは条約という概念に包摂される。有効な条約は，この国際法上の主体を国際法上拘束するのみならず，その締結国の国内にあって一つの法源として扱われる。

かつての国際社会では，条約の締結は国家の元首によって行われるものであった。すなわち，王や皇帝という名称をもった元首の地位にある特定の人間が条約を締結する権限をもつとされていた。その頃は，こうした元首に立法権も帰属していた。元首本人が他国との交渉に臨むこともあり得たが，通常は，元首より全権委任をうけた使節が交渉を行い，合意文書を作成しこれに調印した。この使節はそれぞれ自国にこの文書を持ち帰り，元首がこの条約を承認した。元首のこの行為を**批准**という。双方の元首が批准をすることで，条約は発効することになる。その後，議会が立法権を掌握することにより，この条約成立までの過程に議会が関与するようになる。

日本国憲法の下では，条約の締結は内閣が行うとされている。すなわち，国際社会における元首の地位に内閣がついているのである。内閣から派遣された使節が合意文書を作成して調印し，それを内閣が批准する。しかし，その批准は，事前または事後の国会による承認を必要とする。上記のように条約は一種の立法的作用を有するが，立法権は国会に帰属するので，こうした承認手続が必要となるのである。

7. 規　則

　「**規則**」という用語には注意が必要である。「規則」には，①議院規則，②裁判所規則，③法形式は命令であるが「規則」と称されるものがある。それぞれ，制定権者が異なる別種の法形式である。

　議院規則は，衆議院または参議院が制定する。両議院はそれぞれ，憲法58条2項に基づき，「会議その他の手続及び内部の規律に関する」規定を，また「議員の懲罰に関する」規定を規則という法形式で制定することができる。

　裁判所規則は，最高裁判所または下級裁判所が制定する。憲法77条1項は，最高裁判所が「訴訟に関する手続，弁護士，裁判所の内部規律及び司法事務処理に関する事項について」規則を定めることができること，また同条3項は，最高裁判所が下級裁判所に，下級裁判所に関する事項についての規則制定を委任できると定めている。

　上述のように，行政機関の制定する規範は命令とよばれるが，命令という法形式でありながら「規則」という名称をもつものがある。例えば，会計検査院や人事院は，それぞれ法律に基づき「規則」を定めることができるとされている。また，地方公共団体の長は，地方自治法に基づき「規則」を制定することができる。こうした規則は，裁判所規則や議院規則のように憲法上認められた独自の法形式ではなく，命令の一種であり，命令に関して述べた制限があてはまる。

8. 慣　習

　数多くの人々が集い，世代を超えて社会が継続すると，その人々の間で，反復継続される行動様式が自然にでき上がっていく。こうした行動様式のことを慣行という。そして，人々の間で，こうした行動様式をとるべきという規範意識が共有されるに至るならば，そこには**慣習**（あるいは**慣習法**）が存在している。

　古代ローマの私法は，その大部分が慣習法により成り立っていた。どうすれば所有権が移転するか，所有権の内容が何であるか，どうすれば債権が成立するかといった私法の根幹部分は，そのほとんどが慣習法に依拠していた。無論，慣習法というのは，人々に共有されている規範意識をその核心部分におく以上，

明確にその存在を確認できるものではない。そこで何が慣習法の内容であるかについての昔からの伝承を継承し，その内容を人々に明らかにする人を必要とした。これをする人が法律家であった。

近代になり法典編纂がなされると，それまで不文法という形で存在していた法は，その大部分が法典の中にとり込まれることになった。そのため，慣習法が問題になる局面は非常に限定されることになる。今日の日本では，法の適用に関する通則法3条に基づき，慣習は，法令の規定により認められたもの，あるいは法令の規定のない事項に関するものに限り，法源性を与えられている。すなわち，裁判において慣習に由来するルールを適用できるのは，それが法律・命令により認められている場合，あるいは法律・命令に規定が何もない場合に限定されている。

法の適用に関する通則法は，慣習法の適用に関する一般的な規律を定めているが，商法分野と民法分野では，それとは異なる特別な役割が慣習法に担わされている。民法92条は，法令中の任意法規（当事者がある法規とは異なる内容を合意した場合に，その合意の有効性が否定される場合，その法規は**強行法規**であり，合意の有効性が否定されず法規の適用が排される場合，その法規は**任意法規**ということになる。民法の規定の大部分は**任意法規**である）に反する慣習があり，当事者がその慣習に依拠して行為していると判断される場合，裁判官は任意法規ではなく慣習により裁判をすべきと定めている。すなわち，民法では，任意法規である民法の条文よりも慣習の方が優先的に適用されるのである。

商法1条は，商事に関しては，商法の規定がまずは適用され，それがない場合には商事に関する慣習，それもない場合に民法の規定が適用されるべきと規定している。ここでも，慣習は民法の規定よりも優先される。元来，商法典は，商人の間での慣習法を成文化したものであり，一般の人々の間とは異なる独特の規律が商人の間では通用すべきものと考えられていたためである。

9．判　例

判決とは，裁判所または裁判官の行う公権的な法的判断のうち，口頭弁論に基づいてなされるものをいう。訴訟は，通例，この判決でもって終わる。この判決に不服がある場合，当事者は上訴することができるが，その手続を経て，

判決を変更できない状況になった場合，その判決は確定判決とよばれる。こうした確定判決は，その事件に関していえば，当事者および国家機関などを拘束する。それでは，その後，同じような事件が発生したとしよう。その場合，その事件を担当する裁判官は，以前の判決に拘束されるのであろうか。この問いに対する答えは否である。裁判官は憲法や法律には拘束されるが，過去になされた判決には拘束されない。

判例とは，通例，先例となるべき判決や決定のことをいう。通常，裁判官は過去の判決に拘束されることはない。しかし，先例として参考にすることは当然あり得る。自分が担当している事件に関し，過去の判決の集積の中に，参考にすることのできる例を見いだしたとき，その判決を「判例」とよぶことができる。しかし，この判例に従わねばならないわけではない。この点は，英米法系の諸国とは事情が異なる。そこでは，「**先例拘束性の原則**」とよばれる原則があり，裁判官は，過去の同様の事件における判決に拘束される。このことは，英米法系においては判例が法源たる地位を占めていると言い換えることができる。

わが国の場合，裁判官は判例に拘束されるわけではないため，それとは異なる結論を出してもかまわない。しかし，日本の法秩序にあっても，裁判官が過去の判決と異なる判決を下す場合にあって，より慎重な手続をとるべきことが求められることがある。すなわち，下級裁判所が，同種の事件において過去に最高裁判所が下した判決とは異なる結論を下した場合，当事者は，それを理由として最高裁判所に上訴することができる（刑事訴訟法405条を参照。三審制があるとはいえ，いかなる場合であれ最高裁判所に上訴することができるわけではない）。また，最高裁判所が過去の自分たちの判例と異なる判決を下そうとする場合には，最高裁判所裁判官全員で構成される大法廷で審理がなされねばならない（裁判所法10条3号を参照。通例は，三人以上の裁判官で構成される小法廷で審理がなされる）。

こうした事情により，裁判官たちは，以前の判決と同じような結論を出す傾向が生まれることになる。この点は，法秩序の安定性という観点からするとけっして悪いことではない。同種の事件が，担当する裁判官によって結論が左右されてしまうというのは望ましくはない。実際，今日の日本の裁判所は，過

去に出された判決に沿った判断を下す傾向が強いため，事実上は，判例に法源性があるといってもよい状況にある。

　時には裁判官たちが法規の文言から離れた法解釈を行い，その解釈が繰り返し判決の中で採用されることもある。その営みは実質的には，立法と称することもできるようなものであることもある。現代の日本の法秩序にあっては，形式的には裁判官に立法権はないものの，ある程度の法創造を裁判という枠組みの中で行っていくことは許容されているといえる。そのため，法学の学習をしていくにあたっては，ある問題に関し，裁判所が過去にどういう判決を下しているのか，またどの程度その判断が繰り返されているのかを調べることは大変重要である。

Column 2

法令と判例の調べ方

　江戸時代には，法令は人々にオープンにされていなかった。庶民は，例えばどの犯罪にいかなる刑罰が下るのか，自分にいかなる権利が裁判上認められるのかについて，正確な情報を得ることはできなかった。欧米諸国においても，近代に入るまで，事情はさほど違うわけではない。

　今日の法制度の基本をなす思想の一つに，法の何たるかについての知識が国民の間で共有されていなければならないというものがある。ここから，できる限り法は成文法という形をとるのが望ましいこと，さらにそれは人々にわかる言語および表現で書かれるべきこと，そしてそれが公布されるべきことが導かれる。

　今日の日本では，憲法改正・法律・政令・条約の公布は天皇の国事行為とされ（憲法7条1号），具体的には官報への登載という形態で行われる。個人で官報を定期購読している人は少ないが，これは図書館等で容易に閲覧できるようになっている。とはいえ，法令の確認のためにいちいち官報を見るのは面倒である。そこで，法令を集めた各種の出版物が発売されている。この種の出版物は，例えば『六法全書』とか，『○○○六法』というように「六法」という名称がつけられていることが多い。この名称は，日本の法制度の欧米化が始まったとき，憲法をはじめとする六つの法典が国家の法制度の中核をなすという発想に由来する。

　次に判例をみていこう。日本には一つの最高裁判所と八つの高等裁判所と50の

34　第1章　「法」とは何か

地方裁判所がある。この他にも家庭裁判所・簡易裁判所もある。これらの裁判所で，日々，無数の判決が出されている。これらの判決は各裁判所で閲覧することができる。

　ところで，本文で述べたように，今日の法学においては，判例（判決の中で先例的価値をもつもの）が重要な役割を果たしている。そうすると，こうした判例にわれわれが接することも必要となる。そこで，判決の中から先例たる価値をもつ重要なものを選び出し，広く公刊することが求められることになる。こうした公刊物としては，まずは最高裁判所（戦前は大審院）が行っているものがあげられる。「最高裁判所（大審院）判例集」などがその例である。この他，民間で行われているものもある。その嚆矢となるものとして，早くも明治20年代に増島六一郎弁護士（中央大学の創立者の中の中心的人物）が発行した「裁判粋誌」というものがある。今日では，「判例時報」や「判例タイムズ」が有名である。

　法令も判例も，今日では有料のインターネットサイトから情報を得ることができるようになっている。これらは法学部のある大学の図書館等で利用することができる。

10.　条　理

　明治8年（1875）に制定された太政官第103号布告（裁判事務心得）の3条に「民事ノ裁判ニ成文ノ法律ナキモノハ習慣ニ依リ習慣ナキトキハ条理ヲ推考シテ裁判スヘシ」という規定があった。この規定内容は，裁判にあたり法律があればそれに依拠し，それがなければ慣習（法）により，それもなければ**条理**に依拠して裁判をしなければならないというものである。

　序章第2節でみた歴史からわかるように，この時点では日本の法律はまだ整備されておらず，裁判をするにあたり適用すべき法律がほとんど存在しなかった。そういう中で，フランスやイギリスの法文献の中にある法理を裁判で適用可能とするために，この条文は活用された。

　その後，法典が整備され，外国の法文献ではなく法典に基づく裁判が可能になると，この規定の存在意義はいったんはなくなるのであるが，大正時代に入り，この布告が再度注目されるようになる。すなわち，裁判にあたり，法典中の条文の単純な適用では処理できない問題に直面したとき，新たなルールを裁判の中で生み出していくことの根拠として，この太政官布告は用いられること

になる。その中にあっては，条理は，「筋合」「社会通念」と説明され，同時にスイス民法の第1条＊と上記布告の同一性が強調された。

> ＊**スイス民法第1条**　スイス民法の第1条は次のように規定している。「（第1項）法律は，それに対して文言あるいは解釈により，その規定が該当するところの総ての法律問題に適用される。（第2項）法律からそのような規定を何ら引き出せない場合には，裁判官は慣習法に基づいて判断しなければならない。その慣習法も欠けているならば，裁判官は，自己が立法者ならば法規として定めるであろうと考えるところに従って判断しなければならない。（第3項）前項において，裁判官は学説及び判例に従わなければならない。」

　英米法諸国では，具体的事件の解決を行う中である種の立法を裁判所が行ってよいとされている。しかし，わが国では，立法権はあくまでも国会にあり，司法部である裁判所はその適用をするにすぎない。しかし，明治以降の日本の司法部の歴史の中では，条文の許す範囲を超えた形で裁判所がルール（すなわち判例法）を形成してきたのは事実であるし，また現実にはその必要性は疑いようもなく存在する。社会が変化する中で立法部が現実を見据えて細やかな対応をすることは困難である。そこで裁判所が法律の規定を現実に則した形で微修正したり，時には新たなルールを付加していかなければ法秩序を適正に維持することはできない。そうであるとすると，裁判を通じた新たな法形成を肯定するためには，条理の法源性を肯定しておく必要がある。

11. 学　説

　学説とは，ある法的な主題に関する学問的見解のことである。これが今日，法源性を有しないことは異論のないところである。しかし，法学の歴史の中でこれに法源性が肯定されてきたこと，また今日でもこれを肯定する国もあることから，ここで少し述べておく必要がある。

　古代ローマの帝政前期（紀元前1世紀末から3世紀まで）にあって，何人かの法学者が皇帝により解答権を付与され，これを付与された法学者の学説は法源となり得るものとされた。また，その後の時代になると，帝政前期の法学者の学説に広く法源性が与えられていく。中世の西ヨーロッパにあってローマ法が

復活すると，学説彙纂の中に収められている法学者たちの学説は当然に法源性があるものとされたし，ローマ法大全の解釈に関する大学法学部の教授たちの学説にも法源性が与えられた。

しかし，こうした状況は，近代に入り法典編纂が行われると変化する。それ以前まで存在していたローマ法に関する学説は法典の中にとりこまれ，学説の法源性は否定されることになった。なおこうした中にあっても，補充的ではあるが学説の法源性を認めている例もある。

わが国の場合は，法典をつくるところから法学が始まったという特殊な歴史を背負っている。そのため，法典で解決できない問題が生じたときに，法典編纂以前より続いてきている法学上の議論の成果を用いて問題解決を図るということはできない。しかし，上記の条理を通して，新たなルールを裁判所に対して提唱していくことは可能である。そして，そうであればこそ，法学上の議論を通して，わが国の法秩序を適正に維持し，漸進的に改善していく努力を継続しなければならないのである。

第2節■法の正当性の実質的根拠

法（ius）とは単なるルールではなく，正しいルールであると上で述べたが，その「正しさ」は何に由来するのであろうか。この問は，言い換えるならば，法を法たらしめるものは何なのかということでもある。本節ではこの点についてみていくことにする。

1．神　意

人類の歴史を振り返ると，国家と宗教はしばしば強固に結びついてきた。もっとも初期に発祥したとされるメソポタミア文明では神権政治が行われていた。また，ヘブライ人の諸王国は，彼らの信仰する唯一神の教えが政治のみならず司法の中心にも据えられていた。古代ローマで発達した法は，その最盛期にあっては宗教的色彩を著しく弱めたものになっていたが，3世紀に入るとキリスト教との結びつきが強まった。中世の西ヨーロッパ諸国は，カトリック教会の権威に長い間服従し続けていた。日本でも聖武天皇は仏教を礎にした政治

を行おうとしたことで知られているし，江戸幕府にあっては儒学が官学とされ，国家運営の指導理念とされた。

　現代でも，イスラーム系の諸国では，宗教と国家が密接に結びついている。ここでは，最高の法源はイスラームの聖典であるクルアーンであるとされる。これは神より預言者を通して人類に伝えられた啓示を記した書とされる。また，預言者の語ったこと，行ったこと，黙認したことを集成したハディースもまたクルアーンに次ぐ重要な法源とされる。無論，各国はそれぞれ法律などの制定法を有するが，これらはクルアーンやハディースの下位におかれ，この両者に抵触する内容を定めてはならないとされる。このように，イスラーム系の諸国にあっては，法の正当性の究極的な根拠は，クルアーンやハディースを通して確認される神の意思にあるといえる。

　しかし，今日の日本にあって，われわれは特定の宗教の教えに法制度の正当化根拠を求めることはできない。西ヨーロッパの歴史の中では，宗教の相違がたびたび凄惨な戦争を引き起こしてきた。この経験により，われわれは特定の信仰を共有するものの間でのみ通用する規範ではなく，宗教を異にするものの間でも双方が了解し得る原理に依拠すべきであるとの思想をもつにいたっている。また，今日の日本には，神道，仏教，キリスト教など様々な宗教が存在するが，いずれも国民全体を指導する教えを展開できてはいない。

2．道　徳

　道徳という用語は多義的である。時にこれは宗教上の教えのことを指すこともある。しかし，ここでは，これをある地域の人々が暗黙のうちに一定程度共有している，善悪に関する規範という意味で使うことにする。

　刑法は，例えば人を殺したもの，他人の物を盗んだものに刑罰を科すと定めている。こうした行為をしてはいけないことは，法律に教えられるまでもないことである。人を殺してやりたいと思うことがあっても，いざそれを実行に移すとなると，心の中で何かが強力にわれわれにストップをかける。ここに道徳心，道徳感情が機能していることを感じ取る。この道徳心は，生まれながらにして一人ひとりに備わるものではない。幼児の頃から，親や周りの人から教え論されながら，徐々に身につけていくものである。通例，何がしてよいこと，

してはいけないことかについては，中学生の頃までに身につくとされている。

　道徳心を身につけていく過程の中にあっては，道徳上の要請に対し，それなりの反発や抵抗を感じるものであろうが，ひとたび健全なる発達をとげるならば，道徳上の規範への束縛はけっして苦痛ではなく，これに則った行動をとることは時には喜びとすら感じられることもある。そうであればこそ，心の中の道徳律に法規範が一致するならば，とてもよいことであると素朴に考える人もいるであろう。

　上にみた刑法の諸規定のように，道徳と法規範とが一致している例は確かに存在する。また，そうでないとしても，道徳と真っ向から対立するようなルールに正当性があるといえるかは疑わしいところである。しかし，以下にあげるいくつかの理由から，こうした道徳を常に法規範の正当性の根拠とすることができるわけではない。

　まず第一に，道徳上の規範が何であるかは——少なくとも現在のわが国にあっては——客観的に確認することが困難である。何が道徳に適うかは，地域による差も存在するし，個人によっても差がある。何が道徳であるかについて疑義がある際に，その疑義を解消する社会制度が存在するわけでもない。そうであると，あるルールを誰かが道徳に則っていると強弁した場合，他の人はそれを論破したり，その妥当性について冷静かつ合理的に議論することが難しくなる。

　第二に，道徳は新しく生起した問題に解決する枠組みを提供できない。道徳は，人々の間でいわば自然に形成されるものである。繰り返し同種の問題が起こる中で，一人ひとりがどう行動すべきかについての共通の見解が生起する。しかし，今日では，科学技術や医療技術の発展により，かつては想像すらできないような問題が発生している。例えば，医療技術の発展により，脳が機能停止におちいっても心臓等の臓器の機能を保持することが可能になり，これにより臓器移植が可能になった。そこで，こうしたものを提供者とする臓器移植の是非が議論され，そのためのルールをわれわれはもたねばならないが，こういう問題に道徳は即座には対応できない。

　第三に，道徳上のルールはしばしば高潔な人を基準として成立しているが，法規範は平均的な人間を基準として成立することが求められる。道徳的に良い

人，高い評価を受ける人は，普通の人以上に厳しい行動規範を自らに課し，この規範を遵守している。これに対し，法規範は何らかの形で強制という要素をもち，法規範に反した行動をした人間に対し強弱様々な制裁を与える。ここでは，普通の人が行っているように行動しない人に制裁を加えるということであれば合理性があるが，ごく一部の人にしかできないような高い基準を守らないからといって制裁を加えるのは妥当ではない。

第四に，道徳は本質的に一人ひとりの心の内面の問題である。これに対して法規範は人の内面に立ち入るべきではないという態度をとる。道徳をふりかざし，人に対し一定の規範意識を強制するとなると，時にそれは，精神の自由の侵害となりかねない。道徳はもっぱら人の内面を規制し，法はもっぱら人の外面を規制するものである。

3．君主の意思

歴史上の様々な国家は，その頂点に皇帝や王といった君主を擁しており，数でいえば，君主をもたない共和制国家よりも，君主制国家の方が圧倒的に多い。時に君主の地位は強大となり，君主自身に立法権が与えられたり，中国の皇帝や絶対王政時代の王のように，国家作用の権力の源泉が君主の意思に求められることもあった。わが国にあっても，幕藩体制下の将軍の地位は絶大であったし，明治憲法下の天皇も，少なくとも形式的には，立法・司法・行政・軍事のすべての権限を一身に集めた強大な権限を有していた。

衆愚的で非効率な意思決定を多人数で行うのではなく，有徳な一人の人物に国家運営の全権を委ねたいという誘惑はいつの時代にも存在するのかもしれない。しかし，歴史の経験が教えるところでは，一生を通じて有徳であり続けることができる人物はそう多くはない。ましてや，有徳な人物の血縁者が同様の特質をもつとは限らない。権力を一手に掌握したときから，多くの人は腐敗し始める。一人の手に権力を委ねる誘惑を断ち，多人数の共同作業によるわずらわしさを厭わない決心をするところに，法の発展の出発点はある。

今日でもなお，歴史的経緯から君主を擁する国家（日本もその一つである）では，そのほとんどにあって，「君主は君臨すれど統治せず」という立憲君主制がとられている（ごく少数ではあるが，君主制を表向きはとっていないが実質的

には世襲的君主を擁する国も存在する）。わが国における天皇という地位には，国民統合の象徴という機能のみが与えられ，天皇の意思に基づく立法を行うことはできないし，天皇の意思が法制度の正当化の根拠になることはあり得ない。

4. 国民の意思

　現代の国家の多くは，国民を主権者とする国制がとられている。日本国もその一つである。こうした国では，立法権は国民に由来するとされ，国民の意思が法規範の正当化根拠となる。

　かつて地中海世界に存在した，ローマやアテナイといった都市国家では，各国家の市民たちが国家の主権者とされ，定期的に開催される市民全員の集会により，市民たちの総意が明示的に表明された。当時の都市国家はごく少数の例外を除けば，せいぜい数万人程度の人口を有していたにすぎず，こうした市民全員による意思形成は不可能ではなかった。

　しかし，人口が1億人を超える現代の国家にあっては，国民全員が参集し，一つの意思を形成することは不可能である。そこで国民は代表者を選出し，この代表者が議会に参集して討議し，票を投ずることで意思を形成することになった。このような制度の下では，適正な選挙によって代表者が選出され，適正な手続によって議会にて議決がなされるならば，この議決は国民の意思であると擬制される。逆にいえば，これらの手続さえ踏まえれば，真の国民の意思（仮にそれが認識できると仮定して）に反していようとも，議決こそが国民の意思と擬制されてしまう。

5. 伝統・継続性

　あるルールが昔から用いられ続けていることそれ自体がこのルールの正当性の根拠となることもある。古代ローマにおいて古くから使われ続けている市民法上の諸原則は，ローマ人にしてみると，まさしく古くから使われ続けているゆえに，正当性を有すると考えられていた。また，近代に至るまでローマ法は補充的法源として効力を保っていたが，それはまさしく古代に由来するということにその権威の実質的源泉があった。

　伝統や継続性に権威を与えるこのような思考様式は，日本においても見いだ

すことができる。例えば，江戸時代，幕府や各藩にあって，徳川家康や各藩の藩祖以来の祖法として権威を有したルールが存在した。大日本帝国憲法における天皇の統治権の根拠は，天皇家がはるか以前より代々にわたってこの国の統治を行ってきたことに求められている。また，現代でも，先例に従うという判断は，少なくとも無意識のうちに伝統や継続性を根拠におくものといえよう。

　近代の自然法論以降は，こうした伝統による権威づけ，正当化に否定的であり，今日においてこれのみを根拠としてルールの正当化ができるわけではない。しかし，絶対的普遍の公理の存在を前提にしない法学的思考の中にあって，永年の経験の中で支持されてきた規範にはそれなりの尊重がはかられることも必要であろう。

6．正義（iustitia）

　われわれは，特に教えられたわけではないが，あることがらについてそれが正しいとか，あるいは不正であるといった価値判断を下すことができる。この判断が人によって異なることはあるが，まったく完全に個人の嗜好の問題というわけではなく，他人と共通する正・不正の基準が何となく存在する。この基準のことを正義とよぶ。

　ヨーロッパでは，古代よりこの正義とは何かについてプラトンやアリストテレスなどの哲学者たちが議論をしてきた。仮に万人に等しく普遍的に納得できる正義の原理をわれわれが認識することができるなら，政治的意思決定や立法，そして裁判の場でそれに依拠して行動すればよい。われわれのルールの正当性の判断にあっても，これをあてはめればよい。しかし，残念ながら，人類はこのような原理の認識には今のところ成功していない。そうであるとしても，正義など存在しないと切り捨ててよいわけではない。われわれが正・不正という価値判断を重視する動物である以上，より良いルールの発見に向けた知的営みを共同で行うに際し，この価値判断を無視するわけにはいかない。

　ギリシアの哲学者たちをはじめ，哲学者たちは正義とは何かを大上段から議論しようとする。これに対し，古代ローマの法学者たちをはじめとする法律家たちは，このような抽象的な議論とは少々距離をとっている。そして，実際に起きた事件を直視し，それを解決するために「正しい」ルールとは何かを追い

42　第1章　「法」とは何か

求める。確かに何が正しいかは人によって異なり得るが，現実の問題解決という フィールドにあっては，多くの人が「正しい」と感じることのできる解決法を見いだすことができるのも経験の教えるところである。法学という領域にあっては，こうした形で正義の認識をはかり，それを現実化していく姿勢がとられている。

Column 3

脳死は人の死なのか

　一人の人間は，出生後，民法上は権利義務の帰属主体として，憲法上は人権の享有主体として扱われる。また刑法上，その生命は特に厚く保護すべき法益として扱われる。しかし，こうした地位はすべて死亡により失われる。むろん出生以前の人間（すなわち胎児）も，死亡後の人間（すなわち遺体）もそれなりの法的保護を受けるが，生きている人間と同等の扱いはされない。そうであるとすると，出生とは何か，また死亡とは何かをめぐるルールは，きわめて重要性をもつことになる。ところが驚くべきことに，この両者とも法律中に明文の規定は存在しない。以下では話を死亡に限定して話を進める。

　死亡について明文の規定がないことは，死亡についての法が存在しないことを意味するものではない。長い間，死亡とは生命活動の不可逆的停止として理解されてきた。どの時点で不可逆的に停止したかを判定することは難しいものの，死亡の概念そのものは人々の間で確固不変のものとして共有されてきた。

　この状況に変化をもたらしたのが，臓器移植技術の発達である。医療技術の発達により，20世紀の後半期になると，ある人の心臓を取り出し，別の人に移植することが可能となった。しかし，心臓という臓器は，一人の人間に一つしかなく，そしてこの人間の生命を支えるきわめて重要な臓器であり，かついったん停止するや否や急速に移植用の臓器としての価値が下がるという性質を有している。臓器移植という観点からすると，生きている人間の心臓を取り出すのが最適であるが，そうなると提供者の生命活動はその時点で不可逆的に停止せざるを得ない。したがって，われわれの法秩序にあっては，提供者の意思に反して心臓を取り出すことはもちろんのこと，提供者の強い希望があったとしても，生きている人から心臓を取り出すことは許されない。他面，心臓が完全に停止した後に摘出すると，臓器移植の成功率は低下するし，心肺停止後1時間も時間をおくならば，その成

功の可能性は完全になくなってしまう。

　医療技術の発達はまた，脳の全機能が不可逆的に停止した人間の生命活動を継続させることも可能にした。脳は人間の呼吸をつかさどっている。例えば脳が破壊されて機能が停止すると，人間の呼吸はとまる。呼吸がとまると，酸素提供のとどこおった心臓も機能を停止する。ところが，人口呼吸器の発明により，この流れを途中で止めることができるようになった。すなわち，脳が機能停止しても，人工的に呼吸を継続させることで心臓を動かし続けることができるようになったのである。この状態が「脳死」とよばれている。

　平成9年（1997）に制定された臓器移植法という法律は，臓器移植目的の場合に限定し，脳死状態にある人を死亡しているという扱いをする可能性を拓いた。そのためには，本人がこの状態になる前に，書面にて臓器提供の意思を表示しており，この状態になった後に家族がそれに同意することが必要であるとされた。これにより心臓のような臓器であっても移植が可能な状況がつくられた。ところが，この法律の施行後も十分な数の臓器提供者が現れなかった。なぜなら不可逆的昏睡状態に陥った人が，臓器提供をしてよいと自ら書いていた場合にのみしか臓器摘出はできなかったからである。

　そこで，臓器移植法が平成21年（2009）に改正された。ここでは，臓器移植の提供をしてよいという意思表示がある場合に加え，臓器移植をしたくないという意思表示をしていない場合にも，家族の同意があれば臓器移植が可能となった。この法改正により，不可逆的昏睡状態に陥った者が臓器提供をしてよいという書面も，これをしてはいけないという書面も有していない場合には，家族の同意さえあれば，臓器摘出が可能となった。現在も，多くの人間は，自分が不可逆的昏睡状況に陥る可能性を深刻に考えてはいない。そのため，ほとんどの人間は，臓器移植を認める書面も拒絶する書面も持ち歩いてはいない。したがって，臓器提供者になり得る人間はこの法改正により増大することが期待された。

　この問題をここに紹介したのは，次の点を考えてもらいたいからである。法律で決めたからといって死亡についてのルールが確定的に正しいルールであるということになるのであろうか。もしそうではないとするならば，ルールの正しさは何に求められるべきなのだろうか。

第2章

公 法 入 門

はじめに―「公法」の諸分野

「公法」とは、「私法」に対比された概念であり、公権力の行使にまつわる法律群を指すことが一般的である。本章では、①憲法と、②行政法について検討する。

①**憲法**は、国の組織・活動の根本を定める、国の根本法である。日本国の成文憲法は、日本国憲法である。

②**行政法**は、行政の活動の準則や組織のあり方等を定める法律の総称である。行政組織法、行政作用法、行政救済法、に分類される。

本章の目的は、「憲法」、「行政法」という個別の法領域を学ぶ前提として、公法領域において公法学が何を考察対象とし、そこでどのような問題関心から議論を構築しているのかについて概説することにある。より詳しい議論については、本章を読んだ後、各科目の学習を個別に進めることにより深めていく必要がある。

以下では、まず、公法と公法学とは何かについて扱う。公法という領域を分節する意味について考えていく。第1節以下は、公法学がその検討対象とする主領域を、主権、人権、権力の行使、権利の実現、と分け、そのおのおのについて検討していく。法律学の領域において、「権利」は様々な基準により分類されているが、公法の世界における権利（公権）については、国や公共団体が国民に対して行使する権利（権力）と、国民が国や公共団体に対して主張し得る権利（人権）とが含まれていると考えられることから、本章においてはその

46 第2章 公法入門

一つひとつについて順番に議論をしていくこととしている。もちろん，公法の学び方や順序は，本章でとった方法が唯一のものではない。

　本章においては，同一の問題領域において，憲法学と行政法学の学問的な検討や考察の深め方（アプローチ）に異なる点があることを，意識的に強調している。憲法学と行政法学は，ともに公法領域に属する学問であり，共通の，または，隣接する事象を考察対象としながらも，そのアプローチには相応の相違がある。その相違が織り成すコントラストは，憲法学と行政法学の双方の学問体系の特徴を映し出しているといえる。憲法学，行政法学の個々の領域の学びを踏まえた上で，再度，本章の内容に立ち戻り，両者の議論の比較検討を行うとよい。

1. 公法・公法学とは何だろうか

(1) 公法とは

① 公法とは何だろう

「**公法**」とは何だろう。「**私法**」とは，どのような違いがあるのだろうか。

　大学の講義やカリキュラムなどでは，しばしば「公法分野」とか「私法分野」といった区分けが行われている。なんとなく，「公」領域にかかわる法律が公法で，「私」領域にかかわる法律が私法というイメージはあるかもしれない。しかし，「公法とは何か」ということについて，厳密に，かつ，明確に，整理して考える機会は，それほど多くはないのではないだろうか。

　公法と私法の区分については，従来から種々の考え方が提示されている。ある説は，法が保護する利益によって公法と私法を区別しようとする（公益を保護するのが公法であり，私益を保護するのが私法）。しかし，公益と私益とは対立する概念ではなく，重なりあう部分もあるものであり，この区別は明確ではない。

　またある説は，法の規律する法律関係によって区別しようとする（国家または公共団体相互，国家・公共団体と私人の関係について定めるのが公法，私人間の関係を規律するのが私法）。しかし，国家または公共団体と私人との関係も様々であり，国家または公共団体が私人と同じ立場に立って私人との間に法律関係を構築することも指摘されている。

② 公法＝公権力に関する法律

そこで，現在，公法と私法との区別は，法律関係の性質に着目して行われることが一般的なものとなっている。すなわち，公法とは公権力の担い手と私人との間の「権力─服従」関係を支配する法（統治権の発動に関する法）であり，私法とは平等な当事者間の関係を規律する法である，という説明である。これを簡略化して，公法とは，「国家と国民との関係を規律するルール」とか，「**公権力に関する法律**」といわれることがある（これに対して，私法とは，私人間の権利義務関係などを規律する法律，と表現されている）。

さて，それでは，「公権力」とは何だろうか。公権力とは，国家という統治主体が有する権力である，とひとまず表現することができる。それでは国家とは何か。法律学の領域では，一定の限定された地域（領土）を基礎として，その地域に居住する人間（人）が，強制力（権力）をもつ統治権の下に法的に組織されるようになった社会を，「国家」とよんでいる。このように**国家の三要素**は，領土，人，権力であると考えられている。

この国家という統治団体の存在を基礎づける基本法が「憲法」であり，憲法の下に整備される法律群が「公法」である。このように考えると，公法とは「公権力に関する法律」といえそうだ，ということがわかってくる。私人間においていわば平和的に合意され構築されてきたルールの集積について学んでいく私法の世界と比較すると，公権力の行使という武器（刀）をいかにふるうべきかについて検討するのが公法の世界，というイメージになるのかもしれない。公権力の担い手が，公権力という刀を振り間違えることは，私人にとって多大な被害をもたらすおそれがある。このような権力の専断を防止・抑制し，よりよい社会を構築するために必要となるルールを集積したもの，これを，本章における「公法」ととらえてみることにしよう。

③ 「公法」を分節する意味

ここで立ち止まって考えてみたいことがある。それは，「公法」という領域を区切ることの「意味」である。

公法の役割について考えてみよう。先に，公法とは「公権力の担い手が，公権力の行使にあたって，権力を専断的に濫用しないよう，抑制をすること」にその存在の意味があるというイメージを描いてみた。仮に公法の役割をこのよ

うに考えることが許されるのであれば，公権力の担い手が権力を濫用するおそれがない（少ない）場合には，「公法」という領域を区切る必要性もない（少ない）ということになりそうである。

　実際に，**近代市民社会**の論理が徹底していた英米法系の諸国においては，元来，公法（行政権の行使を規制する特別の原理に基づく法）という領域は存在していなかったと考えられている。市民に対してその自由な社会活動を最大限に認める近代市民社会においては，私人の社会活動の自由な展開を支えるための私法（の領域）は重要であるが，消極的役割しか認められていない国家の規律のための公法（の領域）はさほど重要ではなく，特に私法から区別して論じる必要性はない（少ない）と考えられていたのである。

　一方，**絶対主義**の影響が強く，近代市民社会の論理が完全には貫徹するにいたらなかった諸国においては，絶対主義的な権力から市民の自由を保護するためにも，公権力のあり方に対して，法律のしばりをかけることが重要となる。こうして，国家の統治権の発動に関する法（公法）の必要性が認識され，私法とは区別されるべきものとして，公法領域の独自性が認められていくこととなったのである。

　近代市民社会の論理が貫徹していた英米諸国においても，やがて，国家の積極的な役割（弱者保護のための経済的強者への一定の規制活動と，弱者への給付活動）が必要であることが認識されていく。このような流れの中で，20世紀初頭頃から，私法から公法が分化していく傾向があらわれていったとされている。

④　公法の領域

　さて，「公法とは公権力に関する法だ」と表現することができたとしても，この表現のみでは，いまだ，公法の領域や内容についてのイメージは具体的ではない。それでは現在の法律学において，公法とは，具体的にどのような法律を指すものと考えられているのだろうか。

　もっとも狭く考える方法によれば，公法は，民事法や刑事法と対置するものとして，憲法と行政法のみが含まれるもの，とされる。一方で，租税法や財政法，社会法，さらには経済法や環境法といったものまで含めて考える立場もある。また，刑事法については，それを公法領域に属するものと位置づけ，法律の世界を公法と私法とに二分的にとらえる考え方もある。国際法についても，

そこに，国際公法と国際私法という区分が設けられている。

　確認しておきたいのは，公法の領域の設定には，それぞれの場面で「目的がある」ということだ。例えば，法律の実現に必要となる司法制度（裁判制度）を分節するという目的の下，公法領域と私法領域が区分されることがある。もともと，公法の独自性が認識されていた大陸法系の諸国においては，公法と私法の区別は，二元的な裁判制度に対応するためのものとしての意義を有していた。これらの諸国においては，公法上の法律関係に関する訴訟は，司法裁判所から分離独立した行政裁判所において審理されることとされており，翻って，法律関係を私法上のものか公法上のものかを区別する実定法上の意味が認められていたのである（公法と私法の区分は，行政事件と民事事件の区別の標準として機能することになる）。

　日本においては，戦前には行政裁判所制度が構築されていたが，戦後，日本国憲法の制定により，行政裁判所は廃止されることとなった。行政裁判所の廃止により，いっさいの法律的争訟は司法裁判所の管轄に属することとなったことから，公法と私法の区分は実定法上の意味を失ったとの考え方も示されることとなった。もっとも，現在においても，なお，行政事件と民事事件の区別は存在しており，行政庁の違法な処分等にかかわる訴訟や公法上の法律関係に関する訴訟については，民事訴訟法とは別に，行政事件訴訟法に基づく手続に従うこととされている。

　公法と私法を区分しようとする目的には，他にも様々なものが考えられる。カリキュラムを編成するにあたって「公法分野」と「私法分野」という切り分けが必要になるという場面かもしれないし，また，（このテキストのように）法律群の中で「公法」にかかわる部分を取り出し，解説を加える必要があるという場面かもしれない。こう考えていくと，「何が公法の領域なのか」を議論するよりも，「なぜ，公法という領域設定をする必要があるのか」について議論する方が，学問上の意味や意義は大きい，といえるようにも感じられる。

⑤　**本章の内容**

　本章では，この公法の定義や領域という難しい問題をひとまず留保して，「公法」という領域について，その核となる二つの法分野——憲法と行政法——をその対象として切り取ることにする。憲法とは国家の組織・活動の根本

50 第2章 公法入門

を定める根本法であり，行政法とは行政の活動に関する法律（群）であると，ひとまず定義しておくことにしよう。

以下，本章においては，憲法と憲法学，行政法と行政法学について，その概要や特色についてみていくことを通じて，公法を学ぶにあたっての基本的な考え方や議論のあり方について学んでいくこととしたい。

(2) 公法学とは

① 公法学とは何だろう

公法を理論的に分析する学問領域が，**公法学**である。強調したいのは，「公法の存在やその内容を学ぶだけでは，公法学を学んだことにはならない」ということだ。法律学とは，単なる知識ではない。法という現象を，「理論的に分析」してはじめて，そこに法律学が生まれるのだといえる。

例えば，憲法の骨組みや規定内容をいくら詳細に暗記し，理解していたとしても，それのみでは憲法学を学んだことにはならない。憲法の条文や，憲法制度の枠組みについての知識を得ることにとどまらず，それらの制度の沿革を探り，その趣旨・目的および機能を，それに関する諸々の考え方を比較検討しながら具体的に明らかにすること，さらに，多くの価値を衡量しながら一定の考え方を発見するための論理構成能力を養うこと，ここに，憲法学を学ぶ目的があるのだといえる。

② 「公法」を「学ぶ」ということ

行政法学を例にとると，「法律について知識を得ること」と「法律学を学ぶこと」との違いは，より明確になるであろう。

現在，日本には，3,000以上の実定法規が存在しており，その多くが行政にかかわる法（行政法）であるといわれている。行政法学者が，それらすべての法律を，網羅的に学び，それらに関するあらゆる知識を有しているわけではない。行政法学とは，現在存在しているあらゆる行政法に目を通すことを必須とする学問ではなく，これら種々の行政法の根底にある「行政法的な考え方」とは何かを分析し，理論的に整理検討することに着目する学問なのである。

はじめに―「公法」の諸分野　51

２．公法を学ぶにあたって知っておきたい諸概念

(1)　法の支配・法治主義

①　重要と考えられる根本的な考え方

「公法を学ぶ」という（迷いの）森に入る前に，その前提として特に重要と考えられる二つの概念について確認しておこう。

まず第一が，「**法の支配の原理**」である。

法の支配の原理は，一言でいえば，「権力も，法により支配される（拘束される）」ということ，すなわち，権力の行使のあり方を法で拘束することによって，専断的な国家権力のあり方を排斥し，国民の権利や自由を擁護することを目的とした考え方である。法の支配とは，「国家は人が支配して治めるのではなく，正しい法によって支配され，治められるべきである」という考え方を表すものである。この考え方は，中世の思想から生まれ，英米法の根幹として発展してきた基本原理であると説明されている。

②　日本国憲法と「法の支配」

日本国憲法にも，法の支配に関する条文がおかれている。憲法の最高法規性（98条），権力によって侵されることのない人権の保障（97条），適正手続の保障（31条），裁判所の役割の重視（81条），などの規定は，いずれも，法の支配の原理を明文化する重要な条文であると位置づけられている。

法の支配の原理は，法によって権力を制限しようとする点において，大陸法の諸国における「**法治国家の原理**」（法治主義）と類似しているとされる。法の支配と法治主義との違いは，法治主義は法の内容の適正さを要求しないところにある，と説明されることもある。

公法の世界において「法」という存在を考える出発点には，法の重要な役割として「権力の行使のあり方を拘束するためのもの」という，法の支配の考え方があることに注目しておきたい＊。

　＊**法の支配と法治国家原理**　法の支配の考え方の源泉は，11世紀のイギリスにあるといわれている。近代イギリスにおける法の支配について，ダイシー（A.V.Dicey）は，法の優位，法の前の平等，具体的事件に関する司法裁判所の判決の結果，の三つを特徴とするものと説明している。他方，法治主義の考え方の源泉は，19世

紀のドイツにあるといわれている。行政法学においては，行政法のもっとも重要な原理として「法治行政の原理」を学ぶが，法治主義と法治行政とはほぼ同義のものとして用いられている。ドイツ行政法学の父ともいわれるオットー・マイヤーは，法治行政の原理の内容を，法律の法規創造力，法律の優位，法律の留保，の三つに分けて説明をしている。

　明治憲法から日本国憲法への転換は，「法治主義（法治行政）」と「法の支配」との関係について，公法学における活発な議論を喚起することとなった。日本国憲法が「法の支配」をその根幹的原理として採用したことを踏まえ，「法治主義」の考え方も，行政活動の根拠たる法律自体の内容的妥当性が実質的に問われる法治主義（実質的法治主義）に転化していくこととなった。現代の公法学において，このように「実質化した」法治国家原理は，法の支配原理と相互補完的な関係に立つものと位置づけられている。しかし，両者はそれぞれよって立つ基礎や歴史的背景を異にするものであり，両者の関係性やとらえ方の整理に関する公法学的思索が続いている。

(2)　公法私法二元論
①　公法と私法
第二にあげられるのが，**「公法私法二元論」**（公法と私法）である。

　もともと，憲法学や行政法学といった公法学（理論）の出発点には，「公法私法二元論」という考え方があると説明されてきた。その理由を，行政法学を例にして考えてみよう。

　「行政法学」という独自の学問領域が必要となるのはなぜだろうか。その理由を，行政法学は，行政活動にかかわる法（行政法）を独立の分野として分析する必要があるのは，私法の基本原理と公法の基本原理の間に認められる相違のため，と説明している。すなわち，私法は，元来平等な私人の間の関係を規律するものであるから，私法の基本原理は個人が自由に法律関係を形成し得ることを内容とする（私的自治の原則）。これに対し，公法は，公権力に関する法であるから，このような公権力の行使（行政活動）にかかわる法領域は，私人間の関係にかかわる私法とは異なる法原理（法的な考え方）に支配されている，と考えているのである。

つまり，行政法学という学問は，私法とは異なる，公権力にかかわる法領域（公法）の存在を認める（べき）という考え方から出発している。行政法学は，行政の活動を「公法的に」整理する学問として，固有の存在意義があると考えられているのである。行政法学の学びのはじめに，「公法私法二元論」について触れられる理由は，ここにある。

②　公法私法二元論の現在

ところで，ここ最近，公法と私法の境界は揺らいでいるともいわれている（公法—私法二元論の崩壊）。

この揺らぎの一つの要因は，**社会法体系の成立・発展**にあるとも説明されている。近代自由主義国家においては，個人の自由の確保により，各人が自由な活動を行うことにより，各人の幸福は実現されると考えられていた。ところが，現実には，経済的強者と経済的弱者の格差の問題は個人の自由の確保のみでは解消されないことが明らかとなっていった。本来平等となるべき両者の間に支配と従属の関係が生まれており，これを解消するためには，弱者の権利保護のために国家の積極的な役割（経済的強者に対する一定の規制）が必要と考えられるようになったのである。このような中で構築されていった社会法体系が，公法・私法の融合化の現象を引き起こしたと考えられている。

また，実務においても，公法と私法の境界を揺るがすような動きが生じている。例えば，従来，公の施設の管理は公的主体に限られるとされていたが，施設の管理委託の制度が取り入れられるなどの変化が生じている。公法の領域における私人・私企業の役割への注目も高まっている。

現在，公法私法二元論*は，旧来の伝統的な意味を失ってきているとの主張もある。もっとも，公法学は依然としてその根底に「公法的な法律関係の世界」があることを魂のように大切にかかえているのではないかとも感じられる。私人による自由な法関係の構築を基本原理とする私法の世界と，法律関係の法による確定を基本原理とする公法の領域とが，完全に同一化することはあり得ないようにも思われる。

＊**公法私法二元論**　行政裁判制度の下では，行政裁判所（行政事件）と司法裁判所（民事事件）の事件管轄を決定するために，公法と私法の区別は実質的な意義を有すると考えられていた。戦後の日本における行政裁判所の廃止と一元的な司法

54 第2章 公法入門

裁判所制度への移行は，私法と区別されるべき公法を存在させる制度的な基礎を消滅させ，公法と私法を区別する必要性を減じたともいわれている。行政法学の学説の主流も，公法と私法との区別にこだわるのではなく，行政に特有な法現象を広く対象としつつ，憲法具体化法としての行政法を再構成することが目指されるべき，としている。

　様々な考え方が提起されてはいるものの，訴訟の選択論においては，公法関係（公権力性）という指標は，「まったく無意味なもの」とはなっていないように思われる。現在の行政事件訴訟法は，「公法上の法律関係に関する争い」は当事者訴訟において，処分性のある行政活動は抗告訴訟において，おのおの争うものとされている。最高裁は，国営空港の供用の差止めが民事上の請求としてなされた事例において，「本件空港の離着陸のためにする供用は運輸大臣の有する空港管理権と航空行政権という二種の権限の，総合的判断に基づいた不可分一体的な行使の結果とみるべきであるから……右被上告人らが行政訴訟の方法により何らかの請求をすることができるかどうかはともかくとして，上告人に対し，いわゆる通常の民事上の請求として前記のような私法上の給付請求権を有するとの主張の成立すべきいわれはない」と判断している（大阪空港事件最高裁判決。最判昭和56・12・16民集35巻10号1368頁）。

3．公法学の考察対象

(1)　公法学の体系
①　公法学の考察対象

　公法学は，公権力に関する法律（公法）を分析するにあたって，どのような視点からその考察対象を見いだしているのだろうか。

　この問いかけには様々な答え方が可能であると思われるが，さしあたり，本章においては，国家と私人との関係性を，(a)主権（権力），(b)人権（権利），(c)権力の行使，(d)権利の実現，と分節して考えてみることから始めてみたい（参照図表2-1）。

図表2-1　公法学の考察対象

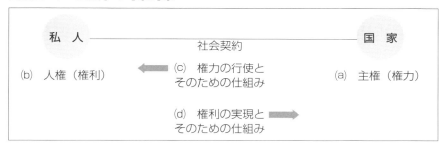

② **主権（権力）(a)**

　公法領域における法律関係の出発点にあるのは，人は，生まれながらにして認められる人権（権利）を有しているということである。しかし，われわれが人権を享受するには，人権を保護・保障してもらうための「仕組み」が必要となる。このため必要となる「国家」の存在を理論的に正当化するために用いられるのが「**主権**」という考え方であるといえる。国民は，自らが有する主権を国家に行使させることを認めること（社会契約）を通して，自らの人権が実現される仕組みを創出したのだと説明されるのである。

　このような経緯により，公法領域における問題関心の一つは，国家が有する権力，すなわち，主権とは何か，という点に求められることになると考えられる（第1節）。

③ **人権（権利）(b)**

　私人が国家に権力を委ねるのは，「**人権**」，すなわち個人の権利を保障してもらうためであると説明されている。しかし，人権といってもその内容は漠然としている。「国家による十分な人権の保障」を求めていく場合には，その人権の内容や位置づけ，相互の関連性等についての考察が重要となる。

　この考察をなすのが，公法領域における権利論である（第2節）。

④ **権力の行使（統治）(c)**

　国家が，私人によって認められた権力を行使するのが，「**統治**」である。統治のために，すなわち，権力を行使するために必要となるのが，「**統治機構**」である。

56　第2章　公法入門

　権力が私人のために適切に行使される状態を確保するためには，その権力の行使の過程についての分析や，権力を行使する組織や仕組みの適正な構築のあり方についての検討が重要となる。これらを考察対象とするのが，憲法学における統治機構論であると位置づけられる。行政法学においても，行政組織論（組織法）や地方自治論等において，より詳細に統治機構の分析が行われている（第3節）。

⑤　権利の実現　(d)

　私人が権利を実現するという内容には，生まれながらにして認められている人権が理由なく制約されることがないように守る（保護）ことと，実現されていない権利の内容の実現を求めていく（請求する）という二つの側面が含まれていると考えられる。国家権力は国民の**権利の実現**のために用いられるものとして創設されたものであるから，権利の実現は国家の重要な役割であるといえる。

　国民の権利の実現のためには，国家による権力行使のあり方の誤りを是正したり，誤りがないようチェックをする仕組みが必要となる。この場合に必要となるのが，「救済」や「統制」の仕組みである。基本的人権の保障の確保のためには，統治過程の民主化と救済過程の充実が重要であると説明されるのは，このためである。

　憲法学においては主に憲法訴訟論において，行政法学においては主に「行政救済法」の分野において，国家権力に対する国民の権利保護の制度（訴訟上の仕組みや諸問題）についての検討が行われている（第4節）。

(2)　憲法学

①　憲法学とは何だろう

　憲法学は，一言でいえば，「憲法*を対象とする学問」である。もっとも，憲法学の取り扱う考察対象も，その内容も，様々である。

　*「憲法」の意味　「憲法」という用語には三つの意味がある。まず第一に，国家の組織や作法に関する基本的事項についての法（実質的意味の憲法）という意味である。ここでいう基本的事項とは，具体的にいうと，国家の統治組織，統治作用，国家と国民との関係などが含まれる。こうした事項についての法が何らかの

形で存在しなければそもそも国家は存在し得ないのであるから，国家が存在するところにはこの意味での憲法は存在するといえる。

このように，固有の意味の憲法が存在するところには，国家が存在するが，その国家から国民の自由を守るためには，その権力を制限し，コントロールしなければならない。1789年のフランス人権宣言第16条によれば，「権利の保障が確保されず，権力の分立が定められていない社会は，憲法を有しない」。ここでは，人権保障と権力分立という近代立憲主義の中核を内容とするものこそが憲法であると表明されている。ここでいう憲法が第二の意味の憲法であり，この意味での憲法は，近代的意味の憲法または立憲的意味の憲法とよばれている。

第三の意味の憲法は，憲法という名称を有した，国家の統治機構や人権について包括的かつ体系的に規定し，その改正に関し通常の法律より困難な手続を要する法典のことをさす。日本国憲法，アメリカ合衆国憲法といった法典は，この意味での憲法である。こうした意味の憲法は形式的意味の憲法とよばれている。

具体的に，憲法学では何を学ぶのかについて知りたいと思う場合には，憲法学の基本的な教科書等でその確認をしてみるとよい。憲法学の基本的な教科書等においては，その内容として，(a)憲法の内容についての考察，(b)憲法の保障についての考察，が扱われている。

② **憲法の内容についての考察**

憲法の内容についての考察は，基本的人権についての学び（憲法Ⅰ―人権）と，統治機構についての学び（憲法Ⅱ―統治），という二つに分割されている。

憲法Ⅰ―人権は，**基本的人権論**について扱うものである。その中身をみると，自由権（表現の自由，集会・結社の自由，政教分離，思想・良心の自由，職業の自由，財産権，人身の自由，適正手続の保障），社会権（生存権，教育をめぐる権利，労働基本権），受益権，参政権，一般的権利，人権享有主体，人権の限界・歴史，といった内容が取り上げられている。

憲法Ⅱ―統治は，主に，**統治機構論**について扱うものである。その中身をみると，裁判所，国会，内閣，地方自治，天皇，国民，といった内容が取り上げられている。

58 第2章 公法入門

③ 憲法制度の維持についての考察（憲法保障論）

憲法制度の維持について考察するのが，**憲法保障論**である。その中心になるのが，裁判的憲法訴訟であり，これを学ぶのが，憲法訴訟論であるといえる。憲法学において，憲法訴訟論が重視されているのは，憲法訴訟を通じて憲法制度が維持されているから，と考えられる。

④ 法学部において憲法学を学ぶ意味

さて，法体系を段階構造的にとらえるとすると，憲法は最上位（最高規範）にあたるものである。日本国憲法はその98条1項において，憲法は「国の最高法規」であることを明示している。憲法は様々な形式で存在する法の頂点であり，他のすべての国内法の基盤をなすものである。したがって，法律学を学ぶものは必ず憲法学を学ばなければならないといえる。

(3) 行政法学

① 行政法学とは何だろう

行政法学とは，行政法を対象とする学問である。行政法は，法学部の諸科目の中では「不人気科目（難解な科目）」とされる一つかもしれない。他の実定法学とは異なり，行政法学とは，「行政法」という一つの法律が存在しない中で議論されるものである。議論の出発点であり終着点ともなり得る「一つの法律」が存在しないという点が，行政法学の特徴であり，難しさといえるのかもしれない（ある著名な行政法学者は，「六法に載せてもらえぬ行政法」と表現している）。行政法学が対象とするのは，「広く行政活動に関する法律群」なのである。

行政法学の一般的な教科書等をみてみると，それらのテキストの中で論じられている要素を，(a)行政活動に関する法制度（仕組み）に関する考察，(b)行政活動に対する国民への救済に関する考察，とに分類することが可能である。

② 行政活動に関する法制度（仕組み）に関する考察

行政活動に関する法制度（仕組み）に関する考察は，いわゆる総論と各論とに分かれている。

行政法総論は，数多く存在する行政法の根底，背景にある「考え方」を整理するための考え方（理論）について学ぶ。検討の対象となる法律が一つあって（例えば民法，例えば刑法，といったように），その法律の全体構造から各条文の

解釈までを学んでいくというスタイルとは，かなり異なる形での学び方となる。行政法の総論の学びは，言語を学ぶ際の「文法」を学ぶことに似ている，とも表現されている。総論の一般的な内容をみてみると，行政と法，裁量，手続，行政行為，行政計画，行政立法，行政指導・行政契約，行政強制，制裁，行政調査，といった構成になっている。

　行政法各論では，警察法，環境法，都市法，公務員法などの，各領域についてその仕組みや構造を学んでいくことになる（参照図表2-2）。

図表2-2　多様な行政法

グループ	具体例
行政組織法・手続法	内閣法，国家行政組織法，独立行政法人通則法，行政手続法等
地方自治法	地方自治法，地方公務員法，地方財政法等
行政情報法	行政機関の保有する情報の公開に関する法律，行政機関の保有する個人情報の保護に関する法律，住民基本台帳法　等
財政・租税法	会計法，固有財産法，国税通則法，国税徴収法，国税犯則取締法，所得税法　等
警察法	警察法，警察官職務執行法，道路交通法，風俗営業等の規則及び業務の適正化等に関する法律，食品衛生法，出入国管理及び難民認定法　等
営業・事業規制法	公衆浴場法，旅館業法，宅地建物取引業法，道路運送法，核原料物質，核燃料物質及び原子炉の規制に関する法律　等
国土整備法	河川法，道路法，土地収用法，都市計画法，建築基準法，土地区画整理法，都市再開発法　等
環境法	環境影響評価法，水質汚濁防止法，土壌汚染対策法，廃棄物の処理及び清掃に関する法律，自然公園法　等
教育・文化法	学校教育法，地方教育行政の組織及び運営に関する法律，文化財保護法　等
社会保障・医事法	生活保護法，児童福祉法，健康保険法，国民年金法，医療法，医師法，薬事法　等

出所：亘理格＝北村喜宣編著『重要判例とともに読み解く個別行政法』（有斐閣，2013年）より作成

60 第2章 公法入門

③ 行政活動に対する国民への救済に関する考察

行政活動に対する国民への救済に関する考察を行うのが，**行政救済法**の世界である。ここでは，行政不服審査，行政事件訴訟（取消訴訟，その他抗告訴訟，その他行政訴訟），国家賠償訴訟，損失補償，といった内容が取り扱われる。

多数の法律（行政法）の根底にある考え方を学んでいく総論の世界とは異なり，行政救済法では，行政不服審査法，行政事件訴訟法，国家賠償法というおのおのの法律の条文を学んでいくというスタイルをとるところに特徴がある。

第1節■主　権

1．主権とは何だろうか

(1)　主権とは

①　主権＝国家を支配する権限

主権とは，国家の最高独立性を表す概念である。「国家を支配する権限」，「国家の中で，国政のあり方を最終的に決定できる権利」と表現されることもある。

主権の概念は，多義的である。「主権」という言葉は，様々な場面で異なる意味を有するものとして用いられている。

②　主権の内容

一般的に，「主権」という言葉は，「**国家の対外的な独立性**」という意味で用いられる場合（第一の主権），「**国家の統治権**（立法・行政・司法を包括した対内的な統治権)」という意味で用いられる場合（第二の主権），「**国政の最高決定権**」という意味で用いられる場合（第三の主権），があると説明されている。

第一の主権とは，主権概念の生成過程において用いられた考え方によるものといえる。憲法前文第3項にある，「自国の主権を維持し」というのがこれにあたる。国家の独立性に重点がおかれた用法である。

第二の主権とは，国家が有する支配権を包括的に示すものである。日本国憲法41条にいう「国権」がこれにあたるとされている。ポツダム宣言8項の「日本国ノ主権ハ，本州，北海道，九州及四国並ニ吾等ノ決定スル諸小島ニ局限セラルベシ」という中に登場する「主権」という用語は，この第二の意味で用い

られているものである。

第三の主権とは，国の政治のあり方を最終的に決定する力あるいは権威という意味である。この意味での主権が国民に存する場合が，「国民主権」である。憲法前文第1項で「ここに主権が国民に存することを宣言し」というのは，この第三の用法によるものである。

③　日本国憲法と主権

日本国憲法は，**国民主権主義**をもっとも重要な基本原理として採用している。

明治憲法は天皇主権制をとっていたが，日本国憲法はその前文において「そもそも国政は，国民の厳粛な信託によるものであつて，その権威は国民に由来し，その権力は国民の代表者がこれを行使し，その福利は国民がこれを享受する」とし，国民主権主義の基礎となる民主制の原理を表明している。明治憲法とは異なり，天皇の地位は主権者である国民の総意に基づくものであるとされ（憲法1条），天皇は国政に関する権能をもたず（4条），国事行為のみを行う（6条・7条），と定められている。

(2)　なぜ主権を論じるのか

①　主権という概念の必要性

主権という概念（およびその分析）は，なぜ必要となるのだろうか。公法学ではこれを次のように考えている。

中世ヨーロッパ的世界は，分節的な世界であった。各地域に王がいて，王による支配が行われていた。さらに，王国内には領主が存在していた。この混沌状態を解消し，政治秩序の確立することを意図したのが「主権」という考え方であった。

主権観念の確立者であるとされるジャン・ボダンの主権論によれば，主権とは「国家の絶対的で永続的な権力」であるとされる。この「主権」という考え方は，当初は，君主そのものの権力と解されたこともあった（絶対王政の正当化理論としての主権論）。これに対抗したのが，ルソーの社会契約論である。ルソーは，人間が生まれながらにして保有する「人権」を保障するための仕組み（近代国家）を構築するために，主権という観念を利用した。

このように「主権」とは理念的なものである。そして，その理念は，動態的

で目的論的なもの（国家の存在と国民の権利を相互両立的に説明するために用いられた，歴史的な概念）といえる。「主権」とは実在するものではなく，観念的なもの，とも表現できる。主権論を論じた思想家たちは，「主権」という観念により，分節的な中世ヨーロッパ社会の殻を破ろうとしたのである。

② **主権概念によって説明が可能となること**

主権概念とは，「近代立憲主義国家が，各個人に対して，自由の空間を保障してくれる」ということを説明するために必要な考え方であったといえる。つまり，主権概念の一つの役割は，「国家が権力を独占し，その権力を行使することの正当化」にあるといえる。

公法学における主権概念の役割を確認しておくことは，翻って，公法の世界からみた私法・刑事法の世界のあり方を俯瞰することにつながるようにも思われる。公法の世界と対比した「私法の世界」とはどのようなものだろうか。国家が主権を行使する結果として創出されるのが，私人のための自由空間であるとすると，私人がその自由空間において私人間の法的な関係を築く際に，一定のルールが必要になると考えられる。この自由空間でのルールの集積が，「私法の世界」だといえそうである。

また，主権を有する国家は，私人のために保障された自由空間を維持する責務も担わされている。この責務を果たすためには，個人の正当な主張に対して，その実現を果たすための仕組みが用意されていなければならない。法律の世界では，私人が自力で自己の権利の実現を遂げることは禁止されている（「自力救済の禁止」）。自力救済の許されない私人のために，権利の実現を手助けするのは国家の役割である。

だからこそ，周囲の人間から攻撃を受けたとき，個人の身の回りの安全を確保するのは国家の任務であるとされるのである。また，国家は，外国からの攻撃から，国民の安全・安心を確保するという責務も担わされている。国家は，自国の安全を守り，国民の安全を守らなければならない。

このような安全・安心の確保は，究極的には刑罰権の発動により担保される。こうした刑罰権の発動に関するルールの集積が，「刑事法の世界」だといえそうである。

2. 主権をめぐる公法学の議論

(1) 憲法学における主権（権力）論

① 国民主権

日本国憲法は，「国民主権」を採用している（憲法1条）。ここでいう主権は，「国政のあり方を最終的に決定する」という意味で用いられている。

この「国民主権」が，具体的にいかなる内容を有しているかについては，様々な検討が行われている。「主権は国民に存する」という憲法の規定をどのように解釈するか，「国民主権」の意味とは何か，といった問題を説き明かす試みが，憲法学における主権論だといえる。

日本の憲法学においては，主権論について，主としてフランス憲法思想の研究が参考とされてきた。フランス憲法思想の主権論には，二つの異なる考え方がある。主権者としての国民は，具体的な個々人ではないという考え方（ナシオン主権論）と，主権者としての国民を特定の自然人の集合とみなす考え方（プープル主権論），である。

② 主権論と憲法解釈

主権という概念はどんな意味でも盛り込める抽象概念であるとして，主権論自体から何らかの具体的な帰結を導き出すことは不可能であるとする批判もある。しかし，日本国憲法に国民主権の規定がある以上，こうした議論を憲法学は避けては通れないという考え方も提示されている。

主権を論じることの意味の一つに，主権をどのようにとらえるかにより，憲法の制度や条文の解釈に違いがでてくるということがあげられる。

具体例として，憲法規定の位置づけ（直接請求的な規定の評価）の問題について考えてみよう。プープル主権論は，個々人が国政の決定に直接参加する直接民主制を憲法の大原則と考える。したがって，憲法が明確に間接民主制を採用している場合以外は，直接民主的制度の採用を可能と考える説に結びつくことになる。国会議員のリコール制度，議会解散請求制度など，まだ採用されていない直接民主主義的制度の導入を，現行憲法下で検討すべきという説へ発展することにもつながり得る＊。

　＊**国民主権**　日本憲法学における主権論については，昭和45年（1970）の杉原・樋

64   第2章 公法入門

口論争がその一つの「高揚」であると評されている。杉原説によれば，日本国憲法にはプープル主権とナシオン主権とにおのおのなじむ規定を併存させており，主権という概念は国家権力の国内における法的帰属を支持する憲法原理としてとらえられるものである（権力的契機）とされる（杉原泰雄『国民主権の研究』等）。さらに，憲法の解釈は，プープル主権の観点から矛盾する諸規定に整合性を与えるものでなければならないと主張される。一方，樋口説によれば，日本国憲法はプープル主権を基礎にしているが，「主権」の概念は権力の正当性の所在の問題であって権力の実体の所在の問題ではない（正当性契機）とされる。憲法の解釈論や立法論という実践は，国民主権という観念によってではなく，権力に対抗する人権という観念によって行われるべきと主張される（樋口陽一『近代立憲主義と現代国家』等）。

その後も，国民主権論は，1980年代に制度論・手続論的な観点から論じられるようになり，現在に引き継がれている。

Column 4

さまざまな「民意」

EU離脱の是非をめぐるイギリスの国民投票（2016年），また，米軍基地の辺野古への移転をめぐる沖縄県の県民投票（2019年）において，イギリス国民のそして沖縄県民の「民意」が示されたといわれる。では，この「民意」とは何か。これについては，18世紀後半のフランスにあらわれた二つの国民主権論，すなわち，ナシオン主権論とプープル主権論が参考となる。

ナシオン主権論によれば，①ナシオンとは，過去から未来へと時空を超えて存在する抽象的・観念的なものであり，主権はそのようなナシオンに帰属する。②主権があるということと，それを行使するという権力的側面とは必ずしも結び付かず，むしろ，権力の正統性の根拠としてその理念的側面が強調される。③抽象的存在としてのナシオンに代わって国家権力を行使する機関（国民代表機関）が必要となる。ナシオン主権論においては，間接民主制が不可避なものとなり，制限選挙も許容される。④国民代表である議員は，主権を現実に行使することができないナシオンに代わって，自己の見識にしたがってナシオンの意思を政策に反映させ，国民から独立して決定することができる（自由委任）。

これに対して，プープル主権論によれば，①プープルとは，具体的存在としての現実の人を意味する。主権者は市民の全体で構成されるプープルであり，主権はプープル各人に帰属する。②主権があるということは，そのような主権の行使を必然的なものとする。③プープルが具体的に主権を行使することができる以上，直接民主制が原則となる。そしてそれが困難な場合に，次善の策として間接民主制が採用される。④主権は本来プープルに属するから，間接民主制においても国民代表たる議員はその決定をプープルから委任されているにすぎず，議員がプープルの意に反する場合にはプープルによってリコールされる（命令委任）。

このような二つの主権論は，フランス革命前後の状況を色濃く反映する歴史的な産物であり，その後の近代立憲主義の展開を経たいま，この両者がそのままの形で主張されることはない。しかし，二つの主権論の基本的な考え方は現在においても妥当している。すなわち，国民主権がいわれるとき，この「ナシオン主権的なもの」と「プープル主権的なもの」の関係が常に問題となる。

たとえば，日本国憲法においても，この両者が混在している。すなわち，一方では，「日本国民は，正当に選挙された国会における代表者を通じて行動し」（憲法前文），国会議員は全国民の代表であり（43条1項），その議員には免責特権が与えられている（51条）。他方では，間接民主制においても普通選挙が保障され（15条3項，44条），最高裁判所裁判官の国民審査（79条2項）ではリコール制度が採用され，また，地方特別法に対する住民投票（95条）には法律制度の際の住民の直接参加という意味合いもあり，さらに，憲法改正に対する国民投票（96条1項）においては直接民主制が採用されている。

したがって，日本国憲法における国民主権は，国の政治のあり方を最終的に決定する実際の「力」を国民がもつとともに，国家権力の行使を正統化する究極の「権威」が国民にあることを表すものであると説かれるのである。

また，日本国憲法では，直接民主制と間接民主制のいずれが原則であると考えるのかによって，最初に述べた国民（住民）投票制度の評価も異なったものとなる。間接民主制が原則であれば，国民（住民）投票はあくまで例外的に，これを補完するものであるととらえるが，直接民主制こそが原則であると考えれば，この制度はまさに国民主権を具体化した制度という評価となる。

さらには，最近は，「全国民の代表」らしからぬ国会議員の言動（不祥事）が多発しているが，公務員の選定罷免権をもつ（15条1項）国民は，このような議員を辞めさせることはできないのか。憲法43条1項の「代表」を自由委任とみるか命令委任とみるかによって，国会議員リコール制度の憲法上の許容性に関する判

断に違いが生じる。

　いずれにせよ問われているのは，現実に表明された実際に「ある」国民の意思の尊重と，理念的な「あるべき」国民の意思の尊重という二つの要請をいかに調和させることができるかである。

(2)　行政法学における主権（権力）論

①　主権論─公権力論

　行政法学においては，「主権について」という論じられ方ではなく，「権力（公権力）の行使」という局面において権力の問題が論じられているといえる。ここで想定されている「権力」という概念は，「国家の統治権（立法・行政・司法を包括した対内的な統治権）」という意味で用いられているものであると考えられる。

②　公権力の行使としての行政活動

　行政法学においては，考察の対象となる行政の活動が，**公権力の行使**といえるかどうか（権力的活動か，非権力的活動か）が大きな分岐点とされている。具体的には，公権力の行使といえる行政の活動のうち，私人に対して個別具体的に行われるものを「行政行為（処分）」として，行政活動の中でも特殊なものと位置づけている。行政活動に処分性が認められる場合には，その行政活動には，違法であっても（権限ある機関が）取消しをするまでは，適法と扱われるという特別の力（これを，**公定力**という）が認められると考えられているのである。

　行政法学の総論は，行政の活動をその活動形式ごとに分節して体系化しているが，中でも，行政の権力的な活動である「行政行為」を，その中心的なものとして位置づけているところに特徴があるといえよう（参照図表2-3）*。

　　＊行政行為　行政法学（総論）において，公権力の行使の活動（権力的で，個別具体的な活動）は「行政行為」と概念化されている。これは実務上の用語ではなく，実定法上は「処分」（「行政庁の処分その他公権力の行使に当たる行為」，行政手続法2条2号，行政事件訴訟法3条2項）と表現されてきたものに「ほぼ一致する」と考えられている。日本の行政法学における行政行為の概念は，ドイツのVerwaltungsaktに由来するものであると説明されている。

ドイツ行政法学の父とされるオットー・マイヤーは，行政行為とは，「何が法であるかを宣言する行為」であり，国家行為のうちで裁判判決に相当するものと位置づけている。日本の最高裁判決においても，行政処分とは「公権力を行使して法規範を定立する国の行為」と述べられていることが注目される（最判平成元・6・20民集43巻6号385頁［百里基地訴訟判決］）。行政行為には，「公定力」（違法であっても，権限ある機関が取消しをするまでは，仮に有効と認められる特殊な効力）が認められるという考え方にも，行政行為を裁判判決に相当するものとして位置づけたことと関連づけて考えられている。

　伝統的な行政法学は，行政処分論を中心に位置づけ，発展してきたものである。現在も，行政法総論の体系においては，行政処分論（行政行為論）がその主要な部分を構成しているといえる。

図表2-3　行政法学で学ぶ行政の行為形式

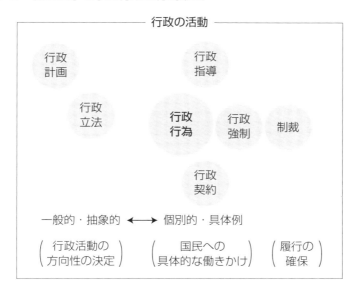

68　第2章　公法入門

第2節■人　権

1．人権とは何だろうか

(1)　人権とは何か

①　人権＝人の権利

人権という言葉は，人の権利と書く。法律学においては，人権を「**基本的人権**」，「**基本権**」とも表現している。

公法の領域において，公法関係に関連して認められる権利（公法上の権利）を「公権」とよぶことがある。この公権には，国や公共団体が支配権者として国民に対して有する権利と，国民が国や公共団体に対して主張し得る権利が含まれている。このうち，後者にあたるもの，すなわち，国民が国や公共団体に対して主張し得る公権が，人権であると位置づけられる。

人権は，「人間が人間として生まれながらにしてもっている権利」，「すべての人間にとって不可欠な権利」である。人権を保障することは，近代憲法の最大の目的である。憲法の究極の価値の一つである個人の尊厳の確保のためには，人間社会のすべての価値の根底に個人をおき，人間個人が生まれながらにして有する人権が侵害されないよう，あらゆるものから守ることが必要不可欠であるからである。

②　人権の歴史的展開

この「人権」という考え方をはじめて明確に位置づけたのは17世紀から19世紀の西欧の思想家たちである。人権について明確に説明した思想家の一人に，法学や，政治学でもその名をきくジョン・ロックという人物がいる。彼によれば，人間は生まれながらに一定の権利（人権）をもっており，国家が存在するのはこの権利を守るためである。すなわち，個人は人権を守るために権利を国家に委託する（社会契約）。そのため，国家が人権を不当に侵害する場合には，個人は国家に抵抗することができることになる。また，国家が人権を制限することは，国家に属する構成員の人権を保護する場合にのみ許される，と説明される。こうしたロックをはじめとする自然法思想が近代的憲法の前提となっている。

このような意味での「人権」をはじめて成文で保障したのはアメリカの独立宣言であったといわれる。アメリカの独立宣言（1776年）には，次の一節がおかれている。「われわれは，自明の真理として，すべての人は平等に造られ，造物主によって，一定の奪いがたい天賦の権利を付与され，その中に生命，自由および幸福の追求の含まれることを信ずる」。同じ考え方は，1789年のフランス革命時の憲法典でも表明されている。こうして「人権宣言」は後世に大きな影響を有するものとなり，人権の理念が欧米各国に広がっていく。

こうした歴史的文脈において，まず保障されるべき人権として念頭におかれていたのは自由権であった。近代法は，近代市民社会の担い手たる市民たちの市民的自由を保障する法体系という性格を帯びている。そのためまずは，市民たちの自由な精神活動や経済活動を保障することこそが人権保護の中心として意識された。例えば，フランス人権宣言17条は「所有は，神聖かつ不可侵の権利であり，何人も，適法に確認された公の必要が明白にそれを要求する場合で，かつ，正当かつ事前の補償のもとでなければ，それを奪われない」と定め，経済活動の広範な自由を保障している。

その後，人権思想は自由権から社会権へと展開していく。社会権の保障を明確に打ち出したのがワイマール憲法（1919年）である。同憲法は，その151条1項で「経済生活の秩序は，すべての者に人間に値する生活を保障することを目的とする正義の原則に適合しなければならない」，153条3項で「所有権は，義務を伴う。その行使は，同時に公共の福祉に役立つべきである」と定めている。ここには，すべての者が人間に値いする生活が保障されねばならないこと，またそのためには経済活動の自由の制限も必要であることが明確に示されている。

③　日本国憲法と人権

現在，人権規定は，多くの国で憲法に定められており，日本国憲法にも，人権（基本的人権）についての規定がおかれている。基本的人権の保障は，国民主権，平和主義とならび，日本国憲法の基本原理の一つと位置づけられている。

日本国憲法は，国民がすべて個人として尊重される（13条）として個人主義の考え方を明らかにし，さらに人権とは人間が人間として当然に有するべきものという考え方を示している（11条・97条）。

70   第2章　公法入門

　日本国憲法の定める人権について，憲法学は，それを大きく，自由権，参政権，社会権，に大別している（参照図表2-4）。自由権とは，個人の自由な意思決定と活動とを保障する権利であり，「国家からの自由」ともいわれる。自由権は，精神的自由権と経済的自由権と人身の自由とに大別される。基本的人権の保障をより確実なものとするために，個人が国家に作為を要求する権利を「国務請求権」として整理する考え方も示されている。参政権とは，「国家への自由」ともいわれ，国民が国政に参加する権利である。社会権とは，「国家による自由」ともいわれ，人間らしい生活を営むために国家の積極的な介入を求める権利である。

図表2-4　日本国憲法において保障される人権のカタログ

包括的基本権	13条（幸福追求権）	
法の下の平等	14条	
自由権	精神的自由権	19条（思想・良心の自由） 20条（信教の自由） 21条（集会・結社の自由・表現の自由） 23条（学問の自由）
	経済的自由権	22条（職業選択の自由，居住・移転の自由，外国渡航の自由，国籍離脱の自由） 29条（財産権の保障）
	人身の自由	18条（奴隷的拘束からの自由） 31条（法的手続の保障） 33条～39条（被疑者・被告人の権利）
国務請求権	16条（請願権） 17条（国家賠償請求権） 32条（裁判を受ける権利） 40条（刑事補償請求権）	
参政権	15条（選挙権）	
社会権	25条（生存権） 26条（教育を受ける権利） 27条・28条（労働基本権）	

(2) なぜ「人権」を論じるのか

① 個人の尊厳の確保

公法学において人権について論じることの理由は，第一に，**個人の尊厳**の確保という憲法の究極価値の実現のために，人権保障を確実なものとしておかなければならないからである。

人権の保障を確実なものとするためには，「なぜ」人権が保障されなければならないのか，「どのような」人権が，「誰に」，「どの程度」保障されるのか，といった問題を，理論的に整理し，解明しておく必要がある。このような必要性から，公法学においては，人権の基礎やその内容について，多様な考察が行われているのだと考えられる。

② 人権相互の関係による人権の調整（制限）

また，公法学において人権が論じられるもう一つの理由として，人権相互の関係による**人権の調整**（制限）のあり方について論理的に考えておく必要があることがあげられよう。

日本国憲法は，「侵すことのできない永久の権利」として人権を保障するものとしているが，各人の人権と人権が相互に相容れないような状況が発生した場合には，人権保障に一定の制約が生じることとなる。このような，人権相互の関係について整理しておかなければ，国家全体としての人権保障は成立し得ない。

日本国憲法は，人権が「公共の福祉に反しない限り」国政の上で最大の尊重を受けると規定（13条）しているため，国家が公共の福祉を理由として人権の制限をなすことが可能であるという考え方がある。しかし，もし，この考え方が行き過ぎ，法律によれば全体の利益のためにいかなる人権制限も可能とするのであれば，憲法の基礎である個人の尊厳は確保されず，人権保障の本質が失われてしまう。すべての人間の幸福な生活が確保されるように，人権の性質や機能，制約の程度などを勘案した上で，法律による人権の規制がどこまで憲法上許されるものかを理論的検討をふまえて明らかにしておく必要がある。この点も，公法学において人権が論じられる一つの理由であるといえよう。

72   第2章　公法入門

2．人権をめぐる公法学の議論

(1)　憲法学における人権論
①　人権の基礎
　憲法学における人権論は，人権の基礎について，人権の内容・分類について，人権の保障の程度（誰に，どの程度保障をするのか）について，人権保障の趣旨についてなど，様々な点について考察が行われている。

　人権の基礎に関する考察とは，人権がどのような考え方に基づいて生まれてきたかについての考察である。この点については，自然法的人権論（成文法典による権利の保障は，自然権の確認にすぎない，と説明する考え方），社会契約論（権利は，国家によって認められてはじめて存在しうる，とする考え方），個人の尊厳論（人権はすべての人間に生来的に一身専属的に付着するもの，と説明する考え方），などの諸学説が論じられている。近時では，道徳理論的人権論（ロールズの正義論のように，宗教観を前提としない社会契約論的な考え方）も提示されている。

②　人権の内容・分類
　人権の内容につき考察し，それを分類しようとする試みは，種々の人権の内容をカタログ化して，わかりやすく説明するための枠組みを構築する試み，といえる。

　人権の内容について学ぶことは，われわれの権利保障の具体的な実現の段階でも，大きな意味をもつ。なぜ，どのような権利が保障されているのかを知らなければ，権利侵害に対する救済を求めることはできないからである。

　一口に人権といってもそこには様々な個別的人権がある。それらの個別的人権を，その性質に応じて分類し，その特徴を明らかにすることは，人権についての理解を深める上で有益といえる。日本国憲法に定める人権は，すでに述べたように大きく，自由権，参政権，社会権等に分類されているが，これらの分類は，絶対的なものではなく，理解を深めるために便宜的に採用されたものであることに留意する必要があろう。権利の性質を固定的に考え，厳格に分類することがあってはならない。現代社会における様々な「権利」＝新しい人権論（**幸福追求権**のカタログ）についても，その内容について理論的に検討していく

第2節●人　権　　73

ことが求められている。

③　人権の適用関係

　人権の適用関係についての議論とは，人権は，誰に，どの程度保障されるのか，誰がどのような人権を享有するか，という**人権の享有主体**の問題である。その内容としては，天皇と皇族，法人，外国人の人権等の諸問題があるが，中でも，外国人の人権享有主体性の問題は，現代社会において議論すべき意義の大きいものと考えられる。外国人には保障されない人権とされるものの代表に，参政権，社会権，入国の自由，があげられている。

　人権の到達範囲に関しては，**私人間適用**＊の問題と，**部分社会の法理**の問題が議論されている。

＊**私人間適用**　私人間適用の問題とは，憲法の規定（人権保障に関する諸規定）を私人間において直接適用することが許されるかという問題である。これは，憲法とは本来，主権者国民と国家との間の取り決め（国家権力の権力行使を監督するための仕組みづくり）として定められていると考えられること（憲法の適用は国家と私人との間で適用されることが予定されているものと考えられること）との考え方から生じる問題である。

　　私人間効力が問題とされたのは，巨大企業のように，私人に対して人権侵害を及ぼしうる権力的な主体（社会的権力）が登場したことを契機とするものといわれている。私人間で人権侵害が生じた場合に，私人間での憲法の適用が問題となる。私人間効力の問題が争われた著名な裁判例として，三菱樹脂事件がある。この事件では，原告側の「思想信条の自由」と企業側の「営業の自由」という人権が対立することとなり，人権規定が私人相互間における紛争においてどのように取り扱われるかが争点となった。最高裁は，「人権規定は私人相互間には原則として直接適用されることはない」としている（最大判昭和48・12・12民集27巻11号1536頁）。これは「間接効力説」をとった判決と解されている。

74 第2章 公法入門

Column 5

「権利の論理」と「制度の論理」

　婚姻，家族，親子，相続あるいは選挙そして国籍など，社会にはこれを構成している多種多様な制度がある。そしてこの制度によって，国民はさまざまな権利を行使したり利益を享受したりしている。このような制度は一般的に，多数者の意識や利益に基づいて設計されている。なぜなら，現実の多数の国民の意識や利益に反する制度は十分に機能することができないからである。しかし，だからと言って，その制度設計に国民の多数意思さえ反映させればそれでよいというものではない。

　たとえば，憲法24条2項は，「配偶者の選択，財産権，相続，住居の選定，離婚並びに婚姻及び家族に関するその他の事項に関しては，法律は，個人の尊厳と両性の本質的平等に立脚して，制定されなければならない。」としている。これによれば，婚姻や家族の具体的な制度設計は，国民の多数意思のあらわれである国会の法律に委ねられているが，国会が法律という形で制度を具体的に作る際には「個人の尊厳」や「両性の本質的平等」という憲法の保障する人権に十分に配慮しなければならない。

　では，多数者の意識や利益を前提として作られた制度が，少数者の人権と衝突した場合には，どのように考えるべきか。このような場合，制度の前提となる多数意思に着目して制度自体を重視すべき（「制度の論理」）か，あるいは，その制度の中でさまざまな不利益を受けることになった少数者の人権を十分配慮して議論すべき（「権利の論理」）かが問題となる。

　旧国籍法3条違憲判決（最大判平成20・6・4）では，この二つの論理が違憲か合憲かの結論を分けた。国籍法は，原則として日本人の父または母のもとに法律婚で生まれた子どもが出生によって日本国籍を取得すると定めている（2条）が，同時に旧3条では，法律婚でない日本人男性の父と外国人女性の母の間に生まれた子どもで胎児認知をうけていない者は，出生後父から認知を受け婚姻関係に入れば届出によって日本国籍を取得できるとしていた。訴訟では，婚姻関係に入ることが事実上困難な父母のもとに生まれた子どもが，婚姻要件によって国籍取得に違いが生じることが不平等で違憲であると主張した。

　この3条を違憲とした多数意見によれば，「国籍」取得の要件を定めるためには伝統や政治的，社会的および経済的環境などさまざまなことを考慮しなければな

らず，国会の裁量判断が優先する。しかし，そこで違った取扱いをするときには，そのような区別に合理性が認められない場合には，不合理な差別となる。しかも，①国籍が基本的人権の保障，公的資格の付与，公的給付等を受ける上で意味を持つ重要な法的地位であること（権利・利益の重要性）や，②子どもはどのような夫婦の下で生まれるのかをみずから選択できないこと（権利侵害の重大性）を考えれば，この問題は「慎重な判断」を必要とする。そのうえで，多数意見は，わが国における家族生活・親子関係に関する意識の変化や国際結婚の増加に伴う家族生活・親子関係の多様化によって，婚姻要件を課すことに合理性はなくなったと判断した。

これに対して，3条を合憲とした3人の裁判官の反対意見によれば，国籍の付与は国家共同体の構成員の資格を定める国家共同体の最も基本的なそして主権作用の一つであり，広い立法裁量にゆだねられている。そのうえで，反対意見は，旧3条が対象とする子どもは少数で国民全体からみればその割合も小さく，またそのことに大きな変化はない。さらには，家族や親子関係についての国民一般の意識にも大きな変化は見られないとして，多数意見を批判した。

このような「制度の論理」と「権利の論理」との対立は，本件と同じ婚外子差別が問題となった婚外子法定相続差別規定違憲訴訟（最大決平成25・9・4）や，再婚禁止期間違憲訴訟と夫婦同氏制違憲訴訟（最大判平成27・12・16）でもみられる。

裁判所としてはこれをどう判断すべきか。ここで紹介した平成20年判決において，ある裁判官は次のように述べる。「子どもたちが国籍を取得できないのは，本人の意思や努力の如何に関わりなく存在する法律による様々の線引きが交錯する中で，その谷間に落ち込む結果となっているが故である。仮にこれらの線引きにはそれなりに立法政策上の合理性があるとしても，その交錯の上に国籍を取得できない者が個別的な訴訟事件を通して救済を求めている場合にこれに応えることは，むしろ司法の責務というべきである」と。

④　人権の限界

日本国憲法は，基本的人権を「侵すことのできない永久の権利」としている。しかし，人権も，他者の人権との関係で制約されることがあると考えられている。「人権が制約されるのは，どのような理由によるどのような場合か」について検討するのが，**人権の制約原理**の問題（公共の福祉論，違憲審査基準論）で

ある。

　日本国憲法は，その13条で，国民の権利については「公共の福祉」に反しない限り国政の上で最大の尊重を要すると定めている。逆にいえば，「公共の福祉」に反する場合には，人権が制約されるということになる。「公共の福祉」の内容が確定しなければ，どのような場合に人権が制約されるのかを確定することはできない。しかし，憲法には，その内容について詳細に説明する条文はおかれていない。憲法学において，「公共の福祉」の内容や意味をどのように考えるのかについて考察がなされているのは，このためである。

　人権の限界——いかなる場合に人権の制約が許されるのか——は，終局的には具体的な争訟（裁判）を通じて確定されることになる。具体的には，人権を制約する法律（規制立法）の合憲性，という形で争われることとなる（法律が合憲か違憲かを判断する審査を「違憲審査」という）。この点にかかわり，学説では，アメリカ由来の「**二重の基準論**」と，ドイツ由来の「**三段階審査・比例原則**」のどちらが，日本の判例法理に適合的か，あるいは，日本国憲法の解釈論として妥当か，という問題が活発に議論されている。二重の基準論は，カタログの中で，精神的自由は経済的自由に比べ優越的な地位を示すとし，規制立法の違憲審査にあたって，経済的自由の規制立法よりも厳格な基準で審査されなければならないとする考え方である。三段階審査・比例原則は，①ある個人の行為が人権条項で保障されているか（保護領域），②その個人への不利益は国家の行為に起因するものといえるか（制約），③その国家による人権の制約は憲法上正当化されるか（正当化），という順を追って検討し（三段階審査），その③正当化の有無を判断する際，ａ）国家は正当な目的を追求したか，ｂ）目的達成のために必要かつ合理的で相当な手段を採用したかどうかを審査するもの（比例原則）である。

(2)　行政法学における人権論
①　人権—「法律上保護された利益」

　行政法学においては，「人権」の内容や性質等が直接に，個別の議論の対象とされることは少ない。行政法学における権利論は，主として，行政の活動と私人の権利保護という観点から論じられていると考えられる。

個人の権利保護の議論が問題になる局面の一つに，救済法の分野——抗告訴訟（取消訴訟）の原告適格論——がある。行政の活動のうち，私人に対しその一方的・権力的に権利を制限したり義務を付与したりする際に行われる「処分」については，抗告訴訟で争うべきとされているが，この処分を争うには，処分を争うについて**「法律上保護された利益」**が存在することが必要とされている。つまり，抗告訴訟によって私人が自らの「権利」の侵害を主張できるか否かは大きな問題となるため，「権利」とは何かはこの文脈において議論されることになる。

新しい人権とされる「環境権」についても，行政法学上の議論の素材とされている。環境権とは，健康で快適な生活を実現するための「環境」を享受する権利と解されている。憲法上の環境権は，憲法13条の幸福追求権の一つとして，人格権に属するものと位置づけられているが，行政法学においても，私人の「環境権」の保護が，法律上保護された利益にあたるか否か，という問題として議論がなされている。

② **権利の享有主体―「部分社会の法理」**

憲法学において，人権の享有主体の一つの問題であると考えられている部分社会の法理の問題は，行政法学においても主要な論点の一つである。

部分社会の法理は，過去，**特別権力関係**として論じられていた問題の延長線上にある議論である。特別権力関係論とは，特別の公法上の原因により，公権力と特殊な関係にあるもの（公務員や在監者など）がある場合について，特別な人権制限（法律の根拠なく行われる包括的な権利制限）が許されるということを正当化する理論である。このような考え方は，日本国憲法の下で批判されるようになり，部分社会の法理という考え方へと転換させられていくこととなる。

第3節　統　治

1．統治とは何だろうか

(1)　統治とは何か

① **統治とは**

国家が，基本的人権を守るために認められた権力を行使することを，「**統治**」

78 第2章 公法入門

という。統治機構とは統治の仕組みのことを指す。例えば，司法権を行使する仕組みが司法府という組織であり，立法権を行使するのが立法府（国会），行政権を行使するのが行政府，である。

② **統治の基本原則**

統治機構の基本的なあり方を基礎づけるのが，**権力分立**の考え方である。この権力分立の概念には，権力の集中による濫用の危険性から自由を守るという役割があるとされている。

国家権力が一箇所に集中することは，独裁制を招く危険がある。近代立憲主義の下で，国家権力が個人の自由を保障するものとされたが，自由と権力とは常に緊張関係にあるといえる。自由の確保のためには，国家の権力が濫用されないような仕組みをつくる必要がある。そこで，近代憲法は，ロックやモンテスキューなどの主張を理論的基礎として，権力を別個の機関に分散させ，相互に抑制させて均衡させる原理を採用したのである。権力分立とは，国家権力の濫用を防ぐための仕組みを導入するにあたって，その理論的基盤となる考え方をなすものといえる。

③ **日本国憲法と統治**

日本国憲法は，明確な権力分立制を採用している。統治権を，立法権・行政権・司法権に分け，それぞれを**国会**（41条），**内閣**（65条），**裁判所**（76条）に分有させている。

立法権は国会に属する。国会は，国の唯一の立法機関である（憲法41条）。国会は，衆議院と参議院とから構成されているが，衆議院に対して参議院に優越した地位を認めていることが特徴的である（59条・60条・61条・67条）。

行政権は内閣に属する（65条）。内閣とは，内閣総理大臣その他の国務大臣とから成る合議体である。内閣の重要な事務として，憲法は，法律の執行，外交，官吏の任免，予算の作成などを重要な事務として列挙している（73条）。内閣は行政権の行使について，国会に対して連帯して責任を負う（66条3項）。

司法権は最高裁判所および法律の定めにより設置される下級裁判所に属する（76条1項）。司法権はいっさいの法律上の争訟におよび，特別裁判所の設置は認められていない（76条2項）。

日本国憲法は，以上のような**三権分立**主義を取り入れつつ，これら三つの権

能が抑制と均衡の関係にあると位置づけている。第一に，国会と内閣の関係について，国会を「国権の最高機関」とし，内閣が国会に対し連帯して責任を負うとする議院内閣制を採用している。第二に，国会と裁判所の関係につき，裁判所に違憲審査権を付与し，裁判所には法律が違憲かどうかを審査する権限が与えられている。第三に，内閣と裁判所の関係につき，裁判所が裁判を通じて，行政権限の行使のあり方（違憲性や違法性）について統制をすることを認めている（参照図表2-5）。

図表2-5　三権分立―抑制と均衡

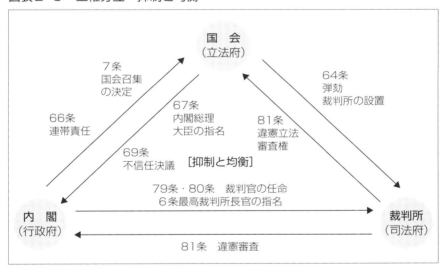

Column 6

統治行為論

　「統治行為とは何か？」という問いに対する答えは，憲法学の学習の進度をはかる一つの指標になりうるものかもしれない。

　憲法学をまだ学んだことのない人であれば，「統治行為とは，統治をすること（行為）」という答えが浮かぶこともあるだろう（日本語の問題としては，この答

え方はあながち間違いではない）。他方，憲法学の勉強を進めているものにとっては，憲法学の議論において必ず登場してくるあの「統治行為論」が浮かんでくるはずである。法律学の世界には，このように，ときどき，日常的な日本語とはまた異なる「特別な意味」が付与されている用語が登場するので注意が必要である。

　統治行為論とは，「国家統治の基本に関する高度な政治性」を有する国家の行為（統治行為）について，裁判所の法律判断が可能な場合であっても，司法審査の対象から除外するべきという考え方のことである。裁判所が司法審査を回避するための「技術」として説明され，この問題は，憲法学上，司法権の範囲をめぐる議論の中でも「もっとも大きな議論」であるとされている。

　最高裁判所は，衆議院解散の効力が争われた事件（苫米地事件判決，最大判昭和35・6・8）において，「裁判所の審査権の外にあり，その判断は主権者たる国民に対して政治的責任を負うところの政府，国会等の政治部門の判断に委され，最終的には国民の政治的判断に委ねられている」と判示しており，これは，統治行為の存在を認めたものと解されている。

　このような統治行為を認めることは，徹底した法治主義（法の支配）を原則とする憲法の下では許されないという考え方も有力であるが，多数の学説は，統治行為の存在そのものを是認した上で，それを認める論拠と範囲について議論をしている。

　肯定説は，高度に政治性を有する国家行為に関しては，主権者である国民の政治的判断に依拠して，政治部門において合憲性を判断すべきであるという判断を基礎にしている。肯定説の中には，内在的制約説（三権分立の原則や国民主権原理の観点から，民主的基盤が弱く政治的に中立であるべき裁判所にはその性質上扱えない問題が存在することを根拠とする見解），自制説（法政策的観点から裁判所が違憲・違法と判断することにより生ずる政治的混乱を回避するため自制すべき問題があることを根拠とする見解），折衷説（内在的制約説を基本として自制説の趣旨を加味し，権利保障の必要性や司法手続の能力的限界，判決の実現可能性など諸般の事情を考慮して判断するという見解），などが示されている。

(2) なぜ「統治」を論じるのか
① 公法の特殊性

　憲法と行政法は，ともに，国法または国家法といわれることがある。行政法は憲法の具体化法ともいわれており，憲法が定める基本に則り，行政の組織と

作用を具体化するものと位置づけられている。

　本章では，公法の世界を，憲法と行政法を中心にとらえ，公法の世界の特殊性は「公権力性」や「権力関係」にあると考えてきた。この場合，「法（公法）」とは，権力の行使の手法を規律する（制限する）ところにその主要な役割があると考えられる。つまり，公法の世界では，「法を執行する」とは，「権力を行使する」（これが「統治」である）ことを意味しているといえる。公法の分析において，「統治」が欠かすことのできない分析対象となるのは，ここに理由がある。

②　執行機関の民主化の必要

　三権分立の考え方は，統治機構，すなわち権力を行使する組織を，立法府，司法府，行政府に分割してとらえるものである。三権のうち，もっとも大きな組織を擁し，法律の執行のために多様な活動を行っているのが「**行政**」である。

　行政（行政府，行政機構）は，法執行機関として，国民生活の全般について積極的な活動を展開している。行政権限の行使は，私人の権利義務に，直接的に具体的に影響を及ぼす活動である。現代の国家行政はきわめて複雑多岐にわたっており，これを法律の下に規制する必要性も高まっている。いくら法制度が民主的に構築されていたとしても，その執行の体制（執行機関）が民主的でなければ，行政権限の濫用につながりかねない。そこで，行政権を行使する組織につき，その民主化をたもつための仕組みや制度（**行政組織**）について検討していく必要が認められる。

2．統治をめぐる公法学の議論

(1)　憲法学における統治論

①　権力分立制の変容

　憲法学においては，現代国家において，権力分立制が大きく変容していることへの指摘が行われている。行政権の肥大化，いわゆる「**行政国家化現象**」である。この状況の下，人権の確保という権力分立制の根本思想を維持しつつ，権力分立制のあり方を現代的に再検討する必要性が問われている。

　この点とかかわり一つの議論とされているのが，独立行政委員会の存在である。現在，日本国憲法は行政権は内閣に帰属すると定めているが，内閣から独

82   第2章　公法入門

立して活動を行う行政委員会（独立行政委員会）が存在している（人事院，公正
取引委員会，国家公安委員会など）。行政委員会の制度は，戦後，中立的な行政
を行う目的のためにアメリカの例にならって導入されたものである。行政委員
会は，内閣の「所轄」の下にあるとされているが，職務を行うについては内閣
から独立して活動をしている。この行政委員会が，行政権は内閣にと定める憲
法の趣旨に反しないものかどうかが議論されている。行政委員会の合憲性は，
制度の沿革，作用，民主的なコントロールの有無，といったことがらを総合的
にみて検討されるべき問題であると考えられている。

　②　地方自治

　統治にかかわる領域で，（憲法学においても行政法学においても）大きな議論
となっている問題が，**地方自治**，とりわけ，地方分権に関する議論である。こ
れは，国の行政と地方の行政の関係，つまり「統治権の配置分有のあり方」に
関する議論といえる。

　日本国憲法は，「地方自治」という章を設け，地方自治の制度を憲法上の制
度として厚く保障している。地方自治の一般原則として，憲法は「地方公共団
体の組織及び運営に関する事項は，地方自治の本旨に基いて，法律でこれを定
める」（92条）と規定している。この「**地方自治の本旨**」とは住民自治と団体
自治との二つの要素からなると説明されている。「地方自治の本旨」をはじめ
として，地方自治をめぐる憲法の各条文の解釈や地方自治制度の考え方につい
て，憲法学において様々な議論がなされている。とりわけ，「地方自治の本旨」
の解釈や地方自治制度の位置づけをめぐっては，固有権説，制度的保障説，人
民主権説など，種々の学説が提起されている。

　憲法学において，地方自治について様々な議論が行われている理由の一つは，
「地方自治は民主主義の学校である」という言葉にあらわれている。統治機構
を支える原理は民主主義と権力分立原理であるとされているが，そうであれば，
住民が民主主義を学ぶ場である地方自治の領域や制度を，憲法の趣旨に沿う形
で整えていくことには重要な意義があるといえよう。

(2) 行政法学における統治論

① 三権分立─行政権と他権との関係

行政法学において，三権分立の問題は，行政法学の分析対象である「行政権」の活動を中心として，他権力との関係という文脈において考察されていると考えられる。

行政法の出発点は，行政に関する法（行政法）といった場合の「行政」の概念とは何かを考えることにある。現在では，行政権とは，国家作用のうちから立法作用と司法作用を除いた残りの作用であるとする，控除説が通説とされている。ただし，現代国家における行政の積極的な役割に鑑み，行政概念を積極的に定義しようとする試みも存在している。

権力分立制は，20世紀に入り，国家の役割の積極化の流れの中で，行政活動の役割が飛躍的に拡大している現象の下，当初に想定されていたものから大きく変容してきたといわれている。行政法学においても，この行政国家化現象を前提とした現象が指摘されている。例えば，行政立法の拡大（法律による規定を詳細化するのではなく，行政活動の基準設定を行政権の判断に委ねる動き），行政裁量の拡大（法律による規定を詳細化するのではなく，行政活動をなすにあたっての詳細な判断を，現場の行政権の裁量に委ねる動き），といった諸問題である。

② 地方公共団体の組織および活動

憲法学における地方自治の分析が「地方自治の本旨」から始まる憲法上の規定を出発点とし，地方自治のあり方のダイナミズムについて議論することに焦点をあてているとして，行政法学における地方自治の分析は，どちらかというとミクロな視点から地方自治の制度等につき分析することに重点がおかれていることを特徴としているといえよう。

例えば，「**地方自治の憲法**」ともいわれる地方自治法の分析についても，その憲法適合性の議論というよりは，地方自治法を前提とした規定の整合性や解釈等に関する検討に主眼がおかれている。地方自治行政の組織および活動について学ぶことが，行政法学的な地方自治論の主たる内容である。

84　第2章　公法入門

第4節■権利の実現

1．権利の実現とは何だろうか

(1)　権利の実現

①　権利の実現とは

　権利の実現とは何だろうか。一つの考え方としては，われわれに認められた権利が侵害された場合にはそれを救済してもらうこと（**権利の保護**），そして，まだ認めてもらっていない権利については請求（**権利の請求**）をしていくこと，といえるのではないだろうか。

　さて，法律学の領域において，権利の実現をはかっていく仕組みを考えるにあたっては，まず，「権利が侵害された場合」，そして「（認められるべき）権利がまだ認めてもらっていない場合」とは何かの判断をなすことが大前提といえる。この判断のよりどころとなるのは，「法律」の規定である。法律によって認められていない権利を権利と主張しても，法律の世界において，それらに（法的な）保護を求めることはできない。逆に，法律上認められた権利であれば，その保護や請求を，法律の制度の中で主張し，認めてもらうことが可能となる。このように考えていくと，権利の実現を請求したり保障したりする前提として，正確な法律（公法）の解釈が必要ということになる。

　さて，それでは，**公法の解釈**とはいかに行われるのであろうか。公法の解釈といっても，私法や刑事法の解釈と基本的には異なるところはない。もっとも，公法という法領域の特殊性が，一般的な解釈原理を修正する可能性はあると考えられている。

　公法の一つの特徴が，公権力の行使の制約にあるのだと考えられるのだとすれば，公法の解釈とは，正しい公権力のあり方を探ること，といえよう。公法の解釈にあたって気づかれる特色は，憲法にしても行政法にしても，直接または間接に国・公共団体の国民・住民との関係を規律する法律であること，国・公共団体の権力的な支配作用についての規律が中心であり，その法規範は強行法に属するものが主要であること（公法の本質），にあるといえる。このような公法の特殊性が，一般的な解釈原理にどのような修正を加えるかを考えることが課題となる。

第4節●権利の実現　　85

　したがって，具体的な解釈の場面においては，真の公益の実現を目的とした解釈，権力的作用の濫用を許さない厳格な解釈，権力主体の側の便宜に偏することなく人民の保護に重点をおくこと，が要求されるといえよう。

②　憲法の解釈と行政法の解釈

　憲法の解釈について考えてみよう。憲法の解釈について，学説はまちまちに分かれていて多様である。解釈の一致をみない条項も，少なからず存在している。それはなぜだろうか。

　一つの理由として，憲法の規定ぶりがきわめて簡潔であることがあげられよう。憲法の解釈については，単なる所与の法条の解釈だけでは到底その十分な理解は得られず，原理・理論によって補う必要性が高いのである。憲法の解釈を行うにあたっては，憲法の簡潔な条文の背後に，質・量ともに多岐な政治的および法的な原理・原則が存在していることを，念頭におかなければならない。

　また，憲法解釈の難しさの一つに，憲法の最高法規性があげられることもある。憲法は国の最高法規であるから，他のすべての個別的法領域にそれぞれの原理を提供し，かつそれらの各個別法領域における解釈上の指針となるべきものでなければならない。さらに，憲法の定める，国会中心主義，法治主義，人権尊重主義，平和主義，地方自治尊重主義という憲法の基本原理に忠実な態度で諸規定の解釈が行われることが必要となる。このような点に，憲法解釈の「難しさ」が存在しているものと考えられる。

　続いて，行政法の解釈について考えてみよう。まず，行政法（行政に関する法）とは，その数も種類も多く，膨大に存在しているものである。それらの規定には，一般条項や「**不確定概念**」も少なからず含まれている。また，行政の実務に関する法規範として専門的な内容を詳細にわたって定めているものも多い。

　このような行政法の特徴から，行政法の解釈には，行政法そのものに対する立法政策上の判断の争いが避けられない場面が少なくないことが予想される。行政法の解釈においては，憲法原理に基礎づけられた現代行政法原理に忠実な態度で人権と公益実現の調和を追求しなければならない。ここに，行政法解釈の難しさがあるといえよう。

86　第2章　公法入門

③　権利の保護と権利の請求

　先に，権利の実現の一つの考え方として，権利の実現とは，権利の保護と権利の請求という二つから構成されているのではないかと述べた。これは，権利の性質論との関係では，自由権的な権利の実現（権利の保護）と，社会権的な権利の実現（権利の請求）といえるかもしれない。

　権利の保護とは，われわれが生まれながらに有している権利が違法に侵害されないこと，もし侵害されてしまった場合にその侵害状態を取り除くことである。権利の保護について，現行制度における具体的な制度・仕組みとしてあげられるのは，裁判制度による救済であろう。

　権利の請求とは，国家がわれわれに保障してくれているはずの権利が未だ実現されていない場合に，その請求を求めることである。権利の請求について，現行制度における具体的な制度・仕組みとしてあげられるのは裁判制度であるが，それ以外にも，地方自治制度において認められている住民の直接請求権や，行政過程への参加・参画の仕組みなど，権利の請求をなすための仕組みと考えられるものがある。

(2)　なぜ「権利の実現」を論じるのか

①　行為規範としての法律

　「画餅（画に描いた餅）」という言葉がある。権利も，実現されずにいるのであれば，それは食べることのできない画餅と同様であろう。法律により保障された権利は，法律の世界において確実に実現されていくことが目指されなければならない。

　法律の規定は，各人の権利保護が実現され，社会秩序が保持された状態の確保のため，**行為規範**を定め，各人がその規範内容に従うことを要求する。各人が行為規範に従う状態が集積されることにより，各人の権利が保護されることになる。つまり，権利の保護のためには，各人が法律（行為規範）に従っている状態（適法状態）が確保されている必要がある。これは，行為規範の名宛人が国や公共団体であっても同様であると考えられる（行政法学ではこの考え方を「**法治行政**（法律による行政）の原理」としている）。

　法律の目的が各人の権利保護とその調整にあるのだとすれば，何者かが法律

に違反している場合には，各人の権利が侵害されたり，実現されなかったりするおそれがあるため，違法状態を是正し，適法状態を確保する必要がある。このような違法状態の是正・適法状態の創出のための権限行使を担うのが，法の番人である司法権である。裁判所が，「人権保障の最後の砦」と表現されるのは，このような理由に基づくものである。法律により保障された権利が実現されているか否か，実現を阻害しているものは何かを分析し，権利実現が達成される仕組みを考察していくこともまた，公法学の重要な役割であると考えられる。

②　公法領域における適法状態の確保

さて，権利の実現とは適法状態の確保であると述べたが，公法領域における「適法状態の確保」の議論には，私法領域とはやや異なる特徴が見受けられるように思われる。

公法とは，公権力の行使について定めるものであり，それらの執行を通じて私人の権利保護がはかられる仕組みを構築するものである。そうであるとすれば，公法の世界での適法状態とは，(a) 適法な公権力行使のあり方が確保されていること，および，(b) 私人の権利が保護されていること，の両者をその目的とするものと考えられる。すなわち，公法の執行には，**法治国家担保機能**（適法な公権力行使のあり方が確保されていること）と，**権利保護機能**（私人の権利が保護されていること）という二つの機能が認められるといえる。行政の権限行使に対する救済法の一つであるとされる行政不服審査法においては，「この法律は，行政庁の違法又は不当な処分その他公権力の行使に当たる行為に関し，国民が簡易迅速かつ公正な手続の下で広く行政庁に対する不服申立てをすることができるための制度を定めることにより，国民の権利利益の救済を図るとともに，行政の適正な運営を確保することを目的とする」（行政不服審査法１条）と定められている＊。

＊**反射的利益**　行政法学の学びにおいて，「反射的利益」という言葉が登場することがある。「反射的利益」は，行政法学において，法律が「公益」を保護している結果として生ずる間接的な利益をあらわす用語として用いられている。「公」と「私」とを対立的にとらえてきた（とらえている）行政法学的な用語の一つといえるかもしれない。

88　第2章　公法入門

　　行政法学においては，立法は公益とは何かを定め，行政は立法（公益）の実現
を追求するものであり，司法は私益の保護をはかるものと図式的に整理されるこ
とがある。この整理によれば，行政上の救済（行政訴訟）とは，公益追求活動で
ある行政の過程において私益の侵害があった場合にそれを是正し救済を与えるた
めの制度であるということになる。このような考え方を前提とすると，ある法律
の仕組みの中で，「公益」が保護されている場合であっても，そして，そのこと
が私人にとって有益（有利）に働く場合であったとしても，そのことによって，
必然的に，当該法律が，個々人の個別具体的な利益（「私益」）まで保護している
ものとは「いえない」という考え方が生じる余地がある。この場合に，事実上，
私人に有益に働く効果のことを，「反射的利益」と表現しているのである。

2．権利の実現をめぐる公法学の議論

(1)　憲法学と権利の実現

①　訴訟による権利の実現

　　憲法学における権利の実現にかかわる議論の一つにあげられるのが，憲法訴
訟論であろう。憲法訴訟とは，憲法上の争点が提起される訴訟をいう（した
がって，憲法訴訟には，民事訴訟，刑事訴訟，行政事件訴訟が含まれる。「憲法訴訟
法」という法律は存在しない）。憲法訴訟論は，憲法保障論の一つの制度と理解
されている。中心的な議論としては，審査枠組みの問題（審査手法に関する議
論など）と実体審査の枠組みの問題（**違憲審査基準**に関する議論など），違憲判決
の効力についての問題，などがある。

　　日本の司法制度においては，いわゆる**違憲審査権**が認められている。違憲審
査制度とは，法令や行政の権限行使が，憲法に違反していないか（憲法適合性）
を，裁判所が審査する仕組みである。日本国憲法は，「最高裁判所は，一切の
法律，命令，規則又は処分が憲法に適合するかしないかを決定する権限を有す
る終審裁判所である」と規定している（81条）。この違憲審査制度については，
その法的性格をめぐる議論をはじめ，様々な論点について憲法学的な考察が積
み重ねられている＊。

　　＊**違憲審査権**　違憲審査とは，憲法適合性の審査を行う権限である。制度としては，

司法裁判所型（付随的違憲審査制）と憲法裁判所型（抽象的違憲審査制）に大きく二分されている。

　日本国憲法の採用する違憲審査制は，前者の付随的審査制であり，裁判所は具体的な争いに際して，違憲審査権を行使するものと解されている。最高裁は，この問題につき，警察予備隊違憲訴訟において，「わが現行の制度の下においては，特定の者の具体的な法律関係につき紛争の存する場合においてのみ裁判所にその判断を求めることができるのであり，裁判所がかような具体的事件を離れて抽象的に法律命令等の合憲性を判断する権限を有するとの見解には，憲法上及び法令上何等の根拠も存しない」と判断している（最大判昭和27・10・8民集6巻9号783頁）。

　なお，違憲審査の対象とされるのは，「一切の法律，命令，規則又は処分」（憲法81条）である。

② 訴訟によらない権利の実現

　憲法訴訟は，裁判による権利の実現の一手法であるといえる。他方，憲法学の議論においては，裁判によらない権利実現の手法や制度に関する考察と位置づけられるものも多数存在する。

　例えば，地方自治法に定める，**住民の直接請求権**に関する議論などは，そのような検討の一つと位置づけられよう。

(2) 行政法学と権利の実現

① 訴訟による権利の実現

　行政法学において，権利の実現に関する問題について論じる領域としてあげられるのが，行政救済法の分野である。行政救済法においては，違法な行政活動を是正し，国民の権利保護をはかるための仕組みや制度について学ぶ（参照図表2-6）。

図表2-6　行政救済法で扱う行政救済の仕組み

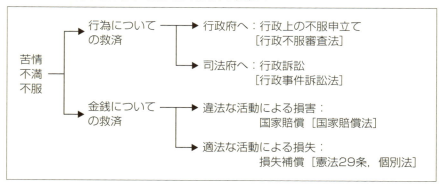

② 訴訟によらない権利の実現

一方，行政法学においても，訴訟によらない権利の実現の仕組みについての議論が存在している。このような議論を主に検討しているのが，行政手続・行政手続法の分野であるといえる。行政法学においても，行政過程への私人の参加や私人との協働の仕組みについて注目されている。

第3章

私 法 入 門

はじめに─私法の位置づけ

1．私法とは

「私法」は，私人相互間の関係（いわゆる，横の関係）を規律した法である。国家や自治体と私人の関係（いわゆる，縦の関係）を規律する「公法」と対置される用語である（第2章第1節2．(2)も参照）。憲法や行政法などが公法に属するのに対し，民法や商法は私法に属する。例えば，交通事故という一つの出来事を法的観点から考察する場合，加害者に対して国家が刑事罰（懲役，罰金など）や行政罰（免許の停止や取消しなど）を科すという関係が公法の世界であるのに対し，被害者が被った損害を加害者が金銭的に賠償するという関係を取り扱うのが私法の世界ということになる。

このような公法と私法の区別は，特に，市民革命を経て，封建的な社会が打破された近代以降の大陸法系諸国（ドイツやフランスなど）において，国家と市民社会の分化が進み，市民社会においては，すべての個人が自由・平等かつ独立した存在として認められ，自由な経済活動が最大限に尊重されるようになってきてから後に重要となった。特にわが国では，公法と私法の区別を強調する傾向にあるといえる（一例をあげれば，最判平成9・7・11民集51巻6号2573頁は，公法（特に刑事法）と私法の領域の違いを強調しつつ，わが国において，実損額を超えた懲罰的損害賠償のような賠償責任を認めることを否定している）*。

　＊公法と私法の区分の困難性　実際には，個別の法律ごとで，公法と私法にきれい

に分類できるわけではない。例えば，宅地建物取引業法や特定商取引に関する法律のように，公法と私法の両要素をもち合わせている法律も多い。また，自由主義的な経済・社会の発展に伴い，富の集中が進むと，実質的な平等の確保（すなわち，独立・対等な市民モデルを修正し，社会的・経済的弱者を保護すること）を志向して国家が市民社会に対して積極的に介入するようになる。そこに，労働法などの，いわゆる**社会法**といわれる法領域が登場することになる。

2．市民法としての民法

　私法の中で土台となるのは，**民法**という法律（民法典）である。ドイツ，フランスなどの立法を模倣する形で明治31年（1898）に施行され（1870年代に民法典の編纂作業が開始されたが，旧民法の制定，その後の法典論争などを経て，現行民法が施行されるまでに30年近くの月日を必要とした。第1章第1節4．(2)参照），法改正を繰り返しながらも，継続性を維持して現在に至っている。

　民法の根底には，近代市民社会における基本思想ともいうべき，自由主義および個人主義が流れている。すなわち，すべてのものが平等に独立した個人として存在し（**権利能力平等の原則**），そのものの生活基盤となるべき私有財産が保障され（**所有権絶対の原則**），個人が自由な意思に基づいて法律関係を自律的に形成し（**私的自治の原則**。その中でも特に，自己が蓄積した財産を自由な意思で他者と交換（取引）する自由としての「**契約自由の原則**」），自己の過失によって他者に損害を与えた限りにおいて責任を負うべきである（**過失責任主義**）という点を出発点としている。

　民法は，1050条までの条文から構成されているが，大雑把にいうと，**財産と家族に関する法典**であり，全5編のうち，第1～3編（総則，物権，債権）を財産法，第4・5編（親族，相続）を家族法として位置づけ得る。なお，財産と家族を一つの法典としてまとめているのは，個人経営が支配的であり，財産と家族が密接に結びついていた時代を反映しているといわれるが，取引において法人の存在が大きくなるにつけて両者の分離は進み，近時ではむしろ，財産法と商法の距離の近さが注目されるようになっていることには留意する必要がある（民商統一法典をもつ国も少なくない）。

はじめに―私法の位置づけ　93

　ところで，民法の規定の中には，売買契約，名誉毀損，境界線問題，遺産の分配など，様々な局面に対応する条文が盛り込まれているが，私人間の法律関係を解決する道具としては，網羅的なルールが盛り込まれているわけではない。また，民法の規定のままでは，特定の場面では適切ではない場合もある。そこで，私法の領域だけみても，民法の他に，様々な特別法が数多く存在する。すなわち特別法とは，特定の領域（例えば，労働問題，不動産の公示手段である登記，製造物に起因する事故，お金の貸し借りに関するトラブルなど，私人間の関係全般を規律する民法と比べてより限定された領域）において，一般法たる民法を基盤としてそれを修正・補充するために制定された法律のことを意味し，その領域に限っては特別法が優先的に適用されることとなる＊。

　　＊**民法の特別法**　特別法は，大きく，①一般法を補充したものと，②一般法を修正
　　したものに分類し得る。①民法を補充する特別法として，例えば，不動産登記法，
　　戸籍法，遺失物法などがあげられる。②他方，民法の内容を修正する特別法には，
　　例えば，ⓐわが国の実情を考慮した修正法として，失火ノ責任ニ関スル法律，農
　　地法など，ⓑ経済の発展に伴う新たな要請に応える修正法として，建物の区分所
　　有等に関する法律，工場抵当法，企業担保法，信託法など，ⓒ社会的・経済的弱
　　者を保護するための修正法として，借地借家法，利息制限法，消費者契約法，特
　　定商取引に関する法律，製造物責任法などがある。

3. 企業法としての商法

　私人間の法律関係の中には，商的色彩を帯びた「企業」としての活動がある。ここでいう「企業」とは，継続的意図をもって経済行為を行為い，国民経済に寄与するとともに，自己および構成員のため収益をあげることを目的とする経済主体であると解されている。現代社会において企業の重要性は，誰もが認識するところとなっている。そして，このような企業の組織，企業相互間の取引，企業と消費者の取引などのための特別法として，**商法**がある。

　世界的にみると商法は，9世紀イタリアで商業都市が発達し，そこで商人団体の自治法として発達したのが最初であると言われているが，その後，近代国家の成立とともに，都市経済から国民経済へ発展する中，自治法が国家法へと

94 第3章 私法入門

吸収されていった。商法だけの最初の法典は，1807年にナポレオンによって制定された商法典（Code de commerce）である。他方，わが国では，明治32年（1899）に施行された商法典が，最初の包括的なものであり，内容的には普通ドイツ商法典の影響を強く受けている（竹内昭夫＝龍田節編『現代企業法講座第1巻 企業法総論』（東京大学出版会，1984年）3頁参照）。

　現行の商法1条2項によれば，「商事に関し，この法律に定めがない事項については商慣習に従い，商慣習がないときは，民法……の定めるところによる」と規定しており，民法の特別法としての位置づけを明示している。また，このような狭義の意味での商法である商法典とは別に，制定当初は商法典の中に盛り込まれつつも現在では独立した法律となっている，**会社法**（2005年），**手形法**（1932年），**小切手法**（1933年），**保険法**（2008年）などを中心として，企業の組織や活動といった企業生活関係を規律する「**企業法**（広義の意味での商法）」とも称される法律群が存在するが，これら諸法は商法典にさらに優先する。商法分野に属する法律にも様々なものがあり，法律ごとに特徴があるが，総じていえば，民法と比べて，より，営利性，定型化，公示・外観の重視，簡易迅速性などが強調された内容となっている。

　例えば，民法には売買契約に関する条文が存在するが，それとは別に，商人間において商行為として行われる売買契約である，いわゆる商事売買の規定が商法（524条～528条）にもおかれている。そして，民法上では，売買目的物の契約不適合に対する責任として，買主が，売買目的物の種類や品質に関しての契約不適合を知ったときから1年内であれば，履行の追完の請求，代金減額の請求，契約の解除，損害賠償の請求をすることができることとなっている（562～564条，566条）が，商人間の売買では，目的物を受け取った買主は，遅滞なくこれを検査し，その目的物の種類・品質・数量に関して契約不適合を発見したときは，直ちに売主に対しその旨を通知しなければならず，これを怠ったときは，履行の追完の請求，代金減額の請求，契約の解除，損害賠償の請求ができないこととなる（商法526条）。この条文は，迅速性を尊重すべき商人間の売買契約においては長期間にわたって取引関係を不安定な状態におくことが妥当ではなく，契約不適合責任に関する問題について早期結了をはかる必要があるとの趣旨から定められたものとされている。

４．労働法，不動産賃貸借法，消費者法

　歴史的な観点から見ると，自由放任主義的な考え方は，産業革命以後にその弱点を露呈することとなる（産業革命に伴い，企業が労働者に対して低賃金で過酷な労働条件を強いる雇用が増えたり，また，企業が激しい自由競争を避けて経済的独裁状態を作り出し，「見えざる手」による調整が困難となったりする）中，国家からの積極的な経済介入という方向へと転換が図られた経緯がある。そのような中で，自由放任主義的な経済活動を修正し，国家が積極的に介入をすることを目指すべく制定された特別法がある。様々なものをあげることができるが，19世紀以降の歴史に着目し，順次に現れた主要な三つを例として紹介する。

(1)　労働法

　まず，労働者を保護する諸法（いわゆる，「労働法」）が存在する。民法にも雇用に関する若干の規定があるが，注視しなければならないルールはほとんどなく，労働契約の内容等も含め，重要な規定はすべて，労働法分野に委ねられている。大きくは，①年少者保護，労働災害に対する補償，解雇制限などに関する最低労働条件を定めるもの（**労働基準法**（1947年）など）と，②労働組合の結成を認め，その組織に団体交渉権や争議権を与え，使用者との集団的交渉のルールを定めたもの（**労働組合法**（1949年）など），③労働者の勤労権を確保するための国家の関与を内容とするもの（職業安定法（1947年），労働者派遣法など）の三本の柱がある。

　わが国では，古くは，工場労働者の劣悪な労働環境（例えば，細井和喜蔵『女工哀史』などから読み取れる）を背景として，工場法（1911年）が制定されるなどの向きもあったが，本格的な立法がなされるのは，第二次世界大戦後のことである。

　上記①に関しては，使用者側からすると労働者は，（特殊であったり高度な技術を要したりするものでない限り）代替可能な存在であるところ，低賃金・長時間労働を強いられてきた中，第二次世界大戦後，日本国憲法の施行（1947年）に伴い，最低労働条件法定主義の採用を受けて（憲法27条），具体化されていったものである。他方，上記②に関しては，歴史的に労働組合は，労使間に不当

96　第3章　私法入門

に介入する第三者として禁圧の対象となっていた（例えば，明治期には労働組合期成会が誕生するものの治安警察法（1900年）によって弾圧された）ところ，日本国憲法の中で，労働基本三権（憲法28条。団結権・団体交渉権・団体行動権）が認められたことを受けて，ようやく法的に保障されるようになったものである。上記③に関しては，1940年代の戦時体制まで，国家は政策介入に抑制的であったが，戦後になって徐々に転換の兆しをみせ，特に日本の経済成長に合わせて積極的市場政策への転換がみられるようになった。

(2)　不動産賃貸借法

　土地・建物の賃借人を保護する立法が存在する。明治期の殖産興業政策に伴い，第2次産業人口が急速に増大し，都市部を中心として居住環境の確保が問題となった。また，日露戦争や第一次世界大戦を通じても，住宅問題が深刻な社会問題となった。他面，民法は所有権を強く認め，利用権に対する優位性を認めていたため，賃借人の地位は賃貸人（不動産所有者）に比べて大変弱く，賃借人に不当な契約が結ばれていたという事実を見て取ることができる（「地震売買」といわれるものが頻繁に行われた）。このような中，不動産賃借人を保護することなどの要請に対応するため，不動産賃貸借に関する特別法が制定されるに至った。代表的なものとしては，日露戦争後の住宅難の時期に**建物保護ニ関スル法律**（1909年）が，第一次世界大戦後の住宅難の時期に**借地法**（1935年）および**借家法**（1935年）が制定されたことが挙げられる。これらは，借地権・借家権を強く保護するものとして借地借家の法律関係の中で重要や役割を果たした。

　また，学説上も，弱者（不動産賃借人）保護法理を展開する。第二次世界大戦後の都市部での居住環境（住宅地の50〜80％が借地，住宅建物の60〜90％が借家であったとの分析がある。瀬川信久『日本の借地』（有斐閣，1995年）14頁・207頁）を背景として，「借主の地位を強化しないと，その上に築き上げられた生活と経済とが脆弱になり，社会経済の発展が阻害されることになる」（我妻栄「賃貸借法概説」法律時報29巻3号4頁）との分析が象徴的であり，上記諸法の解釈においても，貸主の負担のもとでの借主の生活基盤・事業基盤の確保という社会法的観点が志向された。

その後，1980年代から1990年代にかけて，不動産事情の変化等に伴い，不動産賃貸借においても市場主義・契約自由の復権ともいうべき議論が強まる中（後述コラム参照），従来の建物保護ニ関スル法律，借地法，借家法に大幅な修正を加えつつ一本化する形で，平成3年（1991）に**借地借家法**が制定されるに至るが，21世紀に入ると，新たな動きが現れる。すなわち，今までのように，「いったん成立した賃貸借契約の存続をいかに保障していくか」という観点ではなく，賃貸借契約成立過程の問題（敷引特約，通常損耗補修特約，更新料特約など）へと，問題の中心がシフトする。いわゆる，不動産賃貸借契約の消費者問題化である＊。

＊**不動産賃貸借契約の消費者問題化**　近時，不動産賃貸借を巡っては，「街づくり・空き家問題・過疎問題・少子化問題・高齢者問題・ホームレス問題等々の解決のためにどのように活用できるかという問題」へと応用することの重要性を指摘する向きもある（瀬川信久「不動産の賃貸借―その現代的課題(1)」松尾弘＝山野目章夫編『不動産賃貸借の課題と展望』（商事法務，2012年）17頁）。また，広い意味における，良質な住環境の確保という観点からは，わが国が，都市計画制度において大きな問題（特に，都市計画制度による土地利用の規制力が弱く，良好な都市空間・居住空間の整備が阻まれているという問題）を抱えていることが指摘され続けている。

(3) 消費者法

さらに，消費者問題に対応する立法が存在する。わが国では，第二次世界大戦敗戦の後である1940年代後半にすでに，物の不足や物価の高騰が深刻な問題となる中で，消費者運動が起こるが，その後，高度経済成長期までに有害な食品や薬品，さらには商品の不当表示などが社会問題化する（例えば，スモン事件，森永ヒ素ミルク事件，サリドマイド事件，カネミ油症事件，コルラルジル事件，クロロキン事件など）。

また，安定成長期（1970年代半ば）以降は，国民の豊かさが増す中で，消費者問題の内容や分野がさらに広がりをみせるようになる。商品の安全性について，食品や薬品に加え，日常生活用品，家電製品，暖房器具などにも大きく範囲が広がり，また，契約締結方法や契約内容に関しても，それまでにも存在し

98　第3章　私法入門

たねずみ講などの問題に加え，先物取引に関するトラブル，投資詐欺，霊感商法，原野商法など，様々な種類の商法が問題となった。消費者の金融へのアクセスが容易になる中で，多重債務者問題，サラ金の高金利，過酷な取り立て行為など，消費者信用の側面で問題が生じることとなる。

　近時では，技術革新に伴い，単純な商品から複雑な商品への変化，流通の発展に伴い安全性を欠く商品が同時に市場へ出回るリスクの増大などが生じ，消費者のリスクが以前よりも増加することとなった。国内だけではなく，遺伝子組換食品，BSE問題，食品表示偽装事件など，グローバル化を伴う問題となっている。また，高度情報化社会への進展も無視できない。電子技術の発達が，消費者に大きな利便性をもたらしているが，それに伴い，IT関連に固有の消費者トラブルも発生し，多くの立法の必要性も生じている。

　このような消費者問題の歴史の中で，様々な形での規制が立法化され続けている。消費者法として位置づけられる具体的な法律をあげればきりがないが，代表的な立法としては，例えば，**割賦販売法**（1961年），**特定商取引に関する法律**（1976年），**製造物責任法**（1994年），**消費者契約法**（2000年）などがあげられよう。

Column 7

「弱者保護」という観点の変容

　上記のように，福祉国家的発想を背景として，弱者を保護するための立法がなされてきたが，時代の流れとともに，そのような考え方（法の位置づけ）自体に変容があることには留意する必要がある。

　労働者保護においては，これまでは，「終身雇用制・年功序列型賃金体系を前提においた正社員」をモデルに設計されてきたが，近時では，そのモデルは崩れている。労働市場の規制緩和の下で，労働契約という特殊な契約関係を否定し，一般的な個別契約関係に解消していこうとする考え方も有力となる中，パートタイマー，フリーター，派遣労働者といった多様な雇用形態が存在するようになっている。そのような中で，労働法は，古典的な労働者保護を超え，労働関係に登場する当事者の利害調整をはかる法へと発展している。

賃借人保護においては、住宅難の時代が薄れる中、建物保護法、借地法、借家法によって、賃借権の保護が強くはかられた結果、その反動として、不動産所有者の貸し控えによる優良賃貸物件の供給不足や、賃借権自体の価格高騰が進んでしまった。また、存続保障が強くなくとも安価で不動産を借りたいという社会的ニーズに応えられないという弱さも露呈した。そこで、平成3年（1991）に、賃借人借地・借家関係の安定的な供給をはかりつつ、より多様な借地・借家関係を創造することを目的として、建物保護法、借地法、借家法の三法を大幅修正しつつ一本化する形で、新たに借地借家法が生まれるに至った。また、そのような借地借家法でさえ、住宅供給の効率性を阻害するものとして評価する向きもある。

消費者保護の領域においても、バブル崩壊前までは、いわゆる「大きな国家」を前提として、国家が積極的に介入する手法が用いられていたが、バブル経済の崩壊後は、むしろ、小さな国家、市場経済、規制緩和へとシフトする。そして、消費者は「保護されるもの」ではなく「自立した主体」として市場に参加する存在であると考えられ（平成16年（2004）に、「消費者保護基本法」が改正され、名称も「消費者基本法」と改められたのは、それを象徴している）、また、事前規制に依存するのではなく事後規制を拡充させるべきであると考えられるようになった。

第1節　私法上の権利主体

1．人

私法は、私人間の権利義務関係について扱うものである。そのような意味において、私法における権利（および義務）の帰属主体は、「人」ということになる。では、ここでいう「人」とは、どのような存在として登場するのであろうか。

近代市民法においては、支配・強制による封建社会と決別し、それに代わって自由・平等な社会を確立することが目指されるが、そのような社会がモデルとなる場合、すべての「人」は、国家や他者から支配・干渉・制約を受けることなく、合理的で理性的な判断によって自分自身で権利・義務関係を形成していくことができる一個人として尊重される存在となる（個人主義）。

また、財産を多く保有しているものもそうでないものも、また、社会的地位や性別にかかわりなく、すべての人が自由な社会・経済活動を行うために、平

等に機会が確保されている（平等主義）。実際に，われわれの社会の中には様々な属性をもつ人が混在するが，それらの個々人に対して等しく，私法上の権利（私権）の帰属主体たり得る能力（権利能力）が付与されている。人は人である限り，誰もが平等に権利能力を有しているのである（**権利能力平等の原則**）。

　したがって，われわれが私法学と向き合う場合，まず出発点としては，人を，内面的・身体的・性的な特性などをそぎ落とした，より抽象的な存在として位置づけることが許されるのである*。

　　＊権利能力平等の原則の重要性　権利能力平等の原則は，歴史的にみれば，近代市
　　民革命を通じ，封建的な身分の拘束から解放され，人格の自由というものが保障
　　されてはじめて，人は，生まれながらにして自由・平等な権利義務の主体として
　　位置づけられるようになったのである。また，近代市民法が確立して自由・平等・
　　正義を標榜するようになった後ですら，権利能力が平等に与えられていなかった
　　歴史的実例が少なからずあることをわれわれは直視しなければならない（近代の
　　奴隷制度と法のかかわりについて，能見善久「人の権利能力─平等と差別の法的
　　構造・序説」『民法学における法と政策』（2007年，有斐閣）69頁）。したがって，
　　同原則が，現在のわが国の社会で受け入れられていることをもって，原則の重要
　　性が失われることはない。

　　　他方，権利能力平等の原則は当然のこととしても，なお，「人」と「物」との
　　関係には留意しなければならない。例えば，臓器移植の問題を考える場合，人は
　　常に権利主体と言い得るか（客体にはなり得ないか）を考えなければならない。
　　また，人間以外の動物の保護を考える場合，人だけが権利主体か（人間以外の動
　　物は権利主体にはなり得ないか）を考えなければならない。

2．労働者，不動産賃借人

　前述（はじめに4．(1)および(2)）した内容に対応する形で，労働者，不動産賃借人という権利主体についても言及しておく。これらは，民法上の抽象的な権利主体としての「人」という概念から脱し，特別法によって保護の対象となる存在である。

　まず，労働者と使用者の交渉力等の不均衡を是正するために，労働法が重要

な役割を果たしているが，労働条件の最低基準を示した個別的労働関係法（労働基準法や労働契約法など）上の保護を受け得るためには，そもそも，同法上の**労働者**に該当する必要がある（正確には，労働基準法や労働契約法の適用の有無は，「労働者」と「使用者」の両概念の画定によって定まるが，ここでは，「使用者」への言及は割愛する）＊。

　では，ここでいう「労働者」には，どのようなものが含まれるのだろうか。条文上，労働者とは，事業に使用され，賃金を支払われるものとされている（労働基準法９条，労働契約法２条１項）。雇用契約や請負契約といった契約形式を問わず，様々な要素を加味して実質的な側面が重視される。ただし実際には，例えば，従業員兼務取締役，保険会社の外務員，在宅勤務者，ボランティア活動を行う者，インターンなどグレーゾーン事例も多く，判断の困難性を伴う場合がある。

　　＊**労働者概念の多様性**　集団的労働関係法では，個別的労働関係法と異なった「労働者」概念がある。すなわち，個別的労働関係法上の労働者は，労働条件の最低基準に関する保護を受け得る対象者という視点が重要であるのに対し，集団的労働関係法上の労働者は，団体交渉の助成を中核とする労働組合法の趣旨に照らして，労使の交渉プロセスの保護を受け得る対象者という視点から，労働者の範囲の検討がなされなければならない。

　また，借地借家法上の保護を受ける存在が，**不動産賃借人（借地人，借家人）**である。自己所有の土地や建物をもたないものにとって，自らの居住スペースを確保することは非常に重要であるため，特に保護すべき対象となっている（同じ賃借人でも，動産の賃借人は保護の対象となっておらず，また，同じ貸借型の契約であっても，使用貸借契約上の借主は保護の対象となっていないことには，留意する必要がある）。

　ただし，わが国における現行法は，建物について居住用と業務用（事務所・店舗・工場など）を分けておらず，また，賃借人の経済状況とは無関係に，借地借家法の保護の対象としている。立法論上は，検討されてよい課題である。

3．消費者

　近時，「消費者」という概念が重要性を増している。そもそも「消費者」とは，個々人の属性を排除した，抽象的な存在としての「人」（例えば，現行民法は，権利主体として「人」という概念のみをおく）とは異なり，自分自身の健康で文化的な生活のために，商品やサービスを受けるという，よりリアリティがある存在であることは間違いない。しかし，現在の市民社会で，消費活動を行っていないものはほとんど考えられないことを前提とすると，ほぼすべての市民が消費者というカテゴリーに当てはまることとなる。

　なるほど，アメリカ合衆国における消費者政策の原点となった，ケネディ大統領の「消費者の利益保護に関する大統領特別教書（Special Message to the Congress on Protecting the Consumer Interest, March 15, 1962)」では，四つの消費者の権利が記されているが，その中で，「われわれすべてが消費者である」旨が述べられている。

　にもかかわらず，「人」ではなく，「消費者」という視点から法を組み立てる必要性はどこにあるのだろうか。これに関し，わが国の法が「消費者」概念を統一的かつ明確に定義づけているわけではない。例えば，消費者政策のもっとも基本となるべき消費者基本法にも「消費者」の定義規定は見受けられない。しかし，例えば，消費者契約法，電子消費者契約法，法適用通則法，消費者安全法などでは，消費者とは，「個人」と定義づけられていること，「事業者」との区別が強調されていることには留意が必要である。

　そもそも各法で明記されている定義でさえ，各法の適用領域を画することを目的としたものであるので，他の法にもそのまま適用され得るわけではないが，ほぼ共通していえるのは，「消費者」が，自由放任主義的な考え方に基づく市場経済をモデルとした場合に想定されるプレーヤー（それが「人」である）とは一線を画する存在として位置づけられていることである。

　すなわち，「消費者」というのは，「事業者」との区別を前提とし，様々な技術革新に伴い，事業者が供給する商品・サービス等の内容や販売方法が高度化・複雑化する中，ある者が，事業者との関係で商品・サービス内容についての情報力・判断力の格差があったり，発生したリスクを他に転嫁・分散するこ

第1節●私法上の権利主体　　103

とが困難であったりすることから，何らかの国家の介入が正当化される状態
（したがって，特定のものが，ある場面では消費者であり，別の場面では事業者とい
うことがあり得る）を指すものと考えられよう。

4．商　人

　私人間の法律関係の中には，「企業」としての活動があることは前述（はじ
めに3．）のとおりであるが，そのような企業という存在を表す概念が，「商人」
である。そのもの（自然人も法人も含む）が商人と位置づけられると，一般法
である民法を前提としつつも，それに優先して，商法などの商事関係法規に優
先的に服することとなる。

　なお，商人が営業活動を広範囲にわたって行うためには，その活動を補助す
るものが必要である。その補助者を**商業使用人**（支配人，部分的包括代理権を有
する使用人，店舗の使用人などに分けられる）という。また，商人が広域で営業
を行うために，他の商人に取引の代理・媒介・取次を依頼することがある。**代
理商，仲立人，取次商**がこれに該当する。

5．法　人

（1）意　義

　「人」は，個々の人（いわゆる，自然人）だけを意味しない。そもそも，われ
われの社会には，自然人の個別的な社会・経済行動以外に，人や財産の集合体
による社会・経済行動もあるが，これらの集合体の中には，固有の組織・行
為・財産を有しており，個々の自然人とはまったく独立した存在として認識す
ることができるし，また，そのように扱うことが妥当なものもある。そこで，
自然人以外にも権利・義務の主体となることができる存在として，**法人**という
概念が認められている。

　わが国では，近代的な法定編纂がなされた時期が遅く，参考にした諸国の立
法ではすでに団体の存在が前提となっていたため，団体の存在をめぐる激しい
議論は少なかったが，フランス革命においては，国家と個人の間にはいかなる
中間団体も存在しない社会が念頭におかれていたし，多くの国で労働組合は禁
圧の対象となってきた。また，わが国でも，昔から「会社」という団体が一般

104 第3章 私法入門

的に普及していたわけではないことを考慮に入れると，法人は，あくまで例外的な存在として位置づけられていたものと推測される（大村敦志『消費者・家族と法』（1999年，東京大学出版会）245頁）。しかし，現在の社会および経済においては，企業および企業活動という存在は必要不可欠なものであり，もはや法人こそが，典型的な権利主体であるということすらできる＊。

> ＊**団体と法人**　団体は，法人に限定されない。大学のサークルや町内会といった地域コミュニティ，夫婦や親族などの身分的結合体，同一の分譲マンションに住む住民同士など，様々な関係を団体としてとらえることもできる。実際に，民法の中には，共有（民法249条以下），多数当事者の債権および債務（民法427条以下），組合（民法667条以下），親族（民法725条以下）など，様々な団体法的要素をもった条文をおいている。その中で，法人が有する特徴は，法人に，構成員とは独立した法人格が付与されていることである。
>
> 　ただし，法人は一定の目的をもって，そのために活動する存在であるため，法人がなしうる行為は，あくまで目的の範囲に限定されている。もし法人が目的の範囲外の行為を行った場合，その行為の効果は原則的に無効と解されている。

(2)　法人の種類

ところで，法人にはいかなる種類が存在するのだろうか。まず，会社など，私法に準拠する**私法人**と，地方公共団体，公団・公庫・事業団など，公法に準拠する**公法人**に分類される。自由競争が十分に機能する分野では，利益の享受やリスクの負担を私法人自身に委ね，市場によるコントロールに服するとした方が，効率的な生産やサービスなどを期待できる一方，市場による効率性のコントロールのみでは社会的公正を害するおそれがある分野は，公法人が適していると言い得る。ただし，どの分野がどちらの法人に適しているのかは，時代の流れや経済状況によって異なる（例えば，バス，鉄道，郵便など）。

また，**社団法人・財団法人**の分類がある。一定の目的の下に結合した人の団体で構成された法人を，社団法人という。社団法人は，構成員たる社員を不可欠の要素とし，社員総会が法人の最高意思決定機関となり，その決定に基づいて自律的に行動（管理・運営）する。これに対し，一定の目的を遂行するために捧げられた財産の集合で構成された法人を，財団法人という。財団を設立し

第1節●私法上の権利主体　　105

たものの意思を忠実に実行することが本質となり，社員や社員総会などは要素
とならない。

　さらに，**営利法人・非営利法人**の分類がある。営利法人とは，営利活動に
よって得られた収益の分配を目的とする法人をいう。これに対して，非営利法
人とは，収益の分配を目的としない法人である。営利法人には，**会社法**の適用
があるのに対し，非営利法人には，**一般社団法人及び一般財団法人に関する法
律**の適用がある。なお，非営利法人の中で，特に，**公益法人**としてみなされる
ものがある。公益法人とは，非営利法人のうち，学術，技芸，慈善，祭祀，宗
教その他の公益を目的とする法人であり，行政庁によって公益認定を受けたも
のをいう（公益社団法人及び公益財団法人の認定等に関する法律参照）。

（3）　株式会社

　現代社会においては，法人の中でも特に，営利（一定の資本を投下し，将来，
そのリターンを受け取る行為）を目的としている法人である**株式会社**の果たす役
割が大きい。個人で営利活動を行うのに比べ，株式会社は，構成員が複数いる
（場合によっては多数となる）ことにより，より多くの資金（自己資本）を得るこ
とができることや，異なる能力を有する者が有機的に結合することによって，
より戦略的な経営が可能となることなどに有利性を見出すことができよう。現
在，わが国には，設立要件も比較的簡易である（準則主義を採用する）ことから，
無数の株式会社が存在している。

　株式会社は，会社の構成員である株主に，対外的経済活動によって得た利益
を分配するため，経済活動を行うにあたっては，**株主の利益最大化**が，大きな
指標となる。例えば，取締役が負う善管注意義務や忠実義務（会社法355条，民
法644条）も，株主の利益最大化を図るものとして位置づけられている。勿論，
株主の利益の最大化は，厳格に貫かれるべきものではなく，また，そもそも
（会社の債権者，従業員，地域住民などではなく）株主の利益を最大化すること
が会社の行動指針として妥当なのか自体が議論のあるところだが，ここでは触れ
ない。

　なお，株式会社の株主は，株式の引受価額を限度とする出資義務を負う以上
に，会社の債務について責任を負うことはない（有限責任。会社法104条）。

106　第3章　私法入門

Column 8

消費者事件被害者の実効的救済―消費者被害回復裁判特例法の制定

　消費者と事業者の力の差は，何も情報力，交渉力の差が表れる契約締結の場面に限られるものではない。近年の消費者保護の流れは，消費者事件における被害者たる消費者が裁判所に法的救済を求める場面においても新たな一頁を開こうとしている。

　消費者が被害者となる事件の特徴として，①被害額が少なく，裁判所に救済を求めても費用だおれ（認容額よりも費用の方が多くなる）になる，②不特定多数のものに被害が拡大する，という点があげられる。このうち後者に関しては，平成18年（2006）の消費者契約法の一部改正によって，一つの解決をみた。すなわち，消費者団体訴訟制度の導入である（消費者契約法12条以下）。この制度の下では，消費者に比べ，法的知識も経済力もある消費者団体が同法の規定する行為（例えば，不実の告知など消費者に誤認を与える行為。消費者契約法４条参照）をしている事業者に対し，当該行為の差止請求をすることが認められた。そこで，今度は前者の問題，すなわち，現実に被害にあった消費者の実効的救済をはかる新たな制度の導入が待ち望まれていた。

　平成25年（2013）の通常国会に，いわゆる「消費者被害回復裁判特例法案」が提出された。この法案は，被害者の実効的救済を目的とした上で，裁判手続を大きく２段階に分けている点に特徴がある。第一段階は，事業者の金銭返還義務や賠償義務を確認する手続，第二段階は，事業者の義務があることを前提に，具体的な被害者の債権額を確定する手続である。

　いずれの場面においても，直接被害を受けた消費者ではなく，適格性を認められた消費者団体が手続主体となる。第一段階で消費者団体が事業者に勝訴あるいは和解等で事業者の義務が確認されると，次に当該団体が裁判所に債権確定手続を申し立てる。直接の被害者はこの時点ではじめて手続に関与し，当該団体に対し債権を授権する。その後，債権額が確定すれば，この判断は確定判決と同一の効力を有し，事業者が不当利得の返還や賠償に応じない場合には，当該団体および被害者は事業者の財産に対し，強制執行することができる。その際，債権確定までの手続にかかる費用は，ほぼすべてを消費者団体が負担するため，消費者は費用をかけることなく，被害を回復することが期待される。なお，第一段階において消費者団体が敗訴したとしても，その判決は現実の被害者を拘束しないとされているから，別途消費者が個別に提訴することは妨げられない。

たしかに，この制度が導入されたとしても，適格性を認定された消費者団体が積極的に提訴することが期待できるか，被害者たる消費者が所定期間内に団体に債権を授権できるかなどの懸念もなくはない。しかし，今回の制度は裁判を受ける権利（憲法32条）を実質的に保障する，すなわち，被害者に実効的な救済を与える観点から意義のある制度であることは間違いない。

平成25年（2013）12月4日，ついに「消費者の財産的被害の集団的な回復のための民事の裁判手続の特例に関する法律」（「消費者被害回復裁判特例法」）が国会で可決成立した。この法律は公布の日より3年以内の政令で定める日に施行するとされ，平成28年（2016）10月1日に施行された。

第2節　所有権

1．所有権の保障

(1)　所有権絶対の原則

所有権とは，物（＝有体物。民法85条）を自由に使用・収益・処分する権利であり（民法206条），特徴として，絶対性（すべての人に対して主張できる権利という性質），排他性（同一物の上に内容を同じくする権利が並立することはないという性質），全面性（使用・収益・処分という全面的な支配性）という性質を有している。目的物をどのようにしてもよく，基本的に他人の干渉を受けないことから，**所有権絶対の原則**という表現が用いられる。

所有権絶対の原則は，封建社会からの決別という意味が含まれており，この原則を打ち立てることは，歴史的にみて重要な意味がある。封建社会の時代においては，特に土地の所有権の内容は複雑であった。一般に封建社会では，一つの土地の上に複数の支配権が成立することが認められていたのである。わが国における封建社会にあっても，領主は地代徴収権能を中核とした上級所有権を，農民は耕作権を中心とした下級所有権を有し，さらには，領主よりも上位のものの所有権も存在し，所有権が重層的に存在していた（詳細は，甲斐道太郎＝稲本洋之助＝戒能通厚＝田山輝明『所有権思想の歴史』（1979年，有斐閣新書）参照）。

しかし，近代市民社会の成立に伴い，重層的な所有権を否定し，現実の利用

の担い手に単一的・全面的・排他的な権原を保障することが目指された。所有権は，その要請に応えるための法技術である。わが国の民法では，「所有者は法令の制限内において，自由にその所有物の使用，収益及び処分をする権利を有する」と規定し（民法206条），近代的な所有権概念の矛盾する権利は，債権（賃借権など）として位置づけられたり，用益物権（地上権など）として位置づけられたりすることとなった。

(2)　所有権の制限

ところで，そもそも所有権概念は，富の不平等をもたらすものであることには留意する必要がある。これは，例えば社会主義者は，生産手段の私的所有を禁じることにより，市民間の富の不均衡の解消を図り，平等を実現しようとしたことにも表れる。現代的な問題である知的所有権においても，それを保護することは，先進国にとっては有利であるが，発展途上国には不利なものとなっている。

また，上記のような原則があるとしても，所有権が絶対的に無制限な権利であるわけではない。社会生活の円満，公共の福祉の増進などのために，一定程度の制約が加えられている。前示の民法206条も，所有権は「**法令の制限内において**」のみ認められる権利としている。明治初期には，所有権は自然法的な権利であるということから議論が出発するが，法典論争の中で，不可侵の権利であることを強調することは国家思想を欠くものであるとの批判が加えられる。その後，現行民法の制定過程や，民法制定後の学説の中で主張された所有権概念は，より社会性をもったものとなった（内田勝一「所有権―「絶対性」から「社会性」への所有権学説の展開」法学セミナー529号72頁（1999年））。

特に，土地の所有権に関する制約がたくさんある。たしかに，われわれが生活を送ったり，積極的に社会・経済活動を送ったりするために，必ず空間が必要であることを考えると，無秩序な私的所有とすることは困難である。例えば，駅前の開発や空港の建設がなされる場合，その地域の住民が，ここは自分の土地だからということを理由として立ち退きたくなかったら立ち退かなくてよいのかというと，そうではないのである。具体的な法令としては，土地の合理的開発・利用のための制限として国土利用計画法，都市計画法，建築基準法，土

地収用法などがあげられる＊（土地の所有権と利益権の対立に関する議論は，継続的かつ多面的になされている。例えば，戒能通厚『土地法のパラドックス』（日本評論社，2010年）参照）。他方，動産所有権に制約が加えられる場合もある。食品衛生法や文化財保護法などがその例である。

　＊**損失補償**　例えば，土地が公共の目的のために収用された場合，その土地の所有者は損失の補償を求めることができる。損失補償は，損害賠償（第4節参照）のように違法な行為を受けたものを救済するための制度ではなく，法令の規制の下で行われた適法な行為が他人に損害を生じさせた場合に，そのものの財産権の保障や公平の見地から，被害者を救済するための制度である。

　さらに，特別法などによる制限がない場合でも，**公共の福祉**（憲法29条2項，民法1条1項），**信義誠実の原則**（民法1条2項），**権利濫用**（民法1条3項）などを根拠に，所有権行使の自由が制限される可能性もある（大判昭和10・10・5民集14巻1965頁）。

(3)　知的財産の保護

　所有権という権利の客体は，物＝有体物（民法85条）である。では，「情報」はどうであろうか。われわれの社会の中には，価値のある情報が数多く存在しているが，情報は，有体物と異なり，その内容がいったん公開されると，独占的に支配することが困難となる性質を有している。また，そもそも人にとって有益な情報は，多くの者がそれを広く共有することにより，社会全体の効用が高まるという側面を持つ。そのような意味でも，独占的支配に馴染まない面がある。実際に，われわれは，先人の生み出した情報を活用しつつ，そこに新たな情報を積み重ねることによって，社会を発展させてきた。

　しかし，例えば著作物や発明などは，その創作に多大な労力や費用がかかる場合も少なくないのに，その情報を万人が自由に使えてしまうのだとすると，創作者の創作意欲が削がれてしまい，優れた創作物が生まれなくなってしまうおそれがあろう。また，会社名や商品名など（いわゆる，ブランド）は，その会社が長年にわたって積み上げてきた市場での信用力を示すものであるところ，その情報を他者が自由に使えてしまうと，ブランドにフリーライド（ただ乗り）

110　第3章　私法入門

した者による劣悪商品が市場に出回る危険が生じ，ブランドを有する企業の利益が不当に害されるとともに，市場秩序が混乱するおそれもある。

　そこで，人間の創作活動などの中で生み出された財産的価値のある情報について，独占的な利用を通じて，経済的利益を獲得することを可能とするための法システムが必要となる。これが，**知的財産法**（より具体的には，**著作権法，特許法，意匠法，実用新案法，商標法，不正競争防止法**など）である（川崎政司「物 ―「物」から「もの」へ」民事研修662号14頁（2012年））。わが国では，明治18年（1885）に専売特許条例，明治32年に著作権法（ただし，この法律は，昭和45年（1970）に制定された現行の著作権法とは異なるものであることには留意する必要がある）が制定されるなど，比較的古くから法整備がなされていたが，それが重視されるようになったのは，最近のことである。平成14年（2002）に知的財産基本法が制定され，また，平成17年には，**知的財産高等裁判所**が設置されている。

２．売買契約による所有権の取得

(1)　所有権の移転原因・時期

　所有権を取得する原因には様々なものがあるが，そのうち，特に重要なものの一つとして，売買契約がある。われわれは，日常的に，様々な物を購入しながら生活しており，そのような意味において売買契約は，もっとも身近な契約ということができる。

　では，売買契約を想定した場合，どのような要件が備われば所有権は移転し得るのだろうか。立法的には，基本的に，意思主義と形式主義という二つの考え方がある。**意思主義**とは，物権変動が生じるための要件として契約当事者の合意（すなわち，契約の成立）だけで足りるとする考え方である。これに対し，**形式主義**とは，当事者の合意だけでは足りず，それに加えて一定の形式的行為が必要であるとする主義である。前者の立法例としてフランス法が，後者の立法例としてドイツ法があげられることが多い。

　では，わが国の立法は，どのようになっているであろうか。民法176条によると，物権の設定および移転は，「当事者の意思表示のみ」によって，その効力を生ずるとしており，**意思主義を採用している**（なお，特にわが国は，契約を締結するにあたって方式を何ら要求しておらず，同様に意思主義を採用するとして

第2節●所有権　111

も契約締結において公正証書が求められる立法とは，その意味合いが異なる点には留意する必要がある。加藤雅信＝加藤新太郎編著『現代民法学と実務（上）』（2008年，判例タイムズ社）第7章物権変動論とその法構造〔鎌田薫〕参照）。

　ところで，物権変動の原因（なぜ所有権が移転するのか）と，物権変動の時期（いつ所有権が移転するのか）は，区別されるべき問題であるところ，後者については学説上の対立が激しい。ここで網羅的にそれを紹介することはできないが，判例は，「特に……所有権の移転が将来なされるべき約旨に出たものでないかぎり，買主に対し直ちに所有権移転の効力を生ずるものと解する」としている（最判昭和33・6・20民集12巻10号1585頁）。すなわち，原則的に，**契約成立時に所有権が移転する**と解している。この考え方は，民法176条は，なぜ所有権が移転するのかという問題だけではなく，いつ所有権が移転するのかという問題に対する答えも含んでいるという考え方に通じる。ただし，あくまで判例は，「所有権の移転が将来なされるべき約旨に出たものでないかぎり」という留保をつけていることには留意しなければならない。解釈によって所有権の移転時期を遅らせることは十分可能なのである（例えば，不特定物売買における所有権移転時期について，不特定物債権が特定した時とした，最判昭和35・6・24民集14巻8号1528頁参照）。

(2)　所有権の公示

　所有権を取得したものは，そのことを他人に知らせる必要がある。なぜなら，所有権は，目的物に対する直接的・排他的な支配権であり同一物の上に同一内容の支配を及ぼすことはできないことから，権利が誰に帰属しているかは大変重要となるため，変動があった場合にはその事実を公に示して，自己の権利を一般に知られるようにしておく必要があるからである。この要請にこたえるものが公示制度である。

　わが国では，不動産（土地およびその定着物。建物も定着物の一種であるが，土地とは独立した不動産として扱われる）については**登記**，動産（不動産以外の物）については**占有（引渡し）**が公示手段となっている。そして，その公示の重要性から，前記の通り所有権の取得において意思主義を採用し，当事者間では物権の変動に関する効果が生じるとしても，それを対外的に（第三者に対して）

112　第3章　私法入門

主張し得るためにはさらに公示手段を備えることを必要とし，公示手段が備わらないうちは，その物権の取得は対外的には否定される。これを，**公示の原則**とよぶ。近代民法では，公示の原則を肯定する例が多く，わが国においても対抗要件という形で民法177条および178条に具現化されている。

(3)　第三者保護，取引の安全

　では，公示が実質的権利を伴わない場合はどうなるであろうか。すなわち，別のもの（A）が所有権を有しているにもかかわらず，所有権を有していないもの（B）が，所有権者らしき公示（占有・登記）を備えており，それを信頼して第三者（C）が取引関係に入った場合，その者は所有権を取得し得るかという問題がある。

　これを肯定的に考える考え方を，**公信の原則**という。すなわち，「公示がなければ物権変動もない」を逆に考えて，「公示があれば物権変動もある」ということに対する信頼を保護しようとするものである。

　そもそも，「何人も自分の持っている以上の権利を他人に与えることはできない」ということであるならば，当然，無権利者であるBから，Cは所有権を取得することはできないはずである。しかし，その原則を曲げて，Cに所有権を取得させることにより，公示を信頼して取引関係に入ってきたものを保護するとともに，より公共的な側面から，取引に対する社会の信頼（いわゆる，取引の安全）を保護しようとする考え方である。そして，その公示に，公信の原則が適用されることを指して，「**公信力がある**」という。ただし，公示に公信力を認めると，公示を信頼したものや取引の安全が保護される一方で，真の権利者の権利が犠牲となってしまう。したがって，どちらを保護すべきかについては，慎重に検討しなければならない。

　では，わが国の立法はどのようになっているのだろうか。

　①まず，動産の占有には公信力が認められている（民法192条。**即時取得**）。そもそも動産取得の対抗要件である「引渡し」は登記などに比べて容易に行い得るが，観念的な引渡し（簡易の引渡し，占有改定，指図による占有移転）も認めるため，動産の取得について公示の原則は実際には実効性の乏しいものとなっている。しかし他方では，動産については，日常から商品取引が活発に行

われており，取引の円滑化をはかっていかなければならないという要請がある。そこで，民法192条は，このような不備・不徹底な公示から権利の存在を誤信した第三者を保護するために引渡しに公信力を与えている。

②他方，不動産の公示手段である登記には，原則として公信力が認められていない。不動産のような高価な物は取引の安全よりも真の所有者の権利を保護すべきであるからである。確かに，個別に，第三者保護規定（民法94条2項，95条4項，96条3項など）が適用される場面もあり，また，判例の変遷の中で，不動産取引における相手方保護や取引の安全が重視されるようになっている（民法94条2項類推適用など）。しかし，本質的には，やはり，登記に公信力はないという点から出発しなければならない。

(4) 「財産」の「移転」という視覚への拡張

ここでは，「売買契約」に基づく「所有権」の移転を例として説明をしているが，実は，学修の広がりという観点からすると，それだけではあまりにも狭い。

まず，移転原因としては，売買契約以外にも，例えば，あるものが死亡することによって遺産が特定のものに引き継がれる，相続がある。不動産を中心とする家産の承継という意味を考えた場合，少なくとも以前は，売買以上に重要な移転原因といってよい。また，会社が**合併・分割**をしたり，**事業譲渡**をしたりすると，会社財産の移転が生じる。これらは，投下資本の回収，経営の立て直し，企業の生き残りのための重要な手段として位置づけられる。

他方，移転する財産の種類については，①例えば，所有権のような物権だけではなく，債権も譲渡の対象となる。**債権譲渡**は，資金の早期流動化，取立ての委任，債権を担保とした資金調達（譲渡担保）など，様々な目的をもってなされる。②また，知的所有権（著作権，特許権，商標権など）も法的に保護されており（著作権法，特許法，商標法などを参照。知的所有権を保護することにより，財産的価値を高めるからこそ，研究開発へのインセンティブがわき，社会全体の発展がみられる），取引の対象となる。③債権の流動化を進めるために，手形・小切手や電子記録債権が発行されれば，それは，原因債権とは独立したものとして（無因的に），流通の対象となる（手形法，小切手法，電子記録債権法）。④株式，

各種会員権など，単なる権利ではなく，一種の法的地位が取引されることもある。

　これらをここで詳細に論じることはできないが，上記(1)〜(3)を財産移転の一例としつつ，どのような原因で移転するか，どのような財産が移転するか，に関するバリエーションをさらに膨らませ，それぞれにおいて，①どのような要件で移転がなされるのか，②公示手段は何か，③公示を信頼したものや取引の安全をどのように（そして，どの程度）はかるのか，を比較検討しつつ理解すべきである（そうすることによって，「売買契約」に基づく「所有権」の移転およびそれに関する民法の規定は，財産移転の一つの「例」にはなっても，「私法全体の原則形態としてのモデル」にはならない可能性があることに気づくはずである）。

３．所有権と利用権

　現行民法制定当初，所有権は，利用権に対して非常に強い地位に立つことを前提として設計されている。すなわち，利用権として，従来，広く活用されてきたものとして**賃借権**がある（民法601条。その他，民法は，土地利用権として地上権などの物権を定めるが，今まで広く活用されてきたのは賃借権である）が，「債権の目的となっている物に物権が成立すれば，たとえ物権が債権の後から成立したものであっても，物権の方が優先する」という考え方（物権の優先的効力）の下，賃借権は債権であることから，物権である所有権に劣後する（比喩的に，**「売買は賃貸借を破る」**という表現が用いられる場合がある）。

　例えば，Aが自転車をBに賃貸し，Bが賃借権を有していたとしても，その後にAがその賃貸中の自転車をCに売却してCが所有権を取得した場合には，原則としてBはCに対して賃借権を主張することができず，Cからの明渡請求に応じなければならないことになる（その際に，BはAに対して損害賠償請求をすることはできる）。

　他方，このような所有権の優位性は，資本主義の発展の中で，「所有者」と「実際の利用者」の乖離が進む中で，利用権保護拡大の方向で修正を余儀なくされる。一方では，不動産（土地や建物）の賃借権においては，債権という性質は変更しないものの，賃借人保護の立法によって賃借権を物権と同様の強い権利として強化することがなされている（借地借家法）。他方，民法で物権とし

第2節●所有権　115

て定められた利用権（地上権，永小作権，地役権，入会権）以外の利用権も特別
法によって物権と定められている（漁業権，鉱業権，採石権など）。

４．占有の機能

　現在の民法においては，物の現実的な所持としての「占有」と，それとは分
離された観念的な支配としての「所有」が認められている。そのような中で，
占有の果たす役割（機能）を明らかにしなければならない。主なものとして，
①目的物を所持しているという事実状態自体に一定の価値を認める機能（すな
わち，本権とは無関係に機能する局面），②目的物に関して本権を有していない
ものに本権を取得させる機能（すなわち，本権と結びつけるよう機能する局面），
③目的物に関する本権を表象する機能（本権と結びついて機能する局面），の三
つをあげることができよう＊。

　　＊三局面における視点上の差異　各局面で考慮する視点にもおのずと差異がある。
　　　①の局面では，本権者≠占有者の場合にも，なおかつ占有を理由に事実的支配状
　　　態を保護するための要件は何かが問題となり，②の局面では，占有者（≠本権者）
　　　をあえて保護して本権を取得させるための要件は何かが問題となり，③の局面で
　　　は，占有というものがどれほど厳密に権利を表象しているか（占有というものが
　　　権利を表象するための道具としてどれほど適しているか）が問題となるであろう。

　①まず，占有者は，他人に占有を妨害されたときは，占有の訴えによって妨
害の排除を請求することができる。これを占有訴権という（民法197条〜202条）。
物権者は当然に物権的請求権を有しており，占有権も物権の一種であるから，
当然のことながら，物権的請求権を内包しているが，占有権の場合，具体的に，
「占有訴権」が197条以下に明文化されている（ただし，本権に基づく物権的請求
権が「あるべき」状態に合致せしめることをその目的とするのに対し，占有訴権は，
「あるがまま」の状態を保護しようとする点で異なった特徴を有している。わが国の
民法は，フランス民法とは異なり，簡易迅速な占有訴訟手続が規定されているわけ
ではないので，「占有保護請求権」とよぶのが正確であるとの指摘があることも注意
を要する。いずれにせよ，「訴権」という語から導かれる「（本権訴訟とは異なる）
特別の訴訟」というイメージは払拭されなければならないであろう）。

116 第3章 私法入門

②次に，占有には，時として，占有者に本権を取得させる効力がある。具体的には，善意占有者の果実収取権（189条1項），即時取得（192条），家畜動物の取得（195条），取得時効（162条～163条），無主物先占（239条1項），遺失物拾得（240条），留置権・質権の取得（295条1項・342条）などがあげられる。

③さらに，占有によって，権利が表示されている側面がある。より具体的に，占有の権利表象機能として，権利の推定機能（188条），権利の公示機能（178条），権利の発生・存続機能（295条2項・344条），をあげることができる。

Column 9

空き地・空き家問題，所有者不明土地問題

　少子高齢化・過疎化を背景として「空き地・空き家問題」が社会問題となっている。2030年を過ぎる頃には，全住宅の3分の1程度が空き家になるという民間予想すらある。日本の社会・経済が全体的に，「拡大の時代」から「維持・縮小の時代」へ突入する中，足りない物を取り合っていた状態から，余った物を放置する状態へ移行している。空き地・空き家がそのまま放置されると，様々な悪影響がある。治安が悪化し，周囲の住民が住みにくく感じたり，そのために引っ越しをする住民が増えて地域が寂れたり，地価が下がったりする可能性もある。不動産は，周辺の住民全員でコミュニティを形成している，一種の「公益性」を有している特殊な財産と捉える見解も有力に主張されるようになっている。

　そしてさらに，日本全体を揺るがす厄介な問題として，「所有者不明土地」問題がある。ある調査によると，現在，私有地であるにもかかわらず所有者が誰であるか不明な土地が，全体で410万ヘクタールに上ると言われている（九州全土と同じくらいの大きさ）。この状況は好ましい状況とは言えない。例えば，何か災害があった時，地域を復興するために，自治体が被災地を買い取って，新たな街づくりをしようとしても，それが誰の土地であるかわからなかったらどうなるだろうか。迅速な復興が妨げられたり，土地の有効活用ができなくなってしまったりするのは，大きな社会的損失といえる。

　では，なぜ，所有者不明土地が発生してしまうのか。一番大きな原因は，日本の不動産登記制度にある。不動産登記制度は，公示機能を果たしており，登記を

見れば，誰がこの不動産の所有者なのかが，世間から見てわかるような仕組みとなっているはずであるが，実際には，特に相続の際に次世代に移転登記がなされないまま放置されてしまう例が後を絶たない。相続人間で遺産分割の話し合いがうまくいかずに協議が長期化する場合もあるし，また，都心で暮らしている相続人にとって，地方の土地を相続しても所有権を取得した意識が希薄である場合もある。さらに，日本の制度では，不動産移転登記をすることは義務ではなく権利にすぎない。したがって，不動産の市場価値が低ければ低いほど，移転のための費用（登録免許税や司法書士への委託手数料など）を考えると，相続人が移転登記をすることに対するインセンティブがわかない仕組みとなっている。

このような状況を政府も問題視している。近時，「所有者不明土地の利用の円滑化等に関する特別措置法」が制定されたが，この法律の中には，所有者不明土地を対象として，一定の手続を経たうえで最長10年間，利用権を設定し，公益目的の施設（公園や文化施設など）に利用できる制度が盛り込まれている。ただし，所有権を残したままでの利用権の設定であり，所有者から所有権を取り上げるわけではない。財産権の保障への配慮がうかがわれる分，根本的解決になっていないとの指摘もある。引き続き，さらなる検討が必要である。

第3節■契　約

1．契約自由の原則（個人意思尊重）とその制限

（1）　契約自由の原則

封建社会から解放された近代社会においては，人は，等価交換を中心とする自由な経済活動の中で，自己の最大限の利益を追求することができる。すなわち，国家や他人から強制や干渉されることなく，自らの意思のみに基づいて権利義務を形成することができるのである。より具体的に，契約締結の自由（自分が望む場合にだけ契約をすればよく，望まない場合には契約をする必要がない），相手方選択の自由（自分が望む相手とだけ契約をすればよく，望まない相手と契約する必要がない），契約内容の自由（契約の目的物，価格，期間など，自由な意思に基づいて自由に交渉すればよい），契約方式の自由（契約は，口頭や書面など，どのような方式で締結してもよい）などがある。これを**契約自由の原則**という。

118   第3章　私法入門

　なぜ，契約は自由なのだろうか。ここには，市民の経済活動は，自由にさせておけば自然と需要と供給のバランスが調整され，もっとも好ましい状態になるため，国家は干渉すべきではないという発想が根底にある。また，契約から発生する「**債権**（特定のものに対して特定の履行を求める権利）」は，その効力が相対的だからということもある。すなわち，契約に基づいて，契約当事者に債権・債務関係が発生しても，その内容がいかなるものであれ，契約当事者以外の者には影響がない。したがって，自由にさせておいても問題ないのである（この点，絶対的な権利である物権と大きく異なる）。

　民法の「第3編　債権　第2章　契約」の第2節以下（549条以下）には，贈与，売買，交換，消費貸借，使用貸借，賃貸借，雇用，請負，委任，寄託，組合，終身定期金，和解という13個の契約類型（これを，**典型契約**という場合がある）に関する規定がある。これは，立法時に重要と考えられた契約類型について規定したものである。また，商法にも，商事売買，運送営業，商事寄託などの契約類型がならぶ。ただし，トラブルが生じた場合の処理方法がすべて法に規定されているわけではないし，これらの規定には**任意規定**（特約によって排除できる規定）が多いため，規定された内容と異なる合意をすることも可能である*。また，契約自由の原則から，法定されているもの以外にも数多くの契約の種類が存在する（例えば，旅行契約，フランチャイズ契約，リース契約など）。

　　＊任意規定の役割　ただし，任意規定といっても，単に意思を補充するための規定にすぎないとして軽視すべきではなく，むしろ，立法者によって，当該法律行為における当事者の合理的意思が示され，また，適正な権利義務の分配モデルが示されていると解すべきであるとの見解が，近時，有力である。この見解に従えば，任意規定が半強行法規的に作用し，任意規定に反する特約に正当な根拠が示されない場合，その特約の効力が否定されることとなる。

(2)　特別法による契約の規制

　個人意思の尊重は，決して無制限であるわけではない。無制限の契約自由は，新たな支配・服従関係を生み出し，反対に，非自由を拡大・発展させることにつながる。ここに，国家による市場介入が正当化される。

　例えば，100万円の貸し借りにおいて，1年で300％の利息をつけて，1年後

第3節●契　約　　119

に400万円にして返済するという契約はどうであろうか。契約当事者が納得している、それでは、しかしそれでは、困窮している者の足元につけこんで貸主が暴利をむさぼるようなことを許すことになる。そこで、借金に苦しむ人がいたずらに増えないように、契約内容に規制を加えて、一定の利率以上の利息をとれないようにする政策が必要となる（上限利息を設定する法律として、**利息制限法**（昭和29（1954））と、**出資の受入れ，預り金及び金利等の取締りに関する法律**（昭和29（1954）））。

　また、企業の雇主には解雇の自由が認められ、労働者契約をいつでも解約することができるだろうか。確かに、契約自由を突き詰めれば、雇主と労働者は、お互いに必要としている限りにおいて契約を継続していればよいこととなる。しかしそれでは、労働者の地位がきわめて不安定なものとなってしまう。そこで、労働基準法によれば、産前産後の休業や業務災害による療養について解雇制限が設けられている（労働基準法19条）。また、労働関係諸法には、差別的解雇（女性であること、特定の政党に所属していること、組合活動家であることなどを理由とする解雇）を禁止する明文規定があるし、労働基準法には「客観的に合理的な理由を欠き、社会通念上相当であると認められない場合」は、**解雇権を濫用**したものとして無効となると規定されている（労働契約法16条）。

　さらに、近時、金融・資本市場を取り巻く環境が劇的に変化しており、金融緩和のもと、従来よりも多様な金融商品が一般投資家にも提供されるようになっているが、その領域において、契約自由が貫徹されてよいのだろうか。自由な意思で金融商品を購入するとしても、投資性の高い、多様かつ高度に専門的で複雑な金融商品に関する情報を、一般投資家が自分の力だけで十分に収集することは困難と言わざるを得ない。そこで、投資性の強い金融商品に対する横断的な投資者保護法制が必要となってくる。それに対応しているのが、**金融商品取引法**（平成18年（2006）。従来の証券取引法を改正）である。同法においては、販売・勧誘ルールとして、広告の規制、契約締結前および契約締結時等の書面交付義務、損失補填の禁止、適合性の原則（顧客の知識・経験・財産の状況、商品購入の目的などを勘案し、顧客に不適当な勧誘をしてはならないという原則）、説明義務など、様々な規制が含まれている。また、**金融商品の販売等に関する法律**（2000年）もある。ここでは、金融商品販売業者等に対し、金融商品に対

する説明義務や勧誘の適正確保に関する方針の策定・公表義務などが課されている。

　以上は，ほんの一例にすぎず，様々な角度からの制限が存在する。例えば，契約締結自由への制限として，電気，ガス，水道，医療などにみられる締約強制がある。また，相手方選択の自由への制限として，差別待遇の禁止がある。契約内容の自由への制限として，上記のような金銭の借主保護，労働者保護に加え，不動産賃借人保護や消費者保護などがある。契約方式の自由への制限として，契約締結のために，書面の交付などを要求する場合がある。

　なお，契約を規制する上記のような個別の法律がなくとも，特に不当な契約内容は排除されたり，修正されたりしなければならない。この場合，公序良俗違反（民法90条）による処理が考えられる。例えば，航空機事故の賠償額の上限が100万円とする責任制限条項につき，合理性を欠くとした例（大阪地判昭和42・6・12下民集18巻5＝6号641頁）がある。また，信義則（民法1条2項）による契約内容の修正的解釈もある。例えば，未成年者が親名義の電話を用い，親に無言でダイヤルQ2を利用したところ，NTTが代金を電話名義人である親に請求した事件で，NTT側の請求を否定し（大阪高判平成6・8・10判時1513号126頁），制限した（最判平成13・3・27民集55巻2号434頁）事例がある。

(3)　約款規制

　事業者が，多数の取引を行うためにあらかじめ定型化された契約内容（これを**約款**という）が用意されている場合がある。例えば，保険契約，銀行取引，運送契約，旅行契約などで，約款取引が活用されている。約款は事業者に効率性をもたらす。契約ごとに異なった契約内容を設定するのではなく，画一的な内容とすることによって，自己の計算可能性や法的予見可能性を高めるとともに，事務処理費用の削減をももたらすものである。また，顧客側も，（少なくとも形式的には）契約書に署名等をすることによって，合意に至っている。

　しかし，顧客側は，その内容について交渉する余地がなく，すべて受け入れるか，さもなければ取引をしないという選択肢しかない。経済的優位にある事業者が，自己に有利な約款を相手方に押し付けることとなる。そこで，約款の内容を法的に規制する必要がある。

約款規制の方法は様々である。民法では，定型約款に関する一般的ルールが規定されている（548条の2〜548条の4）。また，約款の作成・変更を所管行政庁の認可事項とするなど，業種ごとに規制の内容が個別の法令によって定められている（保険業法，道路運送法，倉庫業法，割賦販売法など）。さらに，法律以外にも，所管行政庁によって約款に関する指導がなされたり，司法による判断*がなされたりする中で，約款の適正化が図られている。

> *不当な契約条項と消費者契約法　特に消費者契約法は，事業者と消費者の間には情報・経験・交渉力に格差があり，その結果，対等な交渉が期待し得ないこと，消費者はすべての契約内容について十分吟味することなく契約を締結するのが通常であり，内容が公平かつ合理的なものでない場合もあり得ることなどを考慮し，消費者保護のために不当な契約条項を無効とする旨の規定をおいている（消費者契約法8条〜10条）。この規定に基づいて，約款の有効性が争われる場合がある。例えば，学納金の返還請求訴訟や，敷引特約，更新料条項などの有効性をめぐる訴訟などがその一例である。

(4)　市場メカニズム維持のための規制

例えば，ある企業が廉価で商品を販売する行為はどうであろうか。そもそも低価格販売は，同業他社を意識して，そこよりも安く販売することによって顧客を呼び込もう（そして，より多くの収益をあげよう）という企業戦略の一つである。企業間の価格競争は，自由な競争を認める資本主義社会において，ごく自然のことであり，より良いものをより安価に販売するという企業努力は，産業や経済を発展させることを考えると，基本的には推奨すべきことがらであると思われる。反対に，もし競争者がこれに敗れて事業経営が困難になることがあるとしても，それは資本主義社会の当然の帰結であり，企業の活動の根幹をなす価格形成に国家が介入することは消極的であるべきである。

しかし，そのような低価格販売が，無制限に認められてよいのだろうか。特に，巨大な資力を有している会社が，採算を度外視する不当な廉価で特定の商品を販売し，その市場においての競争で優位に立とうとする場合，その会社としては全体の収支の上で損失はないとしても，これによって影響を受ける他の競争会社が被る損害は非常に大きい。

122　第3章　私法入門

　そして，このような状況を放置すれば，本来であれば存続可能なものまでも
が消滅を余儀なくされ，市場が徐々に寡占・独占へと向かい，資本主義の根本
となっている自由競争メカニズム自体が働かなくなってしまう危険性がある。
そこで，競争によって価格が決定されるという市場の状態を確保するとともに，
価格メカニズムの作用を阻害する取引方法を禁止し，取引社会の中に生きる者
同士の公正な競争を確保する政策が必要となる。

　このように，公正かつ自由な競争を促進することを目的として，事業者の営
業活動の自由に制約を加える法律として，**私的独占の禁止及び公正取引の確保
に関する法律**（1947年。いわゆる独占禁止法）がある。同法では，私的独占を形
成することや，カルテル（価格競争を制限するための協定など）を締結するよう
な不当な取引制限を行うことを禁止するとともに，不公正な取引方法（取引拒
絶，排他条件付取引，拘束条件付取引，再販売価格維持行為，優越的地位の濫用，
欺瞞的顧客誘引，不当廉売など）を禁止している。

Column 10

結果の妥当性と一般条項（信義則，公序良俗）

　法律の条文は，とかく抽象的，曖昧に書かれているため，その内容を「解釈」
しなければならない。また，例えば，二人の間で契約が締結された後に，その契
約内容をめぐってトラブルになれば，その合意の内容（契約書の文言）を「解釈」
しなければならない。

　ところで，私法の領域は，その他の領域（特に，罪刑法定主義が支配する刑事
法の領域）に比べて，その解釈が，かなり柔軟になされているように思われる。
例えば，紛争解決のために適切な条文がなくても，距離の近い条文の類推解釈に
よって妥当な結論を導き出すことが頻繁になされる（椿寿夫＝中舎寛樹『解説 類
推適用からみる民法』（2005年，日本評論社）参照）。また，契約の解釈におい
ても，契約当事者の合理的な意思は何かを探求することを主軸にして契約文言を
解釈するだけではなく（狭義の契約解釈），裁判所が半ば後見的に，妥当な結論を
導き出すために契約文言を修正的に解釈する（修正的解釈）場合すらある。さらに，
解釈において，以下のように，民法1条2項や90条が，しばしば登場することに
も留意する必要がある。

民法１条２項は，「権利の行使及び義務の履行は，信義に従い誠実に行わなければならない」と定めている。これは一般的に，信義誠実の原則（信義則）とよばれる。そもそもわが国の民法には，多くの個別の条項が用意されているが，その条項の内容が抽象的で不明確であったり，制定当初は想定していなかった問題が生じてその条項だけでは対応できなかったり，その条項を形式的に当てはめると結果の妥当性に欠けるような場合が考えられるという限界がある。そのような場合に，信義則を用いて，個別の条項が具体化されたり，不備が補完されたり，修正されたりする（信義則の機能については，好美清光「信義則の機能について」一橋論叢47巻２号73頁（1962年））。

他方，民法90条は，「公の秩序又は善良の風俗に反する事項を目的とする法律行為は，無効とする」と定めている。同条違反が争われた事例は以前から多く存在し，例えば，人倫に反する行為，正義の観念に反する行為，暴利行為，経済・取引秩序に反する行為，憲法的価値に抵触する行為などがあげられるが，特に，近時の学説においては，民法90条をより積極的に位置づける見解が登場している。代表的なものとして，契約正義＝経済的公序論（大村敦志『公序良俗と契約正義』（1995年，有斐閣）），および，基本権保護請求権論（山本敬三『公序良俗論の再構成』（2000年，有斐閣））がある。

このような規定は，いずれも，包括的で価値的な用語を用いている。このようなものを，一般条項という。一般条項は，立法者が予見して列挙することができない多様な事態に対処し，妥当な結論を導き出すのに役立つ。また，将来的に立法へと進展させるための機能を有しており，その役割は大きいものがある。しかし他方では，一般条項を多用することは，個別の条項が無視される範囲が広くなるという結果をもたらすだけでなく，裁判所の恣意的判断を可能としてしまう危険性が広がってしまうという指摘をなし得る。合理的な用いられ方がさらに検討されなければならない。

２．契約上の債務の不履行（契約の拘束力と債権者の救済）

契約は，契約当事者の意思の合致（申込と承諾という二つの意思表示）によって成立する。そして，契約が有効に成立すると，契約当事者間に債権債務関係が発生する。これによって，契約当事者の一方（債権者）は，相手方（債務者）に債務の履行を請求し，また，相手方がなした債務の履行を受領する権利を有

124　第3章　私法入門

することとなる。

　ところで，契約当事者がお互いに契約内容通りの債務を履行（弁済）すれば
よいのだが，時には，契約の相手方が債務を自発的に履行してくれない場合も
考えられる。しかし，一度取り決めた約束（契約）は守られなければならない
（pacta sunt servanda。これを，**契約の拘束力**という。なお，この概念の意義につい
て，詳しくは，廣中俊雄『契約法の研究』（1958年，有斐閣）の中の「契約および契
約法の基礎理論」の部分を参照）。

　そもそも，なぜ，契約は守られなければならないのか。一般的に，当事者の
意思に求められる。すなわち，「人は，自らそれを欲したが故に，それに拘束
される」という考えである。また，契約に対する社会的信頼ということも考え
られる。自分だけ得をしておいて約束を守らないものがたくさんでてきてし
まったら，契約に対する社会的信頼が薄れ，契約が成り立たなくなってしまう。
それゆえ，ここでいう「契約に拘束力がある」というのは，国家（社会）がそ
の契約の拘束力を法的に保障することを意味する。

　では，より具体的に，契約当事者の一方（債務者）が任意に弁済しない場合，
他方当事者（債権者）はどのような法的手段をとり得るのであろうか。まず，
債権者がとり得る手段として，**強制履行**と，**契約解除**という二つの制度がある。
簡潔にいえば，強制履行とは，国家機関の力を借りて，強制的に債務者に債務
を履行させることであり，具体的な手続として，直接強制，代替執行，間接強
制といった方法がある（民法414条及び民事執行法）。他方，契約解除とは，契約
をなかったものとすることによって，当事者を契約の拘束力から解放する手段
である（民法540条〜548条）。債権者を反対債務から解放し，債務者の遅れた履
行を認めないようにすることによって，債権者を保護する制度であるといい得
る。また，強制履行や契約解除とならんで（または，それに代えて），債務が履
行されないことによって損害が発生した場合には，債権者は**損害賠償請求**する
ことができる（民法415条）。

3．権利の実現（強制履行の手続）

　売買契約をしたにもかかわらず買主（債務者）が代金を支払わない場合でも，
売主（債権者）は力ずくでその義務を履行させることは許されない（**自力救済**

第3節●契　約　125

の禁止）。そのため，このような場合には，債権者は国家（裁判所）の手を借りて，債務者に対し強制履行の手続をとることになる。例えば，代金200万円の支払いを求める場合には，売主たる債権者は国家の手を借りて，債務者の財産を**差し押え**，次にその財産を**競売**によって第三者に売却し，その売得金から代金200万円の回収をはかることになる。これらの一連の手続は，**強制執行**とよばれる手続であるが，その手続は**民事執行法**が規定している。

　しかし，この強制執行の手続は，そもそも債権者と主張する者に権利がなければ行われてはならないものである。また，この手続によって債務者は強制的に財産を失うことになることも考えると，強制執行は相当な根拠がある場合になされるべきである。そのため，法は強制執行を行うために，一定の形式を備え，権利の存在を相当程度裏付ける文書の提出を要求している（民事執行法25条参照）。その文書が**債務名義**である（同法22条）。

　法は，債務名義となる文書を複数認めている。そのうち，もっとも典型的なものは民事訴訟を通して得られる**確定判決**である（同法22条１号）。裁判官は，訴訟において，権利義務の発生・変更・消滅等を定めた実体法の要件に，事実があてはまるかどうかを確かめる方法，すなわち，**法的三段論法**によって権利の存否を判断している。ここで，その手続の概要を述べておくことにする。

(1)　訴えの提起

　民事訴訟は，当事者の訴えの提起によって開始する。古くから「訴えなければ判決なし」といわれ（**不告不理の原則**あるいは**処分権主義**），裁判所が職権で訴訟を開始することはない。訴えの提起は，通常，裁判所に訴状を提出することによって行われる（民事訴訟法133条１項）。訴状には，当事者，請求の趣旨（原告が求める判決内容を簡潔に示した部分）など所定の事項を記載した上で（同条２項参照），訴額に応じた手数料に相当する金額の収入印紙を貼付しなければならない（例えば，100万円の支払いを求める場合，１万円の手数料を納める必要がある。民事訴訟費用等に関する法律３条　別表第一参照）。訴状の記載に不備があれば，裁判長から**補正命令**が出され（民事訴訟法137条１項），補正がなされなければ訴状は却下される（同条２項）。訴状に必要事項が記載され，収入印紙も適正に貼付されていると，訴状は被告に送達され，両当事者が口頭弁論期

126　　第3章　私法入門

日に呼び出される（同法138条1項・139条）。

(2)　口頭弁論・証拠調べ

　判決をするためには必ず口頭弁論を開かなければならない（民事訴訟法87条1項本文）。憲法82条1項は対審による裁判を保障しており，また，適正な裁判を行うためにも当事者から言い分を聞く場が必要である。そのための場が口頭弁論である。口頭弁論は，判決の資料（**訴訟資料**）を収集するための重要な場となるが，その際，審理は公開の法廷で行われ（**公開主義**。憲法82条1項），当事者が口頭で顕出した事実が判決の資料となり（**口頭主義**），当事者の主張を聴取し，証拠調べを実施した裁判官が判決しなければならない（**直接主義**。民事訴訟法249条1項参照）。

　私的自治の下，私人間で自由に処分できる権利義務の存否を審判対象とする民事訴訟においては，その判断のために必要な訴訟資料の収集についても，広い範囲で当事者に自治が認められている。このように訴訟資料の収集を当事者の権能かつ責任とする考えは，**弁論主義**とよばれる。他方，裁判所も資料の収集を行うことができるとする考えは，**職権探知主義**とよばれる。後者は，私人間での自由な処分が許されない家事事件（例えば，親子関係確認の訴え，認知の訴えなど）を審理する場合に用いられている（人事訴訟法20条参照）。

　資料の収集に関し，当事者の自治を認める弁論主義の具体的な内容は，次の三つのテーゼ（命題）に表明される。第一に，裁判所は当事者の主張しない事実を判決の基礎としてはならない。この命題により当事者の意思は尊重されるが，当事者が必要な事実を主張しない場合には，そのままでは当該事実は判決に採用しえないため，敗訴という結果責任を負うことになる（**主張責任**）。第二に，裁判所は当事者間に争いのない事実はそのまま判決の基礎としなければならない（**裁判上の自白の拘束力**）。なお，自白した当事者は，相手方の同意があるような場合を除き，原則として自白を撤回できなくなる。第三に，当事者間に争いのある事実を認定する場合には，必ず当事者が申し出た証拠によらなければならない（**職権証拠調べの禁止**）。

　以上のような三つのテーゼを基礎として，口頭弁論は具体的に次のように進行する。まず，原告が訴状を陳述し，それに対し，被告が原告の主張に対する

認否を明らかにする。実際には被告が**答弁書**（民事訴訟規則79条1項・80条参照）を提出していることが多いため，それを陳述する形がとられる。その段階で原告と被告の主張する事実に一致する部分があれば——例えば，貸金返還訴訟において原告が主張した貸付けの事実を被告が認めたような場合——，その事実は証明する必要がなくなり（民事訴訟法179条），さらに，弁論主義の第二テーゼに従い，裁判所はその事実を判決の基礎にしなければならなくなる。

　次に，原告と被告の主張する事実が一致しない場合，裁判所は当該事実の存否を確認する必要がある。上述したように，民事訴訟では，実体法が定める要件に事実があてはまるかどうかを確認して権利義務の存否を判断する方法が採られているから，事実認定は結論を左右するきわめて重要な作業である。現在では，事実認定の客観性，合理性を確保する観点から，事実は**証拠**に基づいて認定しなければならないとされている（**証拠裁判主義**）。その際，証拠を提出する権限は当事者にあるので（弁論主義第三テーゼ），当事者が証拠申出をすることになる（同法180条参照。ただし，例外として207条1項・237条など）。ただ，申し出られた証拠を実際に取り調べるかどうかは，その必要性などを考慮した上で裁判所が裁量で判断する（**証拠決定**）。

　事実を証明するために用いることができる証拠は，原則制限がない（**証拠方法の無制限**）。実際には契約書などの書類，証人や当事者本人が証拠として申し出られることが多い。ところで，民事訴訟でもっとも重要な証拠は契約書など文書であることが多いが，その証拠申出に際し，証拠調べを希望する者自身が証拠となるべき文書を所持していれば，それを提出することに特段問題はない。しかし，実際には，医療過誤訴訟における診療録（カルテ）のように相手方や第三者が文書を所持していることがある。このような場合には，文書を所持するものに対し，**文書提出命令**を発令するよう裁判所に対して申し立てることができる（同法219条・221条参照）。なお，この命令が下されたにもかかわらず，相手方が当該文書を提出しない場合には，裁判所はその文書に関する申立人の主張を真実と認めることができる（同法224条）。

（3）判　決

証拠調べの結果から得られた資料（**証拠資料**）に基づき，裁判所は問題と

128 第3章 私法入門

なっている事実の存否を判断する。その際，どのような証拠に基づきどのように事実認定するかについて法律は規定しておらず，裁判所が自由に形成する心証によって判断する（**自由心証主義**。民事訴訟法247条）。それゆえ，例えば，証人の証言をどの程度信用するか，どのような証拠資料に基づき事実があった，あるいは，なかったと認定するか，は裁判所に委ねられている。ただ，裁判所の自由な心証と言っても，**論理則や経験則**に反する事実認定は許されない。

また，裁判所が事実認定する際に必要な心証の程度のことを**証明度**という。証明度をどの程度と理解するかは，訴訟の結論に大きく影響する重要な問題である。それは，原告・被告の提出した証拠のどちらがより優勢かによって判断するのではなく，**高度の蓋然性**，すなわち，合理的な疑いを差し挟まない程度の証明（8割がたの証明）が必要とされる（最判昭和50・10・24民集29巻9号1417頁）。

証拠調べの結果からある事実の存否を判断できた場合はそれでよいが，ある事実があったともなかったとも判断できない場合（**真偽不明，ノン・リケット**）にはどうするのか。裁判所は裁判を拒絶することは許されないため，このような場合には，ある事実についてあらかじめ**証明責任**を負うとされているものに不利な判断をすることになる。

例えば，貸金返還訴訟における貸金の弁済の事実は，借主たる債務者が証明責任を負っているため，仮に弁済の事実が真偽不明のときは，債権の消滅という効果を発生させる法規の適用はないものとして扱われる。先に述べたように，証明の程度として高度の蓋然性が要求されていることからすると，証明責任を負うものは，一般に訴訟上不利な立場に立たされる。古くから「証明責任あるところ敗訴あり」といわれる所以である。

したがって，ある事実につき債権者・債務者のどちらが証明責任を負っているか（この問題は**証明責任の分配**とよばれる）は，訴訟の勝敗を予測する上でも，証拠収集の程度を考える上でも重要な指針となる。

最終的に裁判所は，事実認定の結果を踏まえ（それができないときは，証明責任に従い），原告の訴えに理由がある場合には，**請求認容判決**を言い渡し，逆に理由がない場合には**請求棄却判決**を言い渡す。ただし，例えば，そもそも事件が日本の裁判所で扱うことのできない事件であることが明らかとなった場合

には，訴え自体が不適法として**訴え却下判決**を言い渡す。日本に裁判権があることのように請求認容・棄却判決をするために必要な要件を**訴訟要件**という。

判決に対しては，不服申立て制度（上訴制度）が存在する。裁判官も人間である以上，判断を誤る可能性があるため，当事者の救済をはかる制度が必要であり，さらには法令解釈の統一をはかる必要があるからである。上訴のうち，第一審判決に対するものは**控訴**（民事訴訟法281条参照），第二審判決に対するものは**上告**（同法311条），**上告受理申立て**（同法318条。ただし，最高裁判所が上告審になる場合のみ存在する）とよばれる。このうち上告審は法律問題だけを扱う審級であるため，事実認定の誤りを上告の理由とすることはできない。

判決に対して不服申立てがされないまま上訴期間（同法285条・313条・318条5項）が徒過し，あるいは，不服申立て手段が尽きると判決は**確定**する（同法116条参照）。これにより，判決には，その訴えの種類に応じて，強制執行を発動する効力（**執行力**），その判断内容に与えられる拘束力（**既判力**）等の効力が生じる。

図表3-1　第一審民事訴訟手続の進行

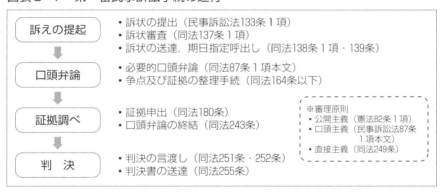

130 第3章 私法入門

第4節■過失責任

1. 資本主義の出発点としての過失責任主義

　わが国において，リスクが顕在化して，その損害回復のために誰かに民事責任を追及する場合，その大前提として，**過失責任主義**が存在する。不法行為に基づく損害賠償請求の根拠条文となる民法709条（これは，わが国の民事訴訟において，おそらく一番用いられている条文である）は，「故意又は過失によって他人の権利又は法律上保護される利益を侵害した者は，これによって生じた損害を賠償する責任を負う」と規定している。人は，「故意または過失」によって他人の権利を侵害した場合にのみ責任を負い（加害者に故意または過失がないときは，加害者はその損害を賠償する責任はない），また，自己の行為についてのみ責任を負う（他人の行為については責任を負わない），というものである。

　そして，ここで注目してもらいたいのは，この中の「過失」という言葉である。過失というのは，簡単にいうと「不注意」のことを意味するが，法的には，「予見可能性に基づく結果回避義務」と解されている。すなわち，リスクについて予見が可能であった場合に限って，加害者は責任を負えばよいというのである。

　そもそも，近代以前は**原因責任主義**（行為と損害との間に原因関係があれば，その原因者が賠償義務を負うという考え方）的な考え方が有力であったといわれているが，明治期の近代的な民法典編纂の時期に過失責任主義が採用された。この背景には，資本主義経済における市民の自由な活動を最大限に保障するという発想がある（民法起草者も，原因主義は厳しすぎて市民の活動を妨害することになり，実際の生活に適さないとしている）。

　さらに，過失責任主義は，資本主義的な計算可能性の確保にも資する。資本主義社会における企業活動は，一定の計算（どれぐらい費用を投資して，その結果，どれくらい利潤があがるのか）の下に成り立っているが，損害賠償も一種の費用である。その費用を企業が予想し，または，予想し得たのであれば，その限りで企業に責任を負わせても経済的合理性を有する，という考え方が成り立つ。

第4節●過失責任　　131

Column 11

民事責任と刑事責任

　例えば，Aの行為が原因でBが怪我をしたとする。この場合，Aは，刑事責任と民事責任の両方に問われる可能性がある（第4章Column13も参照）。では，両責任には，どのような違いがあるのだろうか。①まず，両責任は，その目的を異にする。刑事責任は，国家による犯罪者の処罰であるのに対し，民事責任は，被害者の救済を目的としている。②また，追及手続が異なる。刑事責任は，検察官の起訴によって裁判が開始し，罪刑法定主義によって支配され，刑罰法規の類推適用も認められていないのに対し，民事責任は，被害者が原告として訴えることによって裁判が始まり，類推適用なども含むより柔軟な解釈の下で責任の有無の判断がなされる。したがって，刑事責任には問われない（無罪となった）ものが，民事責任を負うということがありうる。③刑事責任においては，原則として故意犯のみが処罰されるが，民事責任においては，故意または過失があれば責任を負うこととなっており，両者の区別はそれほど大きな意味をもたない。④刑事責任においては，結果が発生せずに未遂でも処罰される場合もあり，また，実害が発生していなくとも法益に対する危険のみで処罰されることもあるが，民事責任においては，損害の発生が，責任を問い得るための要件となっている。

　ただし，このような違いは，両者の完全な断絶を意味しない。民事責任を果たしていることが，刑事責任における量刑に影響を与える場合も考えられる。また，民事責任に，加害者行為を抑止する効果を期待したり，制裁機能を付加したりすることが考えられないわけではない。

2．過失責任主義の修正

　しかし，活動の自由の保障は，発達した産業経済等の中で潜在的に危険を含有するものが増加する今日において，一定の不都合をもたらす。なぜならば，予見不可能なリスクについては，誰もその責任を負う必要はなく，単なる「災難」として処理されて被害者が救済されないおそれがあるが，現在のわが国においては，被害が重大かつ深刻であり，被害発生を市民が回避することができないような場面が少なからずあること，被害者と加害者の立場に，必ずしも対等性・相互互換性があるわけではないこと（誰でも，被害者となり得るし，また，

加害者となり得るという状況ではないこと），被害者が加害者の過失を立証することが必ずしも容易ではない場合があることなどから，より積極的に「被害者の救済」や「将来の不法行為の抑止」が必要となる場面も少なくない。

そこで，時代の流れとともに，故意または過失を被害者が主張・立証しなくとも，加害者に賠償責任を問い得る考え方が台頭してくる（わが国の無過失責任について，浦川道太郎「無過失賠償責任」星野英一編集代表『民法講座　第6巻』(1985年，有斐閣) 191頁参照)。

まず，過失責任の原則の枠内で，解釈によって，実質的に過失責任主義を修正する方向性が考えられる。例えば，過失の前提となる行為者の注意義務を高度化することによって被害者を救済したり，過失を事実上推定することによって，立証責任の緩和をはかったりする手法がある。しかし，この手法は，あくまで過失責任が前提となっているため，訴訟で過失の存否について争わなければならない。

そこで，過失を要件とせずに加害者に対して賠償責任を課しうる，**無過失責任**的な特別法も制定されるに至っている。

①まず，無過失責任の導入のきっかけとなったのは，諸外国と同様，労働災害である。明治44年（1911）の工場法15条において，「職工自己ノ重大ナル過失ニ依ラズシテ業務上負傷シ，疾病ニ罹リ又ハ死亡シタルトキハ工場主ハ勅令ノ定ムル所ニ依リ本人又ハ其ノ遺族ヲ扶助スベシ」と規定された。

②また，公害被害者を救済する分野にも，無過失責任がみられる。足尾鉱毒事件をはじめとする鉱害が社会問題となる中，昭和14年（1939）の鉱業法改正によって，無過失責任が法定される。さらに，いわゆる四大公害事件（イタイイタイ病訴訟，新潟水俣病訴訟，熊本水俣病訴訟，四日市公害ぜんそく訴訟）が社会的に注目される状況において，昭和47年（1972）に，大気汚染防止法25条，水質汚濁防止法19条にも，工場から排出される有害物質による健康被害に対する無過失責任が盛り込まれることとなる。

③自動車事故の分野においても，昭和30年（1955）に，**自動車損害賠償保障法**が制定され，加害者に過失がないことが立証されない限りは，加害者に賠償責任があるとされた。加害者に過失がないと判断されることがほとんどないことを考えると，事実上の無過失責任ともいえる。

④昭和36年（1961）には，原子力損害賠償法が制定されているが，その中でも，原子力事業者の無過失責任が明記されている。

⑤食品や医薬品などを含む，製造された様々な商品の欠陥によって発生した事故から消費者を保護することが強く求められる中，平成6年（1994）には，**製造物責任法**が制定され，欠陥製品により生命，身体，財産に損害を受けた場合，被害者は製造業者の過失を立証することなく責任を追及できる仕組みとなっている（諸外国をみてみると，アメリカでは1960年代に既に製造業者に厳格責任が認められており，また，ヨーロッパでは1985年にEC指令が出されていた）。

このような無過失責任は，①自ら危険を作り出し，また，危険をコントロールできるものが，その危険から発生した結果に対する責任を負うべきであるという考え方（**危険責任主義**）や，②利益をあげる過程で他人に損害が発生した場合には，その利益の中から賠償をするのが公平であるという考え方（**報償責任主義**）などから，正当化される。③また，事故の抑制（企業に重たい責任を課すことは，企業が損害を発生させないように努力することへのインセンティブになる），損失分散（企業は，製品の価格や保険の活用によって，損失の分散をはかることができる），社会における効率的な資源配分（企業は，被害者に比べると，損害発生を最も回避しやすい立場にある）といった経済分析からも，根拠づけがされている。

3．他者によるリスク負担

他方，そのリスクが多くの人に誰にでも起こり得る可能性があるものであるのならば，「保険」という制度が，損害賠償の代わりとなる可能性もある。そもそも保険とは，われわれが生活していく上で少ない確率で起こりうる大きなリスクについて多くの人たちで少しずつ負担をして，その少ない確率にあたってしまった人の負担を軽減するシステムのことを意味する。

例えば，1％（100人に1人）の確率で生じる損害総額100の事故があったとする。この場合，その事故を起こしてしまったものが損害総額100をすべて負担するということも考えられる。そもそも，事故の確率は1％であるから，それほど高い確率ではない。しかし，反対にいえば，必ず誰かが事故と向き合う。そして，その時の負担については，他者の負担はゼロだが，事故を起こしてし

まった本人は，100という大きな負担を負うことになる。

　これに関し，もし100人が，自分にも起こる可能性のある事故のために，あらかじめ１ずつ負担をし合っておけばどうだろうか。この場合，事故にあわない者も含めてすべての者が少しずつ負担はしなければならないが，その代わりに，事故が起きたらそれを使うことによって，事故を起こしてしまったものは大きな負担を負わなくてよくなる。すなわち，同様の危険にさらされた多数の主体が，金銭を拠出し合って一定の資金をプールし，拠出者の誰かが現に不利益を被った時に，そのプール金から支払いを受けるのである。このような，リスクの分散が，**保険**という制度である。

　そして，その延長線に，もっと大きな単位での相互扶助社会がみえてくる。市民全体が抱えるリスクであるのならば，リスクが発生した時に備えて，社会全体でそれをプールし，そこから損害の回復をはかるといった発想である。

　例えば，任意保険を超えた**責任保険**制度がある。損害を発生させる危険のある活動を行おうとするものに対して保険への加入を義務づけておき，事故があればそこから賠償金を拠出するというものであり，賠償義務者に賠償のための資力がない場合であっても被害者を救済できるという点に存在意義がある。わが国では，例えば，自動車事故に関する責任保険が例としてあげられよう（自動車損害賠償保障法）。

　しかし，責任保険は，あくまで加害者の賠償義務を担保するためのものであるため，保険金が支払われるために，「賠償義務の存在」が前提となる。したがって，損害の発生によって直ちに被害者が救済される仕組みとなっていない（場合によっては，長期の裁判を経なければならない）。そこで，責任保険をカバーするために，被害者救済制度が作られている。

　例えば，労災に対する保障制度（労働災害補償保険法），医薬品の副作用被害に関する救済制度（医薬品副作用被害救済基金法，医療品医療機器総合機構法）などである。これらは，賠償義務の存在を前提としていないので，責任保険に比べて迅速な被害者救済が可能である。ただし，その制度を維持するための費用の一部は，その損害を発生させる可能性のあるものの集団からの拠出によってまかなわれているという点において，民事的責任の色彩が失われているわけではない。

他方，民事的責任の要素を払拭した，社会保障の一種としての被害者救済制度も存在する。すなわち，社会全体で（市民全体で）リスクを負担するという考えである。例えば，犯罪による生命・身体被害に対する補償制度（犯罪被害者等給付金支給法）がある。また，貧困（失業保険），病気（健康保険），老齢（年金保険））など様々な場面で用いられている，わが国にある各種保険や課税制度も，そのような文脈で理解することができる*。

＊ニュージーランド事故補償法　比較法的観点から，事故に対する総合的な救済制度の例として，ニュージーランド事故補償法があげられることが多い。これは，事故が発生した場合，事故補償委員会が給付窓口となって，同一の内容の補償が給付される仕組みであり（浅井尚子「ニュージーランド事故補償制度の三〇年」判例タイムズ1102号59頁），このような包括的な被害者救済制度をわが国にも導入すべきであるという見解もある。

4．予防法

損害賠償や，それに代わる保険制度や補償制度は，われわれの社会のリスク管理に一役買っていることは紛れもない事実である。無過失責任の流れは，リスクが潜在的にあるにもかかわらずそれを知る術がない市民を救済し，利潤を得ている企業，自らリスクを作り出している企業等にそのリスクを転嫁するという意味において，市民の保護に資するものである。また，保険や補償は，より多くの人・社会全体でリスクを支えようとする仕組みの一つといえる。

しかし，問題がなくはない。特に大きな問題点は，いずれも，リスクが顕在化した後に被害者を保護するという，いわゆる**事後的救済**であるという点である。無過失責任についていえば，先ほど紹介した特別法はいずれも，社会に発現した（しかも相当大きな被害が出て社会問題となった）リスクを背景にして，社会からの強い要請に基づいてやっと制定されたものである。それに至るまでに，どれだけ多くの被害者が出たのかに考えを及ぼさなければならない。

また，現在においても，あくまで出発点（原則論）は過失責任主義であるため，どれほど積極的に無過失責任主義に基づく規定が適用されているのか，疑わしい分野も見受けられる。さらに，保険についても，「大数の法則」が支配

する，統計データが存在する（蓄積された）領域，すなわち，どれほど損害が広がりをみせるのかなどのリスク計算が可能な領域でしか活用することができない制度である。

むしろ，法の役割は，このようなところに限定されないとみるべきである。一定の行為の回避や防止のための措置を事前に命じる，**予防法**的な視点が重要である。例えば，わが国でも，憲法上の基本的人権などを根拠として，**差止請求**が認められる場合がある。実際に，法律上で差止請求ができることを明示している分野もあるし，また，裁判によって，出版の差止めや工事の差止めなどが認められたケースも見受けられる。

また，建築，食品衛生，薬品などの安全性に関する行政的規制（特にわが国では，「業法」が発達しているといわれる）の領域も，リスク予防の観点から理解することができる。さらに，近時特に，環境や健康の分野において，「**予防原則（precautionary principle）**」という法原理が登場していることは，注目に値する。この原則は，新技術などに対して，環境等に重大かつ不可逆的な影響を及ぼす仮説上のおそれがある場合，科学的に因果関係が十分証明されない状況でも，規制措置を可能にするという考え方であり，1990年頃から欧米を中心に取り入れられてきた概念である。わが国でも，平成16年（2004）に環境省が，「環境政策における予防的方策・予防原則のあり方に関する研究会報告書」をまとめるなど，一定の関心がうかがえる。もちろん，このような考え方には，「科学技術の発展や自由な経済活動を阻害する」，「市民の中で出回る非合理的な不安に迎合する過ちへと導く」などの批判がある。しかし，特に，高度に発達した，恵まれた，豊かな社会においては，人の自由な（自由すぎる）行動を事前に抑制する手段が必要であるように思われる。

重要なことは，どの場面で，どの考え方が用いられるべきなのかである。一つだけが絶対的な解答ではなく，バランスが大切であると考える。わが国を発展させる（＝経済・社会・生活を豊かにする）という目的が維持されなければならない。しかし他方で，それと反対のベクトルを向いているリスクという存在を意識しなければならない。そのような中で，われわれは，上手にリスク・マネージメントしていかなければならない。

第4章

刑 事 法 入 門

はじめに―「刑事法」の諸分野

　刑事法は，刑事にかかわる法令の総称である。①刑法，②刑事訴訟法，③犯罪者処遇法の三分野から成り立っている。

　①**刑法**は，どのような行為が犯罪となり，いかなる刑罰が科されるかについて定めている法である。すなわち，犯罪の要件を定め，これに結びつけられる法的効果としての刑罰の内容を定める法のことである。シンプルに，刑法とは，犯罪と刑罰に関する法だと表現されることも多い。刑法は，犯罪と刑罰の実体（内容）を定めていることから，実体刑法ともよばれる。

　②**刑事訴訟法**は，刑事手続について規定した法であり，手続刑法ともいわれる。犯罪行為がなされた疑いが生じたことを前提に，事案の真相の究明をはかり，刑を科すまでの手続について定めている法である。刑事手続は，捜査・訴追・公判という三つの段階で構成される（本章第7節参照）。

　③**犯罪者処遇法**は，刑の執行過程における犯罪者の処遇のあり方について定めた法のことである。刑の執行を受ける犯罪者に対しては，再犯防止の観点から，教育・指導・監督等の措置がなされるが，これらについて定めている法が犯罪者処遇法である。犯罪者処遇法という法典があるのではなく，「刑事収容施設及び被収容者等の処遇に関する法律（刑事収容施設法）」（これは，施設に収容された犯罪者の処遇について規定する法である）とか，「更生保護法」（これは，社会内での犯罪者の処遇について規定する法である）等をまとめて，このようによぶ。

138 第4章 刑事法入門

　なお，刑事法を学問の角度からみたとき，**刑法，刑事訴訟法，刑事政策**の三分野に区分されることが多い。刑事政策は，犯罪の原因を究明して有効な犯罪対策のあり方を考察する学問領域である＊。

　＊犯罪学　近時は，このうちの前者（犯罪原因の究明）に特化した犯罪学という学問領域もポピュラーである。そこでは，特に犯罪現象・犯罪原因を科学的手法によって解明していくことが中心的課題となる。

　本書では，上記のうち，刑事法をはじめて学ぶ読者において，特に押さえておいてほしい事項を中心に取り扱うこととする。大半を刑法に関する記述に割き，あわせて刑事訴訟法のエッセンスについて解説を施すこととする。

第1節　「刑法」とは

　刑法とは，先に述べたように，犯罪と刑罰に関する法のことであり，犯罪の要件と刑罰の内容を定めている。刑罰の種類は刑法9条に示されている。現在のわが国においては，死刑・懲役・禁錮・罰金・拘留・科料・没収（没収不能の場合は追徴が可能）のみが刑罰として認められている。

　犯罪と刑罰に関する法として，まず，明治40年（1907）に制定された現行の「刑法典」がある。これは「一般刑法・普通刑法」とよばれる。単に「刑法」といった時は，この刑法典を指すことが多い＊。しかし，違反行為に対して刑罰を科す旨規定している法規は，刑法典の外においても数多く存在する。それらは「特別刑法」とよばれ，広い意味でやはり刑法である。「一般刑法」と「特別刑法」を総じて「広義の刑法」とよぶ。「狭義の刑法」といった場合は，刑法典を指す。

　＊講義・科目としての刑法　大学における「刑法総論」，「刑法各論」といった講義でも，刑法典が中心に取り上げられる。刑法典を理解することにより，刑法全体にかかわる基礎的・体系的思考方法が身につくこととなるからである。なお，「刑法総論」という講義は，刑法典の「第1編 総則」を中心に扱いつつ，刑法全体に妥当する原理や共通ルール（のあり方）等について解説を加えるもので，「刑法各論」という講義は，刑法典の「第2編 罪」における各刑罰法規および関連する

特別刑法内の刑罰法規を取り上げ，それらの意義・解釈（のあり方）等について解説を加えるものである。

「特別刑法」は，さらに「準刑法」，「行政刑法」等に区分できる。

「準刑法」とは，刑法典における犯罪類型を補充する刑罰法規である。その性質は一般刑法に類似し，道徳・倫理規範に明確に反するがゆえに犯罪性の明らかな行為が規定されている。例えば，軽犯罪法，爆発物取締法，航空機の強取等の処罰に関する法律（ハイジャック処罰法），組織的な犯罪の処罰及び犯罪収益の規制等に関する法律（組織犯罪処罰法）などである。準刑法たる刑罰法規の多くは，刑法典の各則（第2編 罪）の条文と同様，「……した者は，……に処する。」という書きぶりになっている。

「行政刑法」は，様々な行政法規（道路交通法，覚せい剤取締法，銃砲刀剣類所持等処罰法，国家公務員法，地方公務員法，大気汚染防止法等々）の実効性（効力・効果）を確保するために定められた刑罰法規を指す。行政の取締目的を達成するため，刑罰をもって行為遵守の強制を高めているわけである。これら行政刑法の規定の仕方は，おおむね，まず「……しなければならない。」，「……してはならない。」といった命令・禁止を内容とする条文が置かれ，そして法律の末尾に「罰則」のかたちで「……条の規定に違反した者は，……に処する。」といった内容の条文が列挙される，という具合になっている。

なお，経済活動を規律する法律（独占禁止法，金融商品取引法，各税法等）に置かれている刑罰法規（および関連する刑法典内の諸規定）を総じて「経済刑法」，労働関係を規律する法律（労働基準法，労働組合法等）に置かれている刑罰法規（および労働争議行為をめぐって関連してくる刑法典内の諸規定）を総じて「労働刑法」という。他にも「租税刑法」等のカテゴリーもある。

第2節■刑法の任務

1．はじめに

(1)　法という規範
人は，他者と相互に関係し合いながら生き，代々命をつないできた。その長

140　第4章　刑事法入門

い歴史の中で，人は，習俗，風習，道徳，倫理，礼儀，マナーといった種々の規範を，そして法という規範を生んだ。これらは，共同生活を維持させたり，他者との関係を円滑なものにしたりするための「術」を盛り込んだ人類の知恵である。これらの諸規範は，互いに補い重なり合いながら作用し，私たちの行動様式に影響を及ぼしている。しかし，中でも法規範は，（他の規範にはない）大きな強制力を伴う規範であり，私たちの行動を強くコントロールするという点で特徴的である。

　もちろん，他の規範にもある程度の強制力はあるが，法がもつ強制力は特に強力かつ徹底したものである。法規範に反したものは，あるいは，損害賠償が義務づけられ，義務を果たさない場合には国家によって強制的に財産が取り上げられることになったり（強制執行），あるいは，生命・自由・財産といった利益が国家によって強制的に剥奪されることになる（刑罰）。このように，規範に反した場合に生じる効果の強さの点で，法は，他の規範から区別される（もっとも，法規範と他の諸規範との区別については諸説ある）。

(2)　法規範の重なり合い

　規範はそれぞれ，相互に補い重なり合いながら作用しているが，法規範同士もまた，多くの場合，重なり合いながら作用する。例えば，交通事故を起こし人に重傷を与えた場合，加害者は被害者に対して損害賠償責任を負う。これが民事責任である。そして，自動車運転死傷行為等処罰法5条の過失運転致傷罪に問われ，7年以下の懲役（無免許の場合は10年以下の懲役）という刑罰が科されることになる。これが刑事責任である。さらに，道路交通法103条に基づいて免許取消し等の処分を受けることになる。これが行政責任である。

　こうして，法規範の効果が複層的に生じることになるが，それに加えて，現実には，加害者に対してその他の種々の反応が示されることになる。刑事責任を負うことになったものに対して，例えば近所の人々が陰口をたたくようになったり，加害者を露骨に咎める言動がなされたり，さらには加害者の家族さえ非難の的になったりと，様々な反応が生じ得ることになる。これらの反応は，法以外の規範を源にするものである。しかしもう一方で，しばしば，加害者に対して心を寄せようとする者もまた出てくるということを忘れてはならない。

法的責任を果たしたものを再びコミュニティの一員として積極的に迎え入れようという意識が，複数の人々によって共有されれば，それはいわば受容規範として働くことになる。刑事責任を負うことになった者に対してさえも向けられる，こうした受容規範は，実際にコミュニティに戻ってきた者を救い，社会的に改善・成長させる効果をもたらし得る。これもまた，社会規範の重要な側面であるといえるであろう。

２．刑法の任務

（1） 法益の保護

法によって保護されるべき利益を「**法益**」という。刑法は，刑罰というもっとも峻厳な制裁を用いて法益を保護する。したがって，おのずと，刑法によって保護されるべき法益は，あらゆる法益ということにはならず，私たちが社会において生活していく上で基本的かつ重要な法益に絞られることになる。

では，刑法で保護されるべき法益は，いかにして選別されるのであろうか。国民総体が社会生活を送る上で不可欠である，基本的かつ重要な利益，すなわち「**共通善**」こそがそれにあたると回答することが，まず一応は可能であるが，生命・身体などといった高い価値をもつことが明白な法益でない限り，共通善といえるかどうかを実際に判断することは，しばしば難しくなる。しかも，社会は常に変化し，社会における価値観もまた変遷していることから，そのような中で，利益の実体を評価しながら，何が共通善にあたるかを判定しようとすることは，時にきわめて困難となる。しかし，その判定をあきらめるならば，激動の社会における市民生活の平穏が揺らぐことにもなりかねない。

そこで，適正な手続に基づいて共通善性を判断するという手続的正義に依拠する判断システムと，その判断を実体的正義の観点からチェックするという違憲立法審査制度との双方が機能していることを根拠に，得られた共通善性に関する結論を合理的と認めることが必要となる。すなわち，三権分立のシステムの下で，国民の負託をうけた議会が憲法規範との整合性に留意しつつ討議を重ね，それを通して当該利益の共通善性について結論が導かれ，かつその結論が実際に憲法規範に抵触しないとき，それは，国民の意見を適正に反映した正義に適う判断として妥当とみられることとなるのである。

142 第4章 刑事法入門

ところで, いずれにしても刑法は, 上記のように一定の重要かつ基本的な法
益のみを保護するというのであるから, 法益保護機能としては断片的である
(「**刑法の断片性**」)。徹底した法益保護のためにあらゆる法益侵害行為に対して
刑法が適用されるべきであるとの極論は, 一般に排斥されている。

刑法は刑罰という強力な制裁を科す規範であるので (「**刑法の峻厳性**」), 強い
効果を生む一方, 強い副作用をも生む。例えば, 犯人の人生に大きなダメージ
を与える他, 家族や親族, 職場 (の関係者), 場合によっては友人などにも不
利益をもたらし得るという現実を想起されたい。こういった刑法適用による負
の影響を重くみて, 刑法はできる限り控えめに, 慎重に, やむを得ない場合に
限って用いられるべきだと考えられている (「**刑法の謙抑性**」, 「**謙抑主義**」)。し
たがって, 他の規範・法制度によって解決できるケースに, 刑法という解決手
段は投入されない。他の規範・法制度では合理的な解決のできない範囲におい
てのみ, 刑法が用いられるのである (「**刑法の補充性**」)。

とはいえ, 必要な時に刑法が出て行かないということもあってはならない。
刑法は, いわば「適度に作用し, 適度に作用しない規範」でなければならない。

(2) 自由保障・人権保障—罪刑法定の重要性

現行の刑法は, 国会で制定された法律であり, そこには, どのような行為が
いかなる犯罪になり, 犯罪者に対してどのような刑罰が科されるかが, 明文を
もって示されている。これにより, 市民は, どのような行為が犯罪と刑罰の対
象となるのかを知ることができるため, 犯罪にならない範囲で, 自由に行動す
ることが可能となっている。

ところで, このように, 市民が自由を享受することができるようになったの
は, 近・現代以降になってからである。中・近世においては, 君主・領主と
いった時の権力者 (為政者) が, その権力行使の一環として罪刑をほしいまま
に断じていた。時の権力者 (為政者) は, 何が犯罪になりいかなる刑罰が科さ
れるかについて**擅断**する (恣意的に決める) ことで, 権力を思うように行使し
ていたのである。自由はもっぱら為政者のものであり, 市民のものではなかっ
た。市民はただ権力者 (為政者) に服従する存在であったのである＊。

　＊**暴走する権力**　仮に, 権力者 (為政者) が, 市民の自由・権利を第一に考え, 犯

罪認定・刑罰権発動を抑制的かつ理性的にコントロールする賢者であったとしても，その権力行使に歯止めを掛ける仕組みがないのであるから，権力行使が暴走していく危険が常にある。この危険が現実化する可能性がある限り，その社会構造は市民にとって安心できるものとはいえないのである。

しかし，近代市民革命を経ると，「罪刑法定」の時代が到来した。1775年に独立を手にしたアメリカは，1776年に独立宣言を発し，1788年に成文の憲法を制定，続いてそれに権利章典を追加することで（1791年），市民の人権を保障する制度を確立した。その第5修正において，「何人も……正当な法の手続によらなければ，その生命，自由または財産を奪われない」と規定する適正手続due process of lawに関する条項が盛り込まれたのであった＊（なお，第5修正には，他に，大陪審の保障・二重危険の禁止・財産権の保障を含む）。

＊**罪刑法定主義の源**　この規定の原型は，イギリスの1215年のマグナ・カルタにさかのぼるといわれる。マグナ・カルタ39条は，「自由人は，その同輩の合法的裁判によるか，または国法によるのでなければ，逮捕，監禁，差押，法外放置，もしくは追放をうけまたはその他の方法によって侵害されることはない。朕も彼の上に赴かず，また彼の上に派遣しない。」と規定した。

ヨーロッパ大陸では，フランス革命時の人権宣言（1789年）に，罪刑の法定を命じる趣旨の規定が置かれた。すなわち，その8条は，「法律は，厳格かつ明白に必要な刑罰のみを定めなければならず，何人も犯罪に先立って制定公布され，かつ適法に適用された法律によらなければ，処罰され得ない。」と規定されたものであった。

こうして，罪刑擅断主義は，**罪刑法定主義**によって克服された。これは，他の言葉でいえば，「**人の支配**」からの脱却である。為政者・権力者という「人」が自らの権力を行使することによって社会を擅断的に統治するという社会構造は否定され，人ではなく「法」がすべての統治機構を支配するシステム，すなわち，市民のみならず為政者・権力者もまた「法」に拘束されるというシステムが構築され，徐々に定着していったわけである。すなわち，「**法の支配Rule of law**」の実現である。法が支配する社会においては，犯罪と刑罰もまた，為

144   第4章　刑事法入門

政者・権力者によって擅断的に決定されるものではなくなる。どのような行為が犯罪となり，いかなる刑罰が科されるかについては，法によって決定されなければならないわけである。

　刑法は常に，「法の支配」の下，市民の自由・権利を保障する法として機能しなければならない。罪刑法定主義は，そのために不可欠となるきわめて重要な原理である＊。

　＊啓蒙思想家の功績　なお，法の支配，罪刑法定主義といった市民のための諸原理は，近代市民革命時に，突如として形成されたわけではない。啓蒙時代において，モンテスキューがその著書『法の精神』（1748年）にて国家権力の分立について説いていたし，ベッカリーアもその著書『犯罪と刑罰』（1764年）にて罪刑法定の必要性を説いていた。こうした啓蒙思想家による（当時の社会状況においてはきわめて勇気に満ちた）重要な主張によって，法の支配，罪刑法定主義の世界への波がすでに形成されていたといえるのである（他にも，グロチウス，ホッブズ，ルソー，ヴォルテール等，重要な諸家がいる）。また，既述のように，罪刑法定主義の原型は，1215年のマグナ・カルタにみて取ることができる。

Column 12

法の支配

　ところで，「法の支配」にいう「法」とは，「法律」とは同義ではない。それより広い概念である。すなわち，あるべき法，いわば合理性の絶え間ない追求によって観念されることになる法，を意味する（より具体的にいえば，市民の自由・人権保障の観点から合理性の認められる法，ということになろう）。したがって，たとえ立法権をもつ議会によって制定されたがゆえに形式的には有効となるはずの法律であったとしても，実質的には市民の自由・権利を阻害する内容のものであったという場合は，その法律は有効視されてはならないということになる。

　ここに，18－19世紀にヨーロッパで展開された「法治国家Rechtsstaatシステム」＝「（形式的）法治主義」との相違がある。このシステムは，議会で制定された法律は，正しい手続を踏んで正式に制定された以上，有効とみるものであった（法実証主義への過度の傾斜）。そのため，人権侵害規定の制定を阻止できない

という事態をも引き起こした（ナチス時代の人権侵害立法を想起せよ）。

　そういった点からすると，いわゆる「形式的法治主義」は「法の支配」とは似て非なるものと位置づけられざるを得ない。ただ，法治主義は，その後，「実質的法治主義」へと変化した。すなわち，最たる法治主義国家であったドイツにおいて（連邦）憲法裁判所が設置され，違憲立法をコントロールするシステム（違憲審査制）が確立したことにより，「法治」の「法」は，「法の支配」にいう「法」とほぼ同義となったためである。こうして，今日において，「法治主義」の概念は，「法の支配」に近いものと理解されるようになっている。

　こうみてくると，罪刑法定主義も，形式的・手続的な適正性のみを要求するものととらえられてはならないということに気づくことになろう。すなわち，犯罪と刑罰に関する法は，国会で制定された法律でなければならず（形式的・手続的な適正性），かつ内容においても適正でなければならない（実質的・実体的な適正性），のである。

(3)　社会秩序の維持

　刑法の主たる使命は，以上のように，法益を保護すること，そして自由・人権を保障することであるが，それらの使命の全うは，社会秩序の維持という利益をももたらす。なぜなら，第一に，法益保護の観点から適正に刑罰法規が適用されるとき，一般の人々は，刑法の存在・意味・その合理性を感得・理解し，刑法規範に信頼を寄せ，それに従うようになる（犯罪を行おうという気になりにくくなる）からである。第二に，罪刑の法定は，それ自体として，一般の人々に対して威嚇効果を与え得るからである。すなわち，罪を犯せば罰せられるということを知った人々は，罪を犯さない選択をするようになり得る。第三に，刑罰を科された犯罪者は，自分の過ちと向き合い，その意味を理解・実感することで，再び犯罪を行おうという考えをもちにくくなると考えられるからである。

　犯罪と刑罰は，このように，一般の人々や罪を犯した者に対して，犯罪に走る気持ちをそぐ効果を与え得る。こうして，人々が犯罪から遠ざかるとき，社会秩序は安定することになるのである。このような視点からみると，刑法には，副次的にとはいえ，社会秩序を維持するという重要な使命があるといわなければならない。

146　第4章　刑事法入門

　なお，法益を保護する使命との関係について，「社会秩序を維持するために法益の保護が必要だ」，と考えてはならない。そうではなく，「法益の保護を通じて社会秩序が保護される」，と考えなければならない。

第3節■行為規範としての刑法，裁判規範としての刑法

　刑罰法規の例として，刑法204条をみてみよう。同条は，「人の身体を傷害した者は，15年以下の懲役又は50万円以下の罰金に処する。」と規定する。ここには「行為規範」と「裁判規範」とが含まれている。

　まず，行為規範は，前段の「人の身体を傷害した者は」という法律要件から発せられている。すなわち，この要件を充たした者に対して，「15年以下の懲役又は50万円以下の罰金」という法律効果が生じることを示すことで，「（そういう刑罰を科されることになるから）人の身体を傷害するな」という内容の規範を提示しているのである。これは，国民一般に向けて，人の身体を傷害する行動を禁ずる趣旨の規範であるから，国民一般の行動を規制する規範，すなわち**「行為規範」**とよばれている。

　裁判規範は，「15年以下の懲役又は50万円以下の罰金に処する。」という法律効果を示す後段部分から発せられている。この部分は，裁判官に対して，人を傷害した者に，15年以下の懲役または50万円以下の罰金という枠内で刑罰を科すよう命じる趣旨である。この裁判官の判断を規制する規範が，**「裁判規範」**である。

　なお，各刑罰法規にて規定されている刑罰（の範囲）は**「法定刑」**という。この法定刑に，刑の加重・減軽事由による修正を施して形成された刑罰（の範囲）を**「処断刑」**といい（処断刑の形成），処断刑の範囲内において，裁判官が刑を量定し（これを量刑という）実際に言い渡す刑罰を**「宣告刑」**という（宣告刑の決定，刑の言渡し）。

第4節　わが国の刑法と罪刑法定主義

1. 沿　革

　わが国ではじめて**罪刑法定主義**の規定を置いたのは，フランス人のボアソナードが起草した旧刑法（明治13年（1880）公布）であった。その2条は，「法律ニ正条ナキ者ハ何等ノ所為ト雖モ之ヲ罰スルコトヲ得ス」というものであった。その後，明治22年（1889）の明治憲法も，罪刑法定主義の規定をおいた。その23条は，「日本臣民ハ法律ニ依ルニ非スシテ逮捕監禁審問処罰ヲ受クルコトナシ」というものであった。現行刑法典は，明治40年（1907）に制定されたが，その時点ですでに，憲法に罪刑法定主義の規定があったことから，刑法典に罪刑法定主義の規定を盛り込むことは不要とされ，結局，罪刑法定主義の明文の規定をもたない刑法典となった。しかし，このような歴史的経緯に照らすと，現行刑法典に罪刑法定主義規定はないものの，現行刑法は，はじめから罪刑法定主義の支配を受けたものとして位置づけられることとなる。

　その後，罪刑法定主義は，現行の日本国憲法において明文をもって規定された。すなわち，その31条は，「何人も，法律の定める手続によらなければ，その生命若しくは自由を奪はれ，又はその他の刑罰を科せられない」と規定し，さらに39条は，「何人も，実行の時に適法であった行為……については，刑事上の責任は問われない」と規定している。こうして，現行刑法の罪刑法定主義は，現行憲法の理念の支配を受けたものとして理解されるべきこととなる。

2. 現行憲法下における罪刑法定主義

(1)　理念，思想的基盤

　罪刑法定主義とは，ある行為を犯罪としその行為者を犯罪者として処罰するためには，その行為の前に，国民の代表者で構成される議会（国会）にて制定された法律で，その行為が犯罪となることと，それに対応する刑罰の種類と程度とが，明確に定められていなければならない，とする考え方である。これは，端的に，**「法律なければ犯罪なし，法律なければ刑罰なし nullum crimen sine lege, nulla poena sine lege」**という公式で言い表される。罪刑法定主義は，

148   第4章　刑事法入門

すでに述べたように，市民の自由・人権を保障するために必須の思想である。
　この罪刑法定主義は，第一に，**自由主義原理**によって支えられている。自由
主義は，人の支配からの脱却によって勝ち取られた原理であり，市民にとって
最重要の原理の一つである。もし，行為の後に，その行為を犯罪にするとの判
断が下され，処罰されることになれば，人々は行動準則を失い，自由を享受で
きなくなる。不意打ちという手法は市民の行動を萎縮させることにつながるた
め，後出しで犯罪と刑罰を決めることは，市民の側からは到底許容され得ない。
自由主義の観点から，罪刑をあらかじめ法定することは必須である。
　罪刑法定主義は，第二に，**民主主義原理**によって支えられている。罪刑は国
家機関のどこかで決められればよいというわけではない。罪刑法定主義は，国
民の人権を保障するためのものであるから，犯罪と刑罰は，国民の意思の反映
が裏付けられるところで決定されなければならない。すなわち，主権者たる国
民の代表によって構成される国会で決められてはじめて，その法律は，人権を
保障し得る存在になるのである。
　ところで，先に述べたように，正当な手続を経て事前に制定されればそれで
常に正当な法律になる，というわけではない。実質的に正当な内容の法律でな
ければならないのである。このことから，罪刑法定主義は，第三に，**正義原理**
によっても支えられているというべきであろう。

(2)　理念の具体化

　罪刑法定主義は，具体的には，次のような内容をもつ。すなわち，(a)法律主
義，(b)遡及処罰の禁止，(c)類推解釈の禁止，(d)刑罰法規の適正の要請，である。
(a)・(b)・(c)は形式・手続面の原則であり，(d)は実質・実体面の原則である。
　それぞれをごく簡単に説明すれば，次の通りとなる。
　(a)**法律主義**とは，国会の制定する法律以外によって犯罪と刑罰が定められる
ことがあってはならないという原則である。法律よりも下位の法規である行政
府の命令（政令・省令・規則等）などにおいて刑罰法規を置くことは，原則と
して許されない*。
　　***法律主義の例外**　ただ，例外的に，政令に罰則が設けられる場合，普通地方公共
　　団体の条例に罰則が設けられる場合，そして犯罪成立要件の一部または全部が法

律以外の下位規範（政令，行政処分としての告知や通知）に委ねられる場合（白地刑罰法規。刑法典では94条），がある。

慣習法は法律には含まれないから，慣習に基づいて，ある行為を犯罪にしたり刑罰を科したりすることは，禁じられる（**慣習刑法の排斥**）。

また，**絶対的不定期刑**も禁じられる。すなわち，刑の種類や程度をまったく定めていない法規や，刑の種類を定めていてもその程度を定めていない法規は，認められない。刑罰に関しても市民の予測可能性を保障する程度に法律で規定されていることが求められるためである。

(b)**遡及処罰の禁止**（刑罰法規不遡及の原則）とは，行為のときにその行為を処罰する規定がない場合に，行為の後になってその行為を処罰する規定を制定し，その処罰規定の効力を遡及させて処罰する，という手法を禁ずる原則である。このようないわば「後出しじゃんけん」を認めれば，国民は事前の行動予測をすることができなくなり，自由はたちまち萎縮する。そのような事態を防ぐための原則である。憲法39条に規定されている。

(c)**類推解釈（類推適用）の禁止**とは，その行為に適用できる処罰規定がない場合に，類似する他の行為に適用される処罰規定を（強引に）適用することによって，その行為を処罰することを禁じる原則である。このような解釈・適用は，事実上立法に等しいことから，裁判所の権限を越えるものとして禁止される。

類推解釈は，**拡張解釈**と似て非なるものである。拡張解釈は，条文の文言を，日常用語的意味よりも広く解するというものである。つまりは文言の意味範囲に収まる解釈である。したがって，被告人にとって不意打ちとはならず，罪刑法定主義に抵触しない。類推解釈は，どんなに法文を拡張して解釈しても適用できないはずの事実に，当該法規を適用する手法であるから，国民の予測可能性を破り，自由を萎縮させることにつながる。

(d)**刑罰法規の適正の要請**とは，刑罰法規の実体的内容が適正でなければならないという要請である。犯罪と刑罰は，法定されればそれで必ず正当化されるというわけではなく，内容それ自体が適正さを欠く場合，その規定は憲法に違反し無効とされる。「何人も，法律の定める手続によらなければ，その生命若

150 第4章 刑事法入門

しくは自由を奪はれ，又はその他の刑罰を科せられない。」と規定するわが国の憲法31条は，アメリカ合衆国の適正手続条項（第5修正，第14修正）に由来する。そのため，アメリカでの解釈・理論展開に沿い，手続的保障のみならず，実体的内容の適正さを要求していると解釈されている（「**実体的デュープロセス**substantive due processの要請」）。

刑罰法規の適正の要請は，具体的に次の二つの原則を導く。

第一に，「**明確性の原則**」である。内容が不明確であるがゆえに，犯罪や刑罰の内容が汲み取れないような刑罰法規は，たとえ法定の手続を経て制定されたものであったとしても無効だとする原則である。内容が不明確な規定は，実質的にみて，国民に対して何が犯罪か，どのような刑罰が科されるかを，事前に告知する働きをしないからである。また，犯罪とされる行為の範囲が不明確であり，適用範囲が過度に広範になるような規定も，内容が不明確な規定として無効である（**過度の広範性の理論**）（『刑法判例百選Ⅰ第5版』6頁以下〔芝原邦爾〕，『刑法判例百選Ⅰ第6版』6頁以下〔萩原滋〕）。

第二に，「**罪刑均衡の原則**」である。これは，罪刑の均衡を失している刑罰法規を無効とする原則である。例えば，窃盗を死刑にする規定は，たとえ非常に高い抑止効果が期待できるとしても，配分的正義の観点からみれば犯罪と刑罰が明らかに比例していない（釣り合っていない）というほかなく，無効である。

(3) 判　例

紙幅の関係から，ここでは，前述の(c)と(d)にかかわる判例を紹介しよう。

① 「類推解釈」に関する判例

類推解釈か拡張解釈かが問題となった事案として，いわゆる鳥獣保護法違反事件（最（一）決平成8・2・8刑集50巻2号221頁，判時1558号143頁，判タ902号59頁）を紹介しよう。

被告人は，捕獲の禁止されているマガモまたはカルガモを狙い，洋弓銃（クロスボウ）で矢を放ったのであったが，矢は外れ，マガモまたはカルガモを自己の実力支配内に入れることはできず，かつ殺傷することもなかった。この被告人の行為が，鳥獣保護及狩猟ニ関スル法律1条の4第3項の委任を受けた昭和53年環境庁告示43号3項リ号によって禁止された，弓矢を使用する方法によ

る「捕獲」にあたるかどうかが問われた。

被告人は現実には捕っていないので「捕獲」にはあたらないと主張した。確かに，捕らえそこなったのであるから，「捕獲」に含めるのは文言上無理だとも感じられる。しかし，最高裁は，矢が外れたため鳥獣を自己の実力支配内に入れられず，かつ殺傷するに至らなくても「捕獲」にあたるとした原判決を正当としたのであった（『刑法判例百選Ⅰ第6版』4頁以下〔平川宗信〕参照）＊。

＊**判例にみる類推解釈**　類推解釈にあたるとされた事案として，最判昭和30・3・1刑集9巻3号381頁，判タ49号61頁がある。人事院規則14-7（政治的行為）5項1号にいう「特定の候補者」には「立候補しようとする特定人」が含まれるかどうかが争われた事案であった（含まれるとすると，国家公務員法110条1項19号の罪が成立する）。最高裁は，「人事院規則14-7『政治的行為』5項1号にいう『特定の候補者』とは，……『法令の規定に基く立候補届出または推薦届出により，候補者としての地位を有するに至った特定人』を指すものと解すべきであって，原判決が，『立候補しようとする特定人』もこれに含まれるものと解したのは，あやまりであるといわなければならない。けだし，『特定の候補者』というのが，『立候補しようとする特定人』を含むものと解することは，用語の普通の意義からいって無理であり，同規則の他の条項ないし他の法令との関係で，ぜひそのように解さなければならないような特段の根拠があるわけでもない」からである，と判示し，国家公務員法110条1項19号の罪の成立を認めた原判決を破棄したのであった。

②　「明確性の原則」に関する判例

明確性の原則を援用した判例として，いわゆる徳島市公安条例事件の最高裁大法廷判決（最大判昭和50・9・10刑集29巻8号489頁，裁時674号1頁，判時787号24頁，判タ327号120頁）をみてみよう。

本件では，デモ行進の際の遵守事項である，徳島市公安条例3条3号にいう「交通秩序を維持すること」という文言が不明確ゆえに憲法31条に反するかが争われた（「交通秩序を維持すること」に違反した場合には，同条例5条により，1年以下の懲役もしくは禁錮または5万円以下の罰金に処されることとなっていた）。この事案につき，最高裁は，明確性の原則の根拠について，「およそ，刑罰法

規の定める犯罪構成要件があいまい不明確のゆえに憲法31条に違反し無効であるとされるのは、その規定が通常の判断能力を有する一般人に対して、禁止される行為とそうでない行為とを識別するための基準を示すところがなく、そのため、その適用を受ける国民に対して刑罰の対象となる行為をあらかじめ告知する機能を果たさず、また、その運用がこれを適用する国又は地方公共団体の機関の主観的判断にゆだねられて恣意に流れる等、重大な弊害を生ずるからであると考えられる。」とし、明確性の原則の判断基準について、「ある刑罰法規があいまい不明確のゆえに憲法31条に違反するものと認めるべきかどうかは、通常の判断能力を有する一般人の理解において、具体的場合に当該行為がその適用を受けるものかどうかの判断を可能ならしめるような基準が読みとれるかどうかによつてこれを決定すべきである。」と説示し、本件事案については、「（当該）条例（昭和27年徳島市条例第3号）3条3号が、集団行進等についての遵守事項の一として「交通秩序を維持すること」を掲げているのは、道路における集団行進等が一般的に秩序正しく平穏に行われる場合にこれに随伴する交通秩序阻害の程度を超えた、殊更な交通秩序の阻害をもたらすような行為を避止すべきことを命じているものと解され、このように解釈した場合、右規定は右条例5条の犯罪構成要件の内容をなすものとして憲法31条に違反するような不明確性を有するものではない」と判示して、不明確ゆえに無効とした一、二審判決を破棄したのであった（『刑法判例百選Ⅰ第6版』6頁以下〔萩原滋〕）。

近時、青少年との「淫行」を処罰対象とする条例が、不明確であるがゆえに（また適用範囲が過度に広範であるがゆえに）憲法31条に違反するかが争われた事案も出たが、最高裁（最大判昭和60・10・23刑集39巻6号413頁、判時1170号3頁、判タ571号25頁）は、「淫行」という文言は、合憲限定解釈を経るとき、不明確とはならない（かつ適用範囲も過度に広範とはならない）旨判示している。

第5節■刑罰の正当性

1．はじめに

刑罰は、犯罪者の生命・自由・財産といった個人の利益を強制的に奪う。この点のみをみれば、それは犯罪行為に等しくも映る。しかし、現実には、それ

らは「刑罰」であることを理由に正当な制度として許容されている。そこで考えなければならない。なぜ，「刑罰として」ということならば，個人の利益を強制的に奪ってもよいのであろうか。その根拠はどこにあるのであろうか。

　刑罰の正当性を実質的に根拠づけようとする試みは，応報刑論とよばれる立場，そして目的刑論とよばれる立場から，それぞれ展開されてきた。もっとも，今日では，両立場の考え方を統合しようとする立場（**相対的応報刑論**，併合説，統合説）が一般的に支持されるに至っているが，いずれにしても，まずは，応報刑論，目的刑論おのおのに着目し，その内容，両者の根本的な相違について理解することが求められる。

２．応報刑論

　応報刑論は，刑罰をめぐり，次のように考える。

　人は，自らの意思によって行動決定をしている。すなわち，人には**自由意思**がある。犯罪も，自由意思の所産である。以上を前提にすると，刑罰は，犯罪行為をとどまることができた（そして，とどまらなければならなかった）にもかかわらず，自らの意思によって禁止されている行為に及んだことに対する道義的な**非難**として科される制裁（害悪の賦課）ということになる*。

　　＊自由意思の存在　非難は，その行為者が自由な意思で犯罪行為に及んだということを前提にしてはじめて可能である。自由な意思で行為したことが認められない以上，「その者のせいだ」と非難することは理不尽であり許されない。

　このように，応報刑論によれば，刑罰は，自由意思で犯罪行為に及んだものに対する公的非難であり，刑罰の正当性も，公的非難を根拠に科されるという点に求められることになる。

　刑罰の非難としての性格は，例えば，納税，感染症患者の強制入院措置などと比較するとわかりやすい。税金は，金銭を強制的に支払わせる点で罰金刑に類似するが，しかし，そこに非難としての性格はまったくない。感染症患者を強制的に入院させることは，本人の意思に反する自由の制限という意味で懲役・禁錮・拘留に類似するが，これにも非難の意味はまったくない。これらは当人を非難するシステムではないのである。これらと異なり，刑罰は，皆が遵

154　第4章　刑事法入門

守しているルールを自由意思をもって破り犯罪結果を生じさせたものに対する道義的な非難として科される。ここに，公的制裁としての刑罰の本質があるのである。

　応報刑論によれば，刑罰は「なされた犯罪行為に対する道義的な非難」を根拠に科される制裁であるから，あらかじめ何が犯罪行為になるかがしっかりと決められており，かつそれが市民に周知されていてはじめて，刑罰発動の基礎が認められることになる。すなわち，どのような行為が犯罪行為であるかが明示されていない限り，非難を内実とする刑罰を科すことは許されないということになる。

　また，刑罰は「なされた犯罪行為に対する道義的な非難」を根拠に科されるのであるから，刑罰の重さは非難の大きさに比例することになる（単に実害の大きさに比例するのでない）。非難の大きさを超える刑罰は厳に禁じられるわけである。

　以上が，応報刑論の考え方である。

3．目的刑論

　目的刑論は，刑罰をめぐり，次のように考える。

　そもそも，刑罰は犯罪の予防に役立つものでなければならないし，そうであってこそ正当性を獲得する。したがって，ただ単に犯罪がなされたということを理由に刑罰を科すという，無目的な反動的科刑システムは是認されない。

　では，犯罪をいかにして予防するか。目的刑論によれば，これには二つの方法がある。

　その一つが，一般の人々に，犯罪を行えば苦痛の付加を内容とする刑罰が科されるということを知らしめることによって，なるべく多くの者に犯罪をやめようと思わせる，という方法である。要するに，一般人に対して刑罰の威嚇力を示すことで，犯罪に出ようとする者を減少させようという考え方である。この方法を説く理論が，「**一般予防論**」である（なお，一般予防論の中には，刑罰の威嚇力に頼らずに，犯罪減少を目指そうとする「積極的一般予防論」という考えもある）。

　刑罰の威嚇力に期待する一般予防論は，ドイツのフォイエルバッハによる**心**

理強制説に支えられている。心理強制説とは，人は損得勘定をして行動決定をする生き物であるから，犯罪を思いとどまったときの不利益と，犯罪を行い刑罰を科されることになったときの不利益とを比較衡量するものだとし，そうであるから，刑罰を，犯罪を行わなかったときの不利益よりも少しだけ大きなものとして法定しておけば，人は犯罪を行わないという決断をするであろう，と説く考えである。要するに，刑罰は，人々の心理に対して犯罪を思いとどまらせる強制力を及ぼすため有効であり，かつ妥当であるとする説である。一般予防論によれば，刑罰は，一般人に対してこのような心理強制効果を発揮し，犯罪抑止効果を上げることになるために正当な制裁だとされるのである。

　ところで，心理強制説に裏打ちされた一般予防論は，功利主義的な理論として位置づけられるが，心理強制説を提唱したフォイエルバッハは，他方で，カントやベッカリーアの思想の影響を色濃く受けており，自由主義的な考え方をも積極的に展開していた。彼によれば，罪刑法定主義（前述参照）の意味は一般予防効果の発揮に資する点にあるのであるが，同時に，罪刑の均衡を保つところにもあるのである。すなわち，あらかじめ罪刑を法定し，それを人々に示しておけば，人々は刑罰の苦痛を避けようとするはずであるから，犯罪予防効果が生じるが，犯罪予防効果を大きくしようとするあまり刑罰をいたずらに重くすることがあってはならないと，彼は考えたのである。

　ここからわかるように，フォイエルバッハが推進した一般予防論は，目的刑論であると同時に，罪刑の均衡を重視する応報刑論の流れをも汲んでおり，その点で比較的バランスの取れた理性的な理論であったと評することができるのである。

　犯罪を予防する第二の方法として，目的刑論は，再犯を効果的に防ぐことに着目した。一度犯罪に手を染めた者が，再び犯罪に走ることを予防するために，刑罰を有効に利用すべきとしたのである。このような考え方を「**特別予防論**」という。

　では，再犯を予防するにはどうしたらよいか。これについては，犯罪の原因を探り，除去することこそ有効であるとされた。そして，犯罪原因の探究が進められ，その結果，犯罪はむしろ素質（遺伝）や環境といった，生物学的・社

会学的諸要因が重なり合って生み出されるものであるとみられるに至った。

　ここにおいて，犯罪は人の自由意思の所産であるとする**意思自由論は幻想**であるとして排斥されたのである。こうして，刑罰の本質を，犯罪者に対する道義的非難であるとする見方は却けられ，刑罰は，むしろ遺伝や環境などの影響を受けて犯罪者において形成された犯罪傾向（危険性）を改善・除去するためにこそ用いられるべき手段であると位置づけられた。すなわち，**改善刑・教育刑**が提唱されたのである（フランツ・フォン・リストの新派刑法学）。この立場からは，犯罪者を教育・改善し，その危険性を除去することに役立つ刑罰こそ，犯罪予防という目的に適うため，正当であると説明されることになる。

4. 相対的応報刑論

　以上，応報刑論，目的刑論それぞれの内容をみてきたが，今日，比較的広く支持されているのは，応報刑論の考えをベースに，そこに目的刑論の考えを組み合わせて刑罰の本質や正当性を説く「相対的応報刑論」である。この立場によれば，刑罰は，「犯罪が行われたために，かつ罪を犯させないために存在し，科される」ものということになる。では，なぜこのような相対的応報刑論が広く支持されるに至っているのであろうか。

　歴史的経緯をみれば，先行して存在していたのが（まだ洗練度の低い）応報刑論であり，その後18世紀の啓蒙期に至って，応報刑論を克服しようとして一般予防論が，そして19世紀に入って，合理的・科学的思考方法に基づく特別予防論が展開されるようになったのであるが，この流れからすると，目的刑論がより先進的な理論であり，支持される資格を有しているようにも感じられる。しかし，目的刑論には重大な問題点があると指摘されるようになり，その結果，応報刑論を捨てることはできない，いやむしろ，応報刑論を軸に理論構築しなければならないと多くの研究者が考えるようになったのである。すなわち，目的刑論の問題点とは，端的にいえば，刑罰の過酷化を招く素地を有しているという点である。

　目的刑論は，**功利主義**思想を土台にした理論である。功利主義思想はベンサムによって，「最大多数の最大幸福the greatest happiness of the greatest number」をスローガンとして展開された*。この立場によれば，法の目的は社会の幸福

を最大化することにある。したがって，刑罰もまた，社会の幸福の最大化に資するべきものとして位置づけられることになる。ここにいう「幸福」とは，「犯罪減少効果」のことである。犯罪減少というプラス作用が大きく生じれば，社会の人々の幸福が増大する。それを理由に刑罰は正当化されると説明されるのである。

> *功利主義　社会において好ましいこととは，できるだけ多くの人々にできるだけ多くの幸福を生み出すこと，すなわち，幸福（pleasure）の量を最大化（maximization）することだ，と説く。ちなみに，ベンサムより先に「最大多数の最大幸福」の思想を展開していたのはハチソンであったとされる。ただハチソンは，the greatest happiness "for" the greatest numberという言い回しをしており，利他的善意を重視していたものと評されている。また，ベンサムの「快・苦・効用」の発想はヒュームからのものとみられている（以上，伊藤邦武責任編集『哲学の歴史　第8巻』（2007年，中央公論新社）318頁以下。ベンサムの『道徳および立法の諸原理序説An Introduction to the Principles of Morals and Legislation』（1789）参照）。

　この犯罪の減少というメリットを生じさせるためにこそ，刑罰は存在し科されると，目的刑論は説くが，しかし，ここに重大な問題も潜んでいる。功利主義思想に依拠して，一般予防効果（犯罪減少効果）を重視すればするほど，威嚇効果の高い刑罰こそ効果的であり好ましいととらえられることになり，そうなると，より重い刑罰が有効であり，さらには過酷な刑罰を是認することにさえなりかねないのである。刑罰は重いほど効果的であり合理的だとするならば，人権はむしばまれることになろう。なぜなら，犯罪者は全体の利益増大のための「手段」として扱われることになっていくからである。人は誰しも手段として扱われてはならない。常に目的としてのみ遇されなければならない，としたカントの教え，個人の自由・権利を重視する思想からしても，ここに重大な危惧が寄せられることになるのである。

　功利主義思想は，特別予防論にも，やはり通じている。特別予防論とは，すでに述べたように，犯罪者の特性に応じた刑罰を科し，犯罪者が再び犯罪に陥ることを防ごうとする考えであるが，この考えもまた，再犯予防を通して犯罪減少という社会的メリットを確保しようという思想に基づいているからである。

158 第4章 刑事法入門

そうである以上，特別予防論も一般予防論と同様，危惧すべき問題を有している
るということになる。犯罪減少というプラス効果を最大化するために，犯罪者
をなるべく長く社会から引き離した方が良いとか，100％の改善が認められな
い犯罪者については隔離を続けるのがよいといった発想につながる可能性をは
らんでいる。

　このように，功利主義思想に基づく刑罰論＝目的刑論には，社会の利益のた
めに個人を手段化する方向に流れかねないという問題点，刑罰の過酷化を招き
かねないという問題点が潜んでいるという分析が成り立つことになるのであ
る*。

　*いきすぎる社会防衛　しかも，より根本的には，まだ犯罪行為に出ていないもの
　　に対して，犯罪の未然の阻止の見地から刑罰を科すことさえも，社会的利益のた
　　めに許容されかねないという弱点を有している。というのも，功利主義思想それ
　　自体には，「過去に行われた犯罪を根拠に刑罰が発動される」という発想が備わっ
　　ていないからである（これは応報刑論の発想である）。

　とはいえ，刑罰は可能な限り犯罪予防に役立つことが望ましいという発想は，
決して不当ではなく，むしろ尊重されてしかるべきものである。実際，目的刑
論の思想を完全に排斥することは妥当視されていない。

　こうして，一般的には，目的刑論を組み込み，しかしその弱点を的確に抑え
られる刑罰論が展開されるに至っている。すなわちそれが，相対的応報刑論で
ある。刑罰は犯罪を行ったことに対する非難として科されるものであるとする
応報刑論を基本に据え，応報の枠内において，犯罪予防という目的追求を推し
進めようという考え方である。

　この考え方によれば，刑罰は，犯罪が行われたことに対する非難を根拠にし
てはじめて，その発動が許され，かつ刑罰の重さは非難の程度を越えてはなら
ないという制限が課されることになるため，人の手段化・刑罰の過酷化を阻む
ことが可能となる。そして一方で，刑罰は犯罪の減少という目的に役立つもの
として構想され，用いられることになるため，実利をあげうる刑罰論として受
け入れ可能となるのである。

第6節●犯罪概念の明確化─犯罪の成立要件（三つの基本的要件）　159

Column 13

刑罰と損害賠償責任

　刑罰は，被害者に対する損害賠償とも本質的に異なる。例えば窃盗犯人は，被害者に与えた損害を事後的に補填したからといって，刑事責任を免れることにはならない。窃盗犯人が行った行為は，被害者との一対一の関係で把握され尽くされるものではなく，社会全体との関係で理解されなければならないものだからである。窃盗犯人は，窃盗を禁ずる刑法規範，そしてそれを形成し支えている社会規範を破ったのであり，その意味で，社会に対して（目ではみえないが大きな）ダメージを与えたものとみられなければならない。

　社会の平穏は，社会の構成員みなが，定められた規範を遵守し合うことで保たれる。規範を一方的に破るという犯罪行為は，市民が平穏に生きていくために必須の基盤を崩すものと理解されるのである。刑罰は，そのような性質をもつ犯罪行為に非難を向ける，社会の側からの制裁なのである。また，市民みなが規範を守り合うことによって社会の平穏は成り立つことから，刑罰には，規範違反を予防する働きが期待されることにもなる。対して，わが国の民法上の損害賠償責任に，これらの性質はない（なお，懲罰的損害賠償制度については別途議論する必要がある）。

　なお，科刑を内実とする刑事責任と，損害賠償責任との相違に言及した判例もあるので，紹介しておこう（最判平成9・7・11民集51巻6号2573頁）。「我が国の不法行為に基づく損害賠償制度は，被害者に生じた現実の損害を金銭的に評価し，加害者にこれを賠償させることにより，被害者が被った不利益を補てんして，不法行為がなかったときの状態に回復させることを目的とするものであり……，加害者に対する制裁や，将来における同様の行為の抑止，すなわち一般予防を目的とするものではない」。

　民事責任と刑事責任の相違については，Column 11も参照。

第6節　犯罪概念の明確化
─犯罪の成立要件（三つの基本的要件）

1．はじめに

　犯罪とは，構成要件に該当する，違法で，有責な行為である。すなわち，犯

160　第4章　刑事法入門

罪といえるためには，「**構成要件該当性**」，「**違法性**」，そして「**責任（有責性）**」のすべてが認められなければならない。

　このように基本的要件を整序することで，いくつものメリットが生じる。例えば，必要にして十分な要件を明快に示すことが可能となり，判断の誤りが防がれるということ，国民にとって犯罪概念が明確になり，自由・人権保障に役立つということ，思考経済の点で合理的であるということ，等である。

　以下，各基本的成立要件について分説していこう。

２．構成要件該当性

　構成要件に該当する，というのは，各刑罰法規が設定する犯罪の型・枠（「類型」）である「構成要件」に，当該行為があてはまるということである。例えば，刑法199条は，「人を殺した」場合に殺人罪が成立すると書いてある。動物を殺した場合でもなく，人の身体を傷つけた場合でもなく，ただ人を殺した場合にのみあてはまる型を設定しているのが，199条なのである。このように，各条文は，それぞれ独自の型（類型）を提示しており，その型にあてはまる行為があった場合にのみ，構成要件該当性が肯定されることになるのである。

　ところで，199条が提示している「人を殺した」という型についてであるが，例えば，妊婦のお腹の中の子どもを殺した場合にもあてはまることになる型なのであろうか。つまり，199条にいう「人」は，「妊婦のお腹の中の子ども」をも取り込むことを予定している型なのであろうか。199条の条文自体に，この問いに対する答えそのものは書かれていない。しかし，199条の型の輪郭は，解釈という作業を行うことにより，よりはっきりとしてくる。

　すなわち，刑法212条以下をみると，そこで胎児が保護されていることがわかることから，「妊婦のお腹の中の子ども」を殺す行為を類型化しているのは，もっぱら212条以下であり，199条ではない，ということが判明するのである。すなわち，199条にいう「人」は，胎児を含まない型として認識されることになるのである。このように，刑罰法規が設定する型の輪郭は，解釈作業を通してよりはっきりと認識されることになる。したがって，構成要件とは，条文に解釈を加えて認識される犯罪の型であるということもできるのである。

　なお，構成要件には，①保障機能，②個別化機能，③違法推定機能，等の働

きがある。①**保障機能**：あらかじめ構成要件というかたちで，どのような行為がいかなる犯罪にあたるのかを国民に提示しておくことにより，国民の自由を十全に保護するという機能である。これは，罪刑法定主義の要請でもある。②**個別化機能**：構成要件は，個々の犯罪を他の犯罪から区別する機能をも果たす。③**違法推定機能**：構成要件は犯罪となる違法な行為を類型化したものであるから，構成要件に該当する行為については，原則，違法といってよいということになる。これにより，構成要件該当性が肯定された後は，違法性を否定する正当化事由の存否に関する判断が中心となる。

　ところで，構成要件は，さらに細かいいくつかの要素でできあがっている。すなわち，(a)行為，(b)主体，(c)客体，(d)状況，(e)結果，(f)因果関係，(g)故意または過失，がそれである。これらを「構成要件要素」という。

　(a)**行為**には二つの意味がある。まず，「意思によって支配可能な身体の動静」という意味である。睡眠中の動作や単なる反射運動，絶対的強制下の身体動作など，意思によって支配可能でない行為を，犯罪の範囲から外すことに役立つ。例えば，殺される夢の中で，殺そうとしてきた相手に対して首を絞めて反撃していたつもりが，実は，隣で寝ていた妻の首を絞めてしまっていたという場合，刑法上の行為がないということになりうる（大阪地判昭和37・7・24下刑集4巻7＝8号696頁，判時309号4頁参照）。また，この定義より，思想・信条・意思それ自体は，決して犯罪行為とされない。内心の動きは，それが外部に表れていない限り，いかなる場合も完全に自由である（憲法19条）。

　次に，「行為」には「実行行為」の意味がある。「実行行為」とは，各構成要件が予定する犯罪結果を引き起こす危険性をもつ行為のことである。人を殺そうとして呪詛を続けても，殺人罪（199条）の実行行為性は否定され，同罪の構成要件該当性は認められない。

　(b)**主体**とは，構成要件的行為を行うもののことである。条文上，「……した『者』」として表現されている。主体とは基本的に自然人を指す。法人もまた含まれるかについては議論がある。また，一定の身分（属性）を有する者のみを主体として予定している構成要件もある。例えば，197条1項の収賄罪は，主体を公務員に限定している。このように一定の身分を有するもののみを主体と

する犯罪類型を「身分犯」という。

(c)**客体**とは，行為要件的行為が及ぶ対象のことである。「保護法益」や「被害者」といった概念とは区別される。たとえば，殺人罪（199条）は，「人を殺した者は……」と規定するため，「人」が客体である。しかし，同罪の保護法益は「人の生命」である。また，窃盗罪（235条）にいう「他人の財物」は「客体」であって「被害者」ではない。

(d)構成要件該当性が肯定されるために，一定の**状況**の存在が必要とされる場合もある。例えば，消火妨害罪（114条）は，構成要件的行為が「火災の際」になされなければ成立しえない。

(e)結果の発生を要件としない犯罪を単純行為犯というが（結果が発生しなくとも挙動のみで成立），これは少数である。大多数の犯罪は，一定の**結果**の発生を必要とする。例えば，殺人罪（199条）は，「人を殺した者は……」と規定するから，主体がなした行為によって「人が殺された」，つまり死亡した場合に，同罪の結果が発生したことが認められ，構成要件該当性が肯定され得ることになる。たとえ「人を殺す」行為がなされたとしても人が死亡したのでなければ，殺人罪の結果は発生しなかったということで，199条の成立はない。ただ，このような場合には，未遂罪処罰規定（殺人未遂に関しては203条）の存在を前提に，未遂罪（未遂犯）が成立し得る。

(f)行為と結果との間には，**因果関係**がなければならない。因果関係の判断基準をめぐっては諸説対立しているが，いずれにしても，因果関係が認められなければ既遂罪の成立は否定され，未遂罪の成立可能性が残るのみである。

(g)構成要件該当性は，行為者が構成要件的行為をなすに際して，**故意**または**過失**があって肯定される。このことから，故意・過失は，主観的構成要件要素とよばれる。例えば，殺人罪（199条）は，その成立のために，人を殺す「故意」を要求している。すなわち，殺人の故意が，同罪の主観的構成要件要素である。そのため，仮にある行為から人の死亡結果が発生したとしても，その行為者（主体）に（殺人の）故意がなかった場合（「わざと」やったといえない場合）には，殺人罪は成立しない。

これに対して，210条（過失致死罪）は，その成立のために，人を過失（不注意）で殺すことを要求している。すなわち，人を殺したことについての過失が，

過失致死罪の主観的構成要件要素である。このように，故意と過失のどちらが主観的構成要件要素になっているかは，個々の犯罪によって異なっているのである。とはいえ，犯罪の原則は故意犯である。したがって，過失犯が処罰されるのは例外的である（「故意犯処罰の原則」，38条1項）。

3．違法性

(1)　違法性と正当化事由（違法性阻却事由）

構成要件該当性の次は，行為の違法性が問題となる。前述のように，構成要件該当性が肯定されれば，その行為は違法であると推定される（構成要件の違法推定機能）。これはすなわち，特段の**正当化事由（違法性阻却事由）**が認められない限り違法性がそのまま肯定される，ということである。そこで，違法性判断の段階においては，正当化事由が存在するか否かが関心の中心となる。

正当化事由の代表は，36条の正当防衛である。「急迫不正の侵害に対して，自己又は他人の権利を防衛するため，やむを得ずにした行為」であった場合には，構成要件該当性は認められても違法性は認められず，罰せられない。正当化事由としては，他に，35条の正当業務行為，そして（反対説もあるが）37条の緊急避難がある。要は，35条以下は，正当化事由に関する規定である。

(2)　違法性の本質―1

ところで，違法性の実体は何であろうか。どのような性質を備えた行為が，刑法上違法な行為とされるのであろうか。本来，明らかにされなければならないこの問いについて，まだ手をつけていない。先に示した，刑法上の違法性についての判断方法は，正当化事由の有無を精査するというものであったが，しかしその作業によって，刑法の違法性の実体が積極的に明らかになることはない（たとえていえば，「正義」の実体は何かという問いに対して「不正義でないこと」と答えることと似ている。この答えでは，結局「正義」の実体はわからないままである）。

そこで，**刑法上の違法性の実体**を積極的に明らかにしようとしてきた試みについて，少し立ち入ってみてみることにしよう。この試みにおいては深刻な見解の対立が生じた。それが，**結果無価値論**と**行為無価値論**との対立である。

164　第4章　刑事法入門

　以下，両論の対立について解説し，刑法における違法性の実体について刑法学はどのように答えようとしてきたのかについて示すこととする。

(3)　違法性の本質―2
　違法性の本質（中身）をめぐっては，意見が鋭く対立してきた。その一方が，法益を侵害した，あるいはその危険を生じさせたという客観的事実を重視する結果無価値論，もう一方が，刑法の根底にある社会規範に違反する行為をしたという規範に対する態度のあり方を重視する行為無価値論である 。もう少し別の言葉で説明しよう。

　結果無価値論とは，違法性とは何かという問いに対して，結果の無価値性，すなわち最終結果の悪性の観点から答えを導こうとする立場である。これに対して，行為無価値論は，行為の無価値性，すなわち最終結果に至るまでの過程・プロセスの悪性の観点から答えを導こうとする立場である。

　物事は，一定の過程を経て結果へと至るが，このうちの結果こそが違法性について考える上で重要だとするのが結果無価値論であり，このうちの過程にこそ着目すべきだとするのが行為無価値論である（結果に至るまでの過程においては「行為」がなされるから，「行為」無価値論といわれる）。これは，違法性判断の対象に何を据えるかについての見解の対立である。何事においても，判断しようとする際には，あらかじめ判断の対象を確定させておかなければならない。この判断の対象に何を据えるかについて，結果無価値論は最終結果を，行為無価値論は結果に至るまでの過程（＝行為）を重視するのである。

　ここにいう結果とは，法益の侵害またはその危険性の惹起を意味する。したがって，結果無価値論の関心は，最終的に法益侵害結果あるいはその危険が生じたかにある，ということになる。一方，行為無価値論は（結果も重要としつつも），結果に至るまでのプロセスにおいて，行為者がどのような態度をとっていたかをみるべきだとする。すなわち，刑法規範の基礎となっている社会規範を遵守しようという態度がとられていたかどうかが重要であるとするのである。したがって，行為者の主観面・行為態様が社会規範に対してどのような性質のものであったか（社会規範に反するものであったか，従うものであったか）によって，違法かどうかがかわってくる，とするのである。

第6節●犯罪概念の明確化―犯罪の成立要件（三つの基本的要件）　165

　また，哲学的観点からみると，結果無価値論は，いわゆる結果主義・功利主義に近接する立場であり，行為無価値論は，過度な結果主義的判断手法に異を唱える立場，義務論*に近似する立場だといえる。そして，結果無価値論は，すべての出来事が終わった時点に判断者を立たせて，最終結果がどうなったかを客観的に判断しようとする（事後判断＝裁判時判断）。他方，行為無価値論は，行為者が行為をしている時点に判断者を立たせて，その時点で規範に違反するような態度があったといえるかどうかを判断しようとする（事前判断＝行為時判断）。

　　＊義務論　義務論とは，われわれは道徳的に許容される行動をとる義務を負っているとし，その義務に適う行動を正しいと評価する哲学的立場である。物事の正しさは，結果的にどうなったかで決まるのではないとするのである。哲学者カント（1724-1804）の思想に由来する考えである。

　こうして，結果無価値論は，法益に対する危害（危険と実害）の発生という客観的事実が違法性の実体であるとし，それが裁判時に判明した時に違法性が肯定されると説き（法益侵害説），対して行為無価値論は，行為者の主観面・行為態様が社会規範に反することが違法性の実体であるとし，これを行為時の視座から判断しようとするのである（規範違反説）*。

　　＊行為無価値論への批判とそれへの反論　行為無価値論については，時々，刑法を心情刑法化するものであり問題だとする批判が向けられるが，この批判はあたっていない。行為無価値論が評価対象とするのは，あくまで規範に適うような行動がとられていたかどうかである。面従腹背であっても，行動そのものが規範に沿うものであったのならば，行為無価値性を否定するのである。決して行為者の心情の奥にまで立ち入ってそれに評価を加えようとするのではない。

(4)　違法性の本質―3

　このような考え方の対立の発端は，1930年代に，ドイツのヴェルツェルによって目的的行為論finale Handlungslehreが提唱されたところにある。彼は，当時の刑法理論が依拠していた違法性のとらえ方に対し，存在論的視座からすると適切でないと批判した。すなわち，私たち人間は，目的を設定し，目的に

向かって行動する生き物であるから，行為の実体は人の目的設定と不可分である。したがって，行為者の目的設定を無視して行為の実体を正しく把握することはできない。行為の違法性を検討するにあたっても，行為者がいかなる目的設定をしたかをみなければならない，と主張したのである。これを，「人的違法論」という。

　もう少し説明しよう。人的違法論とは，法秩序にとって重要なのは行為者がいかなる目標を設定して行為したか，どのような気持ちからその行為をしたか，行為者にいかなる義務があって行為したかという点であり，これらすべてが法益侵害とともに行為の違法を決定する，と説く理論である。すなわち，行為する者の主観・目的・態度などの行為者関係的な「人的要素」が，違法性の有無・程度に影響を及ぼしているのであるから，外からみえる事実の客観面のみ観察しただけでは，行為の違法性を正しくとらえられない，とするのである。

　このような目的的行為論・人的不法論の展開によって，ドイツでは，行為無価値的要素を違法性判断において考慮する立場が主流となっていったのである。その学説の潮流は，戦後，わが国の刑法理論にも強い影響を及ぼし，そして，行為無価値論への理解がわが国においても広がっていったのである。

　しかし，わが国において，ヴェルツェルの思想が多くの刑法学者に強い影響を与えていくさなかにおいて，それに対して強い拒絶反応を示す立場も登場した。この立場は，目的的行為論・行為無価値論によれば，行為者がいかなる考えをしていたかが重視されることになるため，刑法は心情刑法と化し，過度に倫理化していくこととなると批判した。また，行為者の主観面は明確にとらえにくいファクターであるから，これを重視した違法判断は，おのずと不明確なものになる，と批判した。こうして，この立場は，違法性は客観的な法益への危害の存在で決まるのであって，社会倫理違反性や行為者の主観面の影響を受けるものではないと主張した。結果に即して違法判断を行うという手法こそ，不明確さを排斥できる点で妥当であると説いたのである。この立場が，わが国における結果無価値論である。

　結果無価値論により，刑法の倫理化・心情刑法化への警鐘が鳴らし続けられ，違法判断の明確化が主張され続けたこともあり，そういった意識は刑法学に確

固として根付いていった。刑法は，犯罪を行ったものに対して刑罰を科すことで，犯罪者に大きなダメージを与えるものであるから，各判断過程において不明確な要素は可能な限り排斥した方が好ましい。その意味で，結果無価値論の主張は当を得たものであり，常に耳を傾けられてしかるべきものであったといえる。

　と同時に，違法性において結果はやはり重要な要素とみなければならない。法益侵害結果が生じた場合とそうでない場合とは，社会に対して与える衝撃度において歴然とした差がある。行為者がいかなる結果を発生させたかということには強い関心を寄せざるを得ないといえよう。

　しかし，刑法が究極的に狙っているのは，社会における犯罪を減少させることである。そのためには，刑法が示すルールに合致する行為を是認し，それに反しようとする行動を規制する必要がある。この意味では，規範に対していかなる態度であったかを重視する義務論的視座もまた不可欠である。結果のみから違法判断をするのでは，刑法の行動規制機能は弱まってしまうことになろう。その意味で，行為無価値要素も違法性の重要なファクターである。

　こうして，違法性判断は，結果無価値と行為無価値の双方を考慮に入れて，総合的に判断されるべきであることとなる。これを，**「二元的行為無価値論」**という。わが国における行為無価値論は，この二元的行為無価値論を意味する。結果無価値要素を考慮しない一元的行為無価値論は支持を失っている。

　なお，わが国では，行為無価値論の考え方を排し，結果無価値要素のみで違法性を判断しようとする（一元的）結果無価値論は存在する。しかも，きわめて有力である。この立場の妥当性については各自で検討されたいが，参考として，次のような事例を提供しよう。

事例：Xは，日頃から恨んでいたYを殺そうと決意し，Yを射殺した。しかし，あとから調べてみたところ，そのときYもまたXを殺すつもりでXに向けて拳銃を構え，引き金を引こうとしていた。もしXが引き金をひくのが一瞬でも遅れていれば，XはYによって射殺されているところであった。Xの罪責はどうか。

168　第4章　刑事法入門

　これは，偶然防衛とよばれる事例であり，Xに正当防衛が成立するかが問われる。

　この事例をめぐって，結果無価値論は，結果的に防衛のための行為となっていたならば，この要件は満たされるとし，防衛の意思不要説を展開する。結果無価値論は，既述のように，結果的にいかなる事実が生じたかという客観面を重視するが，正当防衛の成否についても，客観的に正当防衛の結果が生じたかどうかを問題とし，行為者の主観面は問題としないのである。こうして，正当防衛の成立に「（正当）防衛の意思」は不要であるという「防衛の意思不要説」に至るのである。正当防衛の成立にとって防衛の意思が不要ならば，客観的に正当防衛の要件が満たされ，防衛結果が生じた以上，基本的に，正当防衛の成立を認めることとなる。この結論をどう評価するであろうか＊。

　　＊**行為無価値論の視点**　行為無価値論は，刑法36条にいう「防衛するため」という文言を，「防衛の意思をもって」という意として理解する。すなわち，正当防衛が成立するには「防衛の意思」がなければならないという「防衛の意思必要説」を展開する。行為無価値論は，既述のように，結果に至るまでの過程，すなわちいかなる行為をしていたかに関心を寄せることから，正当防衛の成否についても，行為そのものの内容に強い関心を向ける。そこから必然的に，正当防衛は行為者に「防衛の意思」があってはじめて肯定されるものと考えることになる。防衛の意思という行為者の主観面は「行為」の性質を決める重要事項であり，これを無視して正当防衛の成否を決することはできないとし，正当防衛の成立には防衛の意思が必須であると説くのである。そうすると，事例のXは，防衛の意思をもって行為していたのではないから，正当防衛が成立する余地はないということになる。

(5)　可罰的違法性

　犯罪には刑罰が科される。このことからすれば，犯罪の成立要件たる違法性は，刑罰を科すことを是認できるだけの質と量をもったものでなければならないということになる。つまり，刑法上の違法性は「**可罰的違法性**」を意味する。

　例えば，法益侵害の程度が著しく軽微であった場合を考えてみよう。無断で他人のちり紙を一枚拝借した（盗った）場合，確かに，窃盗罪の構成要件には

該当するし，正当化する事情もない。有責性が認められれば犯罪となって刑罰の対象となるが，それは少し行き過ぎではないか，との疑問が生じるのである。そこで，確かに正当化事由はないが，可罰的違法性のレベルに達するほどの違法性はないとして，刑罰から解放するのである。「刑法の謙抑性」，「ultima ratio（最終手段）としての刑法」という観点からしても，また，「配分的正義」の観点からしても，さらには「法の支配」の観点からしても，この場合に何が何でも犯罪として刑罰を科すというのは適切ではないと考えられることになる。実際，過去の判例においては，このような見方より科刑が回避された事案がある＊。

＊**一厘事件（大判明治43・10・11）**〈事案〉政府の委託を受けて葉煙草を栽培していた被告人が，当時価格で一厘の相当する葉煙草一枚を納入しなかった。
〈判旨〉「零細なる反法行為」は刑罰をもって臨む必要はない。

しかし，可罰的違法性の観点から犯罪の成立を否定し，刑罰から解放するという手法は，きわめて例外的な措置でしかあり得ない。刑法上の違法性が可罰的違法性であることは否定できないが，可罰的違法性の観点から犯罪性が否定される判断が多発すれば，違法判断は非常に不安定なものになる。軽微犯罪であれば，微罪処分や起訴猶予処分など，通常の手続によって，より根本的に刑罰への道から解放することが可能であり，またそうなるべきである。そして実際，そうなっている。

4．責任（有責性）

(1) 非難可能性としての責任

構成要件に該当し，かつ違法な行為を行ったとしても，さらに責任（有責性）が伴わなければ，犯罪は成立しない。

例えば，統合失調症を患っているがゆえに良し悪しを区別することができない者が，店の商品を盗んだ場合，それは刑法235条の構成要件に該当するし，特段の正当化事由もないから違法性も肯定される。しかし，だからといって，そのようなものに対して道義的・倫理的な非難を向けるのは適切でない。道義的・倫理的非難は，良し悪しの区別のできる者が，そうであるにもかかわらず

悪しき行為を選択した場合に，差し向けられる否定的評価だからである。

　また，同じことは，例えば5歳の子どもが店の商品を盗んだ場合にもいえる。5歳の子どもは精神の発達過程にあるのであり，物事の良し悪しを的確に判断できる力をまだ備えていない。そうである以上，その子どもを道義的・倫理的観点から非難するというのは，やはり筋違いだということになる。

　このように，責任（有責性）の内実は，**非難可能性**である。非難可能でない者については，責任が認められない。責任のないところに，犯罪・刑罰はない（**責任主義**。標語的に，「責任なければ刑罰なし」）。

　ところで，以上の叙述は，責任の本質を行為者に対する非難としてとらえる考え方を前提としているが，これは，**意思自由論**（**非決定論**）に立脚した論理展開である。すでに述べたが，人は自由意思に基づいて行動しているとするのが，意思自由論である。

　これに対して，自由意思は幻想であるとし，人は素質（遺伝）や環境など諸要因の影響に支配されて行動しているととらえるのが，**意思決定論**（**決定論**）である。

　前者の考えに依拠すれば，犯罪も自由意思に基づいて為された事象であり，そうである以上，自らの意思でその行為を思いとどまることができたはずだということができ，それを理由に行為者に対して非難を向けることが可能となる。しかし，後者の考えに依拠すれば，犯罪も人の意思の所産ではないということになる。犯罪は行為者によって引き起こされたものではなく，いわば必然的に生じた出来事であるから（平たくいえば，行為者のせいではないということである），行為者に対して道義的な非難を向けるのはお門違い，ということになるのである。

第6節●犯罪概念の明確化―犯罪の成立要件（三つの基本的要件）　　171

Column 14

決定論の行き着く先

　決定論を徹底すると，社会はいわば無責任状態に陥る。何らかの悪事がなされ，その行為者が誰なのかが判明したとしても，そもそもその悪事はその者の自由意思によって招来されたものではないとの理由から，その者は道義的な責任を負わないということになり，その悪事に関わった者がいたとしてもその者もまた，自由意思をもたないという前提から道義的責任を負わないということになり，結局，誰一人，道義的な責任を負わないということになるからである。

　ただ，その悪事が犯罪といえるほど重大なものであった場合には，放ってはおけないであろう。放置しておけばたちまち社会は危険にあふれる場に変質するからである。そこで，社会を犯罪から守るために，行為者に対して，その反社会的性格の改善に役立つ措置を受けさせることが必要となる。こうして，犯罪者に対しては，道義的責任ではなく，「社会的責任」（社会防衛のために必要となる措置を甘受すべき地位）が負わせられるということになるのである。決定論の立場からは，犯罪者は，その反社会的性格の改善・除去のために役立つ措置としての刑罰（保安処分）を受けるべき存在として位置づけられることになる。

　これに対して，意思自由論（非決定論）に立つと，犯罪に代表される悪事は，行為者の自由意思に発するものとして理解される。したがって，その行為者に対して道義的責任が追及されればよく，責任の帰属はそこでストップする（以上，石川文康『カントはこう考えた―人はなぜ「なぜ」と問うのか』（1998年，筑摩書房）56頁以下参照）。

　こうして，究極的には，意思自由論と意思決定論のいずれが妥当かを探究することが必須となるのであるが，しかし，今日においては，これまで重ねられてきた学問的努力もむなしく，その決着はつかないものと理解されるに至っている。そして，そのような前提から，「**相対的意思自由論**」が有力に展開されている。相対的意思自由論とは，いわば両論を止揚した考え方である。すなわち，人は，素質（遺伝）と環境による制約を受けた自由意思によって決定できる能力をもっている，とするのである＊。

　＊**相対的意思自由論と刑罰**　現に，人は誰しも様々な外界の影響を受けつつ人生を

歩んでいる。人の行動は自由意思の発露であるとしても，その意思活動の根源に多少なりとも外界の影響を受けた部分があることを否定できないのだとすれば，犯罪者の道義的責任を見積もるにあたっても，慎重な判断が要求されてしかりである。立法・量刑における重罰化傾向には，いかなる考えが潜んでおり，またいかなる考えが足りていないのかを，冷静に考える必要がある。

ただ，このように説いたとしても，確認できない自由意思の存在を前提にする点で十分ではないともいえる。そこで，自由意思は実証的には確認できないものの，われわれ人類の経験知によって裏づけられるものとみて，その存在を肯定するといった論理が援用されることになる（なお，自由意思の不存在を科学的に証明しようとする試みもまた，まだ成功していない）。

(2) 責任の構成要素

責任は，①（刑事）責任能力，②責任故意・責任過失，③違法性の意識の可能性，④期待可能性によって構成される。ただ，種々の立場があり，例えば，ある立場は，②責任故意・責任過失を不要とし（構成要件的故意・構成要件的過失で足りるとする），またある立場は，③違法性の意識の可能性をもっぱら責任故意の要素として位置づける。それぞれ理由あってのことであり，今後の学習の中で，それぞれの体系的相違を理解していくことは重要であるが，まずは，各概念の要点を理解しておくことが肝要である。

① （刑事）責任能力

責任能力は，是非弁別能力および行動制御能力から成り立っている。**是非弁別能力**とは，物事の良し悪しを区別する能力のことであり，**行動制御能力**とは，是非弁別判断に従って自己の行動をコントロールする能力のことである。これらの能力のいずれか，あるいは両方がまったく欠けている場合，そのものは**責任無能力者**（**心神喪失者**：刑法39条1項）として，罰せられない。それらの能力のいずれかあるいは両方を，完全にではないが，かなりの程度で失っているものは，**限定責任能力者**（**心神耗弱者**：刑法39条2項）として，犯罪は成立するもののその刑は軽くなる（判例として，大判昭和6・12・3刑集10巻682頁も参照）。

ところで，心神喪失または心神耗弱の状態で，他者に対して重大な加害行為

第6節●犯罪概念の明確化—犯罪の成立要件（三つの基本的要件）　173

を行った者については，「**心神喪失者等医療観察法**」により，厚生労働大臣が指定した医療機関（指定入院医療機関）に入院し，医療の提供を受ける，というルートが存在する。

刑法41条は，**刑事未成年者**について罰しないと規定している。14歳未満の刑事未成年者は一律に責任無能力であるとの前提に基づいている。可罰的責任という概念を用いて，刑事未成年者には可罰的責任がないと説明されることもある。

なお，責任能力は，行為のときに備わっていなければならない。これを，「行為・責任同時存在の原則」という*。

* **原因において自由な行為**　例えば，酒を多量に飲んで酩酊すれば人に暴力を振るい傷つけるという自己の性癖を利用して他人を傷つけようと決意し，飲酒を続け，自己を病的酩酊による心神喪失状態に陥れ，そこに居合わせた他人を傷害した者の刑事責任はどうなるであろうか。行為者は，傷害行為をしたとき心神喪失状態であったことから，責任なしとして，無罪でよいであろうか。これは，「原因において自由な行為」の問題として議論されている。

②　責任故意・責任過失

故意・過失を，構成要件の主観的要素（主観的構成要件要素）としつつも，責任の要素でもあるとする立場は，混乱が生じないように，それぞれについて，構成要件的故意・過失，責任故意・過失という名称を用いる。故意・過失を，もっぱら責任要素とする立場もある。この立場は，故意・過失という主観的要素はもっぱら責任の問題であるとの理解（「違法は客観的に，責任は主観的に」）を前提にしている（理論的には結果無価値論をベースにする体系といえる）。（二元的）行為無価値論の立場は，「違法は客観的に，責任は主観的に」という考えに固執する体系に異論を唱え，故意・過失を，責任から違法性，さらには構成要件該当性の問題に引き上げる。したがって，故意・過失は，基本的に，（主観的）構成要件要素とされることになる。そして，この立場はさらに，責任故意・過失はもはや不要とする見解と，それをなお必要とみて，構成要件と責任の双方に配置させる見解とに分かれる。

③　違法性の意識の可能性

　違法性の意識とは，自己の行為が法秩序上許されないものだということを知っていたということである。違法性の意識を有していたにもかかわらず犯罪行為に出たという者に対して非難を向けることができる，という見方から，当初，違法性の意識は責任故意の要素とされた。

　ただ，違法性の意識そのものを故意の要件とすると，自分の行為は正しいと信じきって大量殺人行為に及ぶというような確信犯を故意犯で処罰することはできなくなる（確信犯は自己の行為を正しいと思っている。つまり，行為の違法性を意識していない！）。そこで，違法性の意識を欠いていたとしても，違法性を意識することができたはずだとさえいえれば，責任故意を肯定することを認めよう，とする考えが展開された。その後，違法性の意識の可能性は，むしろ責任そのものの要件であるとする考えが展開され，その考えが比較的広く支持されるに至っている。こうして，違法性の意識の可能性が責任（または責任故意）の要素として配置されているのである＊。

　　＊**違法性の錯誤**　関連して，次のような事例をあげておこう。Ｘは，法律の勉強を趣味にしている友人を訪ね，自己の計画している行為が法的に問題となるか尋ねたところ，はっきりダメだといわれなかったことから，これは大丈夫だと信じてその行為に及んだところ，結局，犯罪行為であるとして検挙された。Ｘの刑事責任はどうなるであろうか。Ｘは，犯罪を構成する行為に出たのに，それを法的に問題ないと思っていた（誤信していた），というケースである。「違法性の錯誤」の問題として議論される問題である。

④　期待可能性

　その行為者に対してそのような行為に出ないことを期待することができない場合には，期待可能性なしとして責任を否定しようというのが，期待可能性の理論である。行為者が為した行為が違法であっても，その違法行為をする他なかったと規範的観点からいわざるを得ない場合には，その者を非難することはできない。よって，責任が阻却されることになるのである。期待可能性という責任要素は，学説上は一般に肯定されているが，判例は採否の立場を明確にしていない。

第6節●犯罪概念の明確化―犯罪の成立要件（三つの基本的要件）　175

Column 15

様々な犯罪の態様（発現形式）

　これまで，「一人・一罪・故意・既遂」，つまり一人の者が故意で一個の罪を犯し既遂に達した場合を想定し，解説を加えてきた。刑法を理解するには，まずはこの「一人・一罪・故意・既遂」という基本の犯罪態様を対象にして学習していくことが大切である。しかし，犯罪には他の態様もあるので，ここで紹介しておく。

(1)　法益侵害結果は過失で引き起こされることもある。過失によって法益を侵害した場合のうち，犯罪とされているものが**過失犯**である（過失による法益侵害結果惹起のすべてが犯罪とされているわけではない）。どういう場合に過失が認められるのか等の問いを扱うのが，過失犯論の領域である。

(2)　犯罪は複数人によって為されることもある。これが**共犯**である。共犯は，刑法60条以下において規定されている。60条が**共同正犯**，61条が**教唆**（犯），そして62条が**幇助**（犯）（**従犯**ともいう）の規定である。なぜこれらの共犯規定が必要なのか。そもそもどのようなケースが共犯なのか。共同正犯・教唆犯・幇助犯の相違はどこにあるのか，等々の疑問に取り組むのが共犯論の領域である。

(3)　犯罪も人のおこないであるから，「しそこない」のケースも生じる。例えば，人を殺そうと実行に及んだものの，殺害できなかった場合（ナイフで刺したが相手に抵抗され殺せなかったとか，ピストルで撃ったが弾が外れた等）などである。このように，犯罪の実行に着手してこれを遂げなかった場合（結果が発生しなかった場合）が，**未遂犯**（未遂罪）である。未遂犯の場合は，刑が減軽され得る（刑法43条本文）。未遂犯は，結果の発生に至らなかったにもかかわらずその処罰を認めるものであるから，その処罰根拠が問われる。また，一体どのような行動まで為せば未遂犯としての処罰範囲に入るのかという要件の問題がある。すなわち，どういう場合に刑法43条にいう「犯罪の実行に着手」したといってよいのかという問題である。

　犯罪の実行に着手したものの自己の意思によってこれを中止すれば，**中止犯**（中止未遂）となる。中止犯（中止未遂）の場合は，刑が必ず減軽または免除される（刑法43条ただし書）。では，いかなる場合に「自己の意思によって」「犯罪を中止した」といえるのか。この問いについて考える必要が生じる。また，そもそも，なぜ中止犯の刑は必ず減軽または免除されるのかについて

176 第4章 刑事法入門

も考える必要がある。

　　以上の諸事項を扱うのが，未遂犯論の領域である。

(4)　現実の犯罪現象をみてみると，必ずしも一個の犯罪で完結しているわけではない。酒酔い運転をし，人をはねて死亡させてしまった場合は，道路交通法上の酒酔い運転の罪と自動車運転死傷行為等処罰法における過失運転致死罪（場合によっては危険運転致死罪または準危険運転致死罪）とが成立するし，人の家に侵入して金目の物を盗んだ場合は，住居侵入罪と窃盗罪とが成立する。では，このように数個の罪が成立した場合，行為者にはどの程度の刑罰が科されることになるのであろうか。

　　また，そもそも，一個の犯罪が行われたのか数個の犯罪が行われたのか，見極めがたく映るケースもある。例えば，他人のノートを盗んで中身を読んだ後，それを燃やした場合，盗んだことについて窃盗罪（235条：最高10年の懲役）が成立することは明らかであるが，さらに燃やした行為を取り上げ器物損壊罪（261条：最高3年の懲役）の責任まで問う必要があるであろうか。

　　こういった問題を取り扱うのが，罪数論の領域である。

第7節　刑事手続

1．刑事手続のもつ意義

　刑事手続は，刑法を実現するための手段としての性質をもっている。そのため，刑法よりも重要度が低いように思われることがあるが，いくら刑法で不正な行為を正しく犯罪と規定しても，それを実現するための手続が不適切で，犯罪と認定すべきではない行為を犯罪としたり，犯罪とすべき行為を犯罪と認定できないのでは実際上は意味がない。また，刑事手続が不当に個人の自由を奪ったり，正義を実現する上で必要な配慮を欠いていたのでは，犯罪行為に対し刑罰を科すことにより社会の安定を取り戻そうとする刑法の目的は達成できないであろう＊。

　＊刑法の目的　刑法の目的としては，犯罪の一般予防（抑止），特別予防（犯罪者の社会復帰）があげられることがあり，また，応報という正義の実現は，正義の

第7節●刑事手続　177

絶対的要請であって刑法の目的に含めることはできないとの見方もある。とはい
え，犯罪を社会で生じた深刻なトラブルであるととらえ，刑事裁判を通じて刑法
を適用することにより，この深刻なトラブルに一定の解決をもたらし，社会の安
定を回復するというように，より抽象的な形で刑法の目的を理解することも可能
であるように思われる。以上の点については，本章第2節，第5節参照。

　また，刑罰は人の生命や自由，財産を奪うものであり，その点だけをみれば
犯罪と変わらないし，犯罪の被害者やその遺族が，自分たちが加えられたのと
同等の害を加害者に加えようとすると，それは復讐であるとして現代では禁じ
られる。それでは，刑罰を個人による犯罪行為や復讐から区別しているものは
何であろうか。
　犯罪の被害を受けた人は加害者に復讐したいと思うかもしれないが，だから
といって復讐を許せば，今度は復讐を受けたものやその遺族が，そこまでされ
るいわれはないといってまた復讐を行うであろう。このように復讐は復讐を生
み「復讐の連鎖」が生じる。これではいつまでたっても社会は安定せず，そし
て世の中が荒廃していくことによって多くの人々が身の危険を感じおびえなが
ら暮らしていかなければならなくなる。
　そこで復讐は禁じられ，犯罪という社会でもっとも深刻なトラブルは最終的
には国家の責任で刑事裁判により収めることになった＊。この刑事裁判やそれ
に基づく科刑は，理性的に考えるとやむを得ないものと受けとめられるもので
なければ，結局それは刑罰を受けるものにとって復讐とかわらないものとなる。
犯罪者が刑罰を科されるのもやむを得ないと受け止められるようにするには，
言い分を十分に聞き，争いたい点は争わせるなど適切な手続に従っていること
を示す必要がある。これが刑事手続に適正さが求められる所以である。
　＊国家権力の根拠　日本国憲法が採用する国家権力の正当化根拠は，ジョン・ロッ
　　ク流の社会契約論（信託論）である。この理論によれば，国家は生命，自由，財
　　産という個人の固有権を保護するために権力を行使することが承認されている。
　　そして，ここでいう権力行使の典型が刑事裁判を通じての科刑である。

　このように，刑法の目的を正しく実現し，さらには刑罰に正当性を与えると

178　第4章　刑事法入門

いう意義を刑事手続は有している。

2．刑事手続の流れ

　刑事手続の中心をなすのは公判手続である。この公判手続で犯罪の有無が認定され，犯罪が認定されたならば，その犯罪に対して刑罰が科される。

　公判手続に先行して，逮捕，取調べ，捜索・押収などにより事案の解明を行う捜査手続が行われる。捜査手続の前には，警察官による職務質問などの犯罪予防活動が行われることがある。犯罪予防活動から捜査の端緒（＝糸口）がみつかり，そのまま捜査に移行することもある。

　捜査の終了後，検察官が事件を公判に付すかどうか，すなわち公訴するかどうかを決定する。

　公判での裁判に不服がある場合に，訴訟の当事者である検察官・被告人は，上訴により不服申立てをすることができる。不服申立ては，高等裁判所に対する控訴あるいは抗告，最高裁判所に対する上告あるいは特別抗告と二段階になっており，裁判は全体として三審制が採られている。

　上訴でも争えなくなると，裁判は確定する。これにより裁判所の判断は変更できなくなるが，例外的に再審や非常上告などの非常救済手続より，確定判決が破棄されることもある。

犯罪予防（早期　⇒　摘発）活動	捜査　⇒	公訴　⇒	公判　⇒	上訴　⇒	非常救済手続
・職務質問　　所持品検査	・強制捜査 ・逮捕・勾留 ・捜査・押収 ・任意捜査 ・取調べなど	・公判請求 ・略式請求	・冒頭手続 ・証拠調手続 ・弁論 ・裁判の言渡し	・控訴→上告 ・抗告→特別抗告	・再審 ・非常上告

　次に述べるように，刑事手続にはその基本的な性格を決定する原理とよばれるものがある。刑事訴訟法上の様々な規定も，個々バラバラに定められているものではなく，こうした原理に基づいて，まとまりをもった形で定められている。そして，各手続は単に事実を深く正確に明らかにするために段階的に進行するというものではなく，この原理に基づいてその性質や役割が決まっている。

第7節●刑事手続　179

そこには刑事手続をこういうものにしたいという憲法制定者や立法者の狙い，価値判断が込められているのである。

3．公　判

公判は，弾劾主義と当事者・論争主義という二つの基本原理により構成される。さらに，伝聞法則や自白法則など証拠法則とよばれる独特のルールが適用され，事実の認定を正確に行うための工夫が施されている。

(1)　弾劾主義

弾劾主義とは，裁判所以外のもの（および機関）による告発（＝弾劾）があってはじめて公判が開始され，公判審理は告発の内容に限定して行われるという裁判の進め方をいうと一般的にいわれている。とはいえ，この原理が生まれたイギリスおよびその流れをくむアメリカ等の諸国（英米法国）では，さらに実質的な内容がこの弾劾主義に込められている。

すなわち，被告人には自己に不利な供述をしなければならない法律上の義務はなく，裁判所や告発者の訊問に答えなくても刑罰などの法律上の制裁を科されることはないという**自己負罪拒否特権**が保障される。裁判所にも被告人を問いただして事件を解明する権限がないので，**挙証責任**（犯罪を証明する責任）はすべて告発者側が負い，被告人はこれにいっさい協力する義務はない。

さらにここから，公判が開始した時点では，告発者による証明はなされていないので被告人は無罪であると仮定されて公判が行われ，証明が有罪認定のための基準に達するまで公判では無罪と扱われるとの**無罪推定の原則**が派生する。そして，その有罪認定の基準は，裁判での証明基準としてはもっとも厳しいものであるといわれる**合理的な疑いを差し挟む余地のない程度の証明***という基準である。これらの原則は，すべて無辜の者（＝無実の者）を決して処罰しないようにし，さらには刑事裁判を圧政の手段にしないためのものであるということができる。

　***有罪認定の証明基準**　合理的な疑いを差し挟む余地のない程度の証明について最
　　高裁判所は，「反対事実が存在する疑いをまったく残さない場合をいうものでは
　　なく，抽象的な可能性としては反対事実が存在するとの疑いをいれる余地があっ

ても，健全な社会常識に照らして，その疑いに合理性がないと一般的に判断される場合には，有罪認定を可能とする趣旨である。」という（最決平成19・10・16刑集61巻7号677頁）。

　わが国の憲法38条1項は「何人も自己に不利益な供述を強要されない。」と規定し自己負罪拒否特権を個人に保障しており，したがって，現行の刑事公判では弾劾主義が公判の原理の一つとして採用されていることになる。

　歴史的にみると，弾劾主義が採用される前の中世や絶対王政下でのヨーロッパでは，犯罪が疑われる事件が発生すれば，直ちに裁判所の責任で事件を解明すべく捜査が行われた。この捜査は，たとえ裁判所以外の機関がそれを行ったとしても，それはあくまで裁判所が権限を委譲して行わせるものであった。裁判は，裁判所が被告人を問いただす形で行われ，被告人には，犯罪に関する事実を，たとえ自己の刑事責任にかかわるものであっても供述しなければならない法律上の義務が課せられていた。この義務に反し黙秘をするとそれ自体に対し刑罰が科された。これが糾問主義の裁判である。

　表現の自由や信仰の自由を否定する法律を定め，そうした法律に違反したものには裁判でそのことを供述する義務を課し，あるいは，法律に違反しておらず無実であることを証明する義務を課し，証明に失敗すれば有罪として処罰した。このようにして糾問主義の下では刑事裁判が圧政の手段として用いられ個人の自由が不当に侵害されることがあったのである。弾劾主義はこの糾問主義に対するアンチテーゼとして生まれたという面がある。

(2) 当事者・論争主義

　当事者主義にも，様々な定義が与えられている。検察官と被告人という訴訟当事者が訴訟進行の主導権を握って公判を進めるやり方を指すといわれることも多い。裁判所が積極的に事実を明らかにしようとするのではなく，訴訟当事者の証明活動を中心に公判が行われるので，確かに現象面ではこのような特徴が現れる。とはいえ，表面的にはそのような特徴を有する公判が，いかなる価値を体現しようとしているのかというと，そこには，刑罰というもっとも過酷な不利益を国が個人に課す場合には，問答無用でそれを行うのではなく，その

第7節●刑事手続　181

不利益を受けるものの言い分をきちんと聞いた上でなければならない，という考え方がある。

　これは，「相手の言い分を聞け」という古くからの正義の原理を取り込んでいるということもできるし，「個人は常に目的として遇しなければならず，手段として扱ってはならない。」というカント主義に基づく個人の尊重という考え方を現しているとみることもできる。当事者・論争主義に基づく公判は，したがって，被告人に対し徹底した防御の機会，すなわち，検察官の主張・立証を徹底的に批判する機会を与え事実認定者（裁判官・裁判員）による事実認定をコントロールする地位を与えていること，被告人に国に対して論争を挑む地位を与えているということが，その中心的な特徴となる。

　わが国の憲法は，被告人に**証人喚問権**（自己に有利な証人を強制的に公判に喚問してもらう権利）と**反対尋問権**（自己に不利な証人に反対尋問をする権利）を保障し（憲法37条2項），さらに，こうした権利の保障が実効性のあるものとなるように**弁護権**（法律の専門家による助力を受ける権利）を保障している（憲法37条3項）＊。こうした権利を被告人に保障することにより，わが国の憲法は当事者・論争主義を公判の原理の一つとして採用しているということになる。

　＊**弁護権の意義**　当事者・論証主義を採れば，犯人であることを強く疑われている被告人に対しても弁護権の保障は必須のものとなる。弁護は無罪判決を求めてのみ行われるものではない。被告人を公判に参加させ，言い分があればそれを十分に聞き，有罪であるならば被告人が行った犯罪行為に見合った刑罰が科されるようにと弁護活動は行われる。

　このように弾劾主義と当事者・論争主義に基づいて行われる公判は，検察官が，自らが犯罪にあたると考えた事実を，いったん被告人を無罪であると仮定した上で，被告人側の徹底した批判を受けてもなお，有罪であると合理的な疑いを差し挟まない程度まで証明できているか否かを，裁判所が判定する場であるということになる。

182　第4章　刑事法入門

4. 捜　査

(1)　捜査と公判の関係

　糺問主義では捜査と公判は事件の解明に向けて連続して発展する手続という
関係に立つが，弾劾主義では捜査は公判とは必ずしも連続性を持たない独特の
手続段階となる。糺問主義の下では捜査の成果が基本的にはすべて裁判所に引
き継がれるのに対し，弾劾主義の下では，「5. 公訴」で述べる裁量訴追主義
とも結びつき，捜査結果の一部のみが裁判で利用される。捜査が終了しいった
ん事件の解明がなされた後，事件が真に裁判にかけるに値するものか否かが検
察官によって判断され，訴追する事件の選別が行われる。

　また，わが国の現行法では刑事裁判以外に犯罪についての正式な公的処理制
度がないため，事件の背景まで含めた事案の全貌を明らかにすることが捜査手
続に求められている。他方で，捜査により被疑者が事実上有罪であることが明
らかになったとしても，これを，上述した弾劾主義と当事者・論争主義に基づ
き，しかも証拠法則に従いながら検証・吟味し，法律上も有罪とすることがで
きるか否かが公判において問われなければならないのである。

(2)　捜査における個人の自由の制限についての基本的な考え方

　捜査においては，逮捕，捜索・押収という個人の行動の自由やプライヴァ
シーを制限する活動が国家により強制力を用いて行われる。これらもまた，個
人が行えば逮捕監禁罪，強盗罪，恐喝罪といった犯罪にあたる活動である。こ
こでも，なぜこうした活動が許されるのかを考えてみなければならない。

　上述したように，犯罪という深刻な社会問題を刑事裁判を通じて解決する責
務を国家は負っている。犯人ではないかと強く疑われているものについて，そ
のものが嫌がれば公判に出頭させることができないとか，証拠を隠滅する危険
があるのにそれを手をこまねいてみていなければならないということでは，お
よそまともな刑事裁判を行うことはできない。また，現代は人の匿名性と移動
性を特徴とする都市化社会といわれるが，このような社会では，犯罪が起こっ
ても事情を知っている人をみつけるのも容易ではないことがあり，専門機関が
強制力を行使して組織的な捜査を実施しなければ，事件の解明はほとんど不可

能になる。したがって，国家が犯罪の解決というその与えられた責務を全うするには，逮捕や捜索・押収を行う捜査権限が与えられなければならないのである。

個人には行動の自由やプライヴァシーの権利が憲法上の権利として保障されてはいるが（憲法33条・35条），これらの権利の保障を絶対のものとすると，他の個人がこうした権利を侵害した場合であっても，それに対し国家が十分に対処することができず，個人の基本権の保護という国家に課せられた責務を果たせなくなる。

そこで，こうした権利の保障もやむにやまれぬ必要（compelling necessity）があれば制限することができると考えられており，そして，犯人であることが強く疑われているものが逃亡したり証拠を隠滅するおそれが高いといえる場合に逮捕することや，犯罪と関連すると強く疑われる証拠に限り押収すること，そしてその証拠が存在する蓋然性が高い場所に限って捜索することは，このやむにやまれぬ必要に基づくものであると考えられているのである。このようにして，国家の捜査権限は憲法上も正当化される。

5. 公 訴

事件を公判に付す公訴提起という手続は，現行法では検察官のみが行えることになっている（刑事訴訟法247条）。また，捜査の結果，被疑者が犯人であることは間違いないとわかった場合であっても，公訴を提起せずに済ませるということが検察官には許されている（刑事訴訟法248条）。これを起訴猶予といい，検察官に起訴猶予の権限を認めるやり方を裁量訴追主義という。わが国では検察官が処理する事件の半数以上が起訴猶予となっており，この点がわが国の刑司法制度の運用の大きな特徴となっている。

それでは，なぜ，裁量訴追主義が採用されているかというと，第一に，裁判資源を効率的に利用し，重要事件に時間と労力を十分に傾けることができるようにするためであり，第二に，不必要な犯罪者の烙印（スティグマ）を被疑者に与えないことにより，社会復帰を促すためであり，第三に，社会内で解決でき，あるいは解決した方がよい問題について不必要に国が干渉しないようにするためである。

184　第4章　刑事法入門

　裁判に利用できる時間と労力には限りがあるので，犯罪の嫌疑が高いからといってそのすべての事件を公判で審理していたのでは，重要で丁寧に審理する必要がある事件にも，結局，時間と労力を十分に振り分けることができなくなってしまう。また，逮捕，公訴，公判審理，科刑としての刑務所への収監と手続が進むごとに，その処分を受けるものには犯罪者としての烙印が色濃く押される。刑務所に収監されたものは刑期を終えて出所しても「ムショ帰り」などといわれ，社会から疎外されることがあるが，こうした社会の反応が犯罪者の社会復帰を阻害している面がある。

　さらに，刑事裁判は理念としては，犯罪者の社会への再統合を目標の一つとしているとはいえるが，例えば家庭内で起きた事件などが刑事事件となって公判に付されれば，その家庭関係が修復されるということはきわめて難しいであろう。このようなことがらを考えた場合，被疑者が深く反省し，被害者に対し謝罪の態度を示し，被害者もそれを受け容れ許しを与えていて，さらには再犯の可能性も低いなどの場合には，被疑者の犯罪の嫌疑が高いというだけで公訴提起するのは妥当とはいえないのである。

　ところで，検察官に訴追裁量を与えた場合，その裁量が濫用される危険性があるので，裁量を規律する必要が生じる。現行法は，検察官が公訴提起すべき事件を公訴しなかった場合に対処する方策として，付審判請求手続＊と検察審査会制度＊＊を設けている。公訴提起すべきではない事件を公訴した場合には，きわめて極端な違法が認められ得る場合に限られるが，公判が打ち切られる。

　＊**付審判請求手続**　職権濫用罪などの罪について告訴または告発したものが検察官の公訴提起しない処分に不服があるときに，裁判所に事件を審判に付すように請求し，裁判所がその請求に理由があるとして審判に付する決定をした場合に，公訴の提起があったとみなされる制度（刑事訴訟法262条〜269条）。

　＊＊**検察審査会制度**　一般の市民の中からくじで選ばれた検察審査員により構成され（検察審査会法4条），告訴・告発・請求人または犯罪被害者の申立てや検察審査会の職権により，審査が開始される（同法2条2項3項・30条）。8名以上の多数で起訴相当の議決がされた後，検察官が再び不起訴処分とし，さらに，8名以上の多数で起訴議決がされた場合に，裁判所から指定された弁護士が公訴を提起する（同法41条の2・41条の9・41条の10）。

6. 上訴・再審

(1) 上　訴

　上訴の裁判にはいくつかのタイプがある。公判裁判所の判断をご破算にして一からやり直すもの（＝**覆審**）と，公判裁判所の判断を引き継ぎ，さらに新たな事実認定を付け加えていくもの（＝**続審**），公判裁判所の判断に誤りがないか否かを事後的に審査するもの（＝**事後審・審査審**）に分かれる。また，覆審や続審の場合は法律判断に加えて事実認定の点でも新たな判断が行われるが，事後審・審査審の場合は，法律判断に限定して審査するものと事実認定の審査も加えるものに分かれる。

　糺問主義に立ち，しかも裁判所の階層性を重視すれば，上訴審は続審としての性格をもつことになる。他方で，公判の原理として当事者・論争主義を採用すれば，公判での両当事者による攻撃防御の充実，とりわけ被告人に徹底した防御の機会を与え，事実認定者による認定をコントロールする地位を与えることが重要となる。そして事実認定は基本的には一回に限るということでなければ，こうした狙いは実現できないであろう。そうすると，上訴の裁判は事後審・審査審とならざるを得ない。

　また，誤った法的なルールに基づいて公判が行われた場合は，改めて適切なルールの下で公判はやり直さなければならないが，事実認定の誤りそのものを理由に公判をやり直すのは，当事者・論争主義の狙いを挫折させることにつながる。そこで，現行法では，控訴審では法律問題の審査を中心とし，事実認定についての審査は，証拠からの事実の推論が非論理的なものではないか，また，われわれの社会経験に反するものではないかという**論理則，経験則違反**の有無を問うという限定された形で行うことになる（最判平成24・2・13刑集66巻4号482頁参照）。論理則，経験則は，事実認定を行う上での法的なルールともいえるものである（刑事訴訟法377条〜382条）。上告審では，基本的には，憲法違反の審査と，判例の統一のための判例違反の審査というさらに対象を限定した形で審査が行われる（刑事訴訟法405条）。

186 第4章 刑事法入門

(2) 再 審

　刑事裁判が犯罪という社会で生じた深刻なトラブルを解決するものである以上，裁判には終わりがなければならない。したがって，不服があるからといって当事者がいつまでも争うことは許されず，裁判はある時点で確定しなければならない。とはいえ，裁判が確定した後に被告人が無実である証拠が発見されたような場合でも，裁判が確定した以上その判断を是正できないとすれば，それは著しく正義に反することになる。そこで，現行法は，裁判の確定後に新たに発見された証拠を（＝証拠の新規性），有罪判決の基礎となった証拠に加えた場合に，合理的な疑いを容れない程度の証明という有罪認定の証明が維持できないことが明らかな場合（＝証拠の明白性）などに，再審を許すことにしている（刑事訴訟法435条6号）。

Column 16

裁判員制度

　平成21年5月21日から，一般市民が刑事裁判に参加する裁判員制度が実施されている。事件ごとに一般市民の中から裁判員（原則）6名がくじで選ばれ，（原則）3名の職業裁判官とともに，有罪無罪の認定，有罪とした場合には刑の量定を行う。有罪無罪の評決，刑の量定の評決のどちらも過半数で行われる。もっとも，その過半数の中に必ず裁判員と裁判官双方の意見が加わっていなければならない。この制度導入の目的は，国民の感覚を裁判内容に反映し，さらに，国民にとってわかりやすい裁判を実現するなどして，司法に対する国民の理解や支持を深め，司法がより強固な国民的基盤を得るようにするというものである。

　裁判員制度の導入に伴い，証拠開示制度を含む公判前整理手続や被疑者国選弁護制度が創設されるなど，公判以外の領域でも法改正が行われた。また，上訴制度の運用などにも変化をもたらし，以前よりも事後審・審査審化が徹底されるようになった。このように裁判員制度は刑事司法制度全体に大きな影響を与えている。

第5章

実践の学としての法解釈学

はじめに―法の解釈とは何か

　法学という学問は，建築学や医学と同様，優れて実践的な学問である。この学問の目的は，単に特定の国の法制度の実状を知悉することにつきるものではない。この学問の修得者は，具体的紛争を目の前にして，適切なルールをあてはめ，その紛争の適切な解決を図ることができるようにならねばならない。言い換えると，法の適用ができるようになることが求められているといえる。そして，この法の適用を出発点とする形で，現行法の問題点を発見し，その現実的な改善策を提言していくことも法学の修得者には期待されている。

　法の適用とは，第1章の冒頭で説明したように，①証拠からいかなる事実があったかを認定する作業（**事実認定**），②各種の法源から適用されるべきルール（法）を発見する作業，③そして事実にルールをあてはめ，結論を導き出す作業から成り立っている（参照第1章の図表1-1）。

　本章で取り上げる法の解釈という作業は，端的にいうならば，法の適用という作業から①を除いたものである。すなわち，ある事実が仮に存在するとしたらどのような法的効果が認められるかを考察する作業である。

　　法の解釈という作業についての具体的イメージをつかむため，具体的紛争がおきて困っているという人から相談を受けているというシーンを想像してもらいたい。相談者は，どういう事実が起きているのかを一通り説明した上で，裁

188   第5章　実践の学としての法解釈学

判に訴え出た場合，自分の主張が通るのかを相談するであろう。このとき相談
を受けた者は，さしあたり，相談者の言っている事実が仮に本当に存在すると
仮定した上で，その人の主張が法的に通るか，つまり裁判になったらこの相談
者の主張を認容する判決を裁判所が認めてくれるか否かをアドバイスすること
になろう。こうした回答をするにあたっては，まさしく法適用から①を除いた
形の作業を行っている。これが広義でいうところの法の解釈という作業なので
ある。

　法の解釈（広義）という作業は，概ね，次のような流れでなされる（参照図
表5-1）。①適用されるべきルールを探す。まずは成文の法源から条文をピッ
クアップする。ときに，補充的に，不文の法源すなわち判例や慣習に存在する
法原則をピックアップする必要も生じる。②次に探し出した条文等を読む。こ
の段階では，条文や原則を普通の意味に従い理解することに努める（なお，こ
うした読み方のことを「文理解釈」という）。④続いて，ここまでの作業により明
らかになったルールを事実にあてはめて結論を出す。そして，⑤その結果でて
きた結論が妥当であるかを総合的に評価する。この判断の結果，結論が妥当で
あると判断されるならば，法の解釈という作業はここで終わる。しかし，妥当
であるとの評価を下すことができない場合には，⑥解釈をやり直す。単に文理
解釈をするのみでは同じ結論にしかならない。そこで今度は，発展的な解釈と
して，いわゆる論理解釈に属する各種の解釈技法，すなわち類推解釈，縮小解
釈，拡張解釈等を適宜用いたり，違憲審査権を行使したり，あるいは条理を適
用して⑤の妥当性評価を通過できるような形をとることを目指す。こうした作
業を本書では「発展的な解釈」とよぶことにする。
　こうした一連の作業の中にあって，中心となる作業は②と⑥の作業である。
特にこの②と⑥の作業のことを指す形で「法の解釈」（狭義）という用語が用
いられることもある。
　この説明からわかるように，法の解釈というものは，けっして機械的な作業
のみから成り立っているわけではない。法の解釈という作業を完了するには，
⑤の妥当性の総合的評価というプロセスを必ず経なければならない。詳しくは
第5節で述べるが，この評価は，立法趣旨，法の目的，一般の正義・衡平感に

どの程度合致しているかによって総合的に判断される。

　条文を普通の意味に解して，つまり文理解釈を行って出てきた結論がこの総合的評価により妥当と判断されなかった場合，別の解釈が行われねばならない。その結果でてきた解釈がまた妥当と評価できないならば別の解釈が必要になる。このように，⑥の作業と⑤の作業が時には何度も繰り返されねばならない。こうした作業を繰り返すことで妥当な結論を導き得る解釈に行き着くことが目指されるのである。

図表5-1　法の解釈

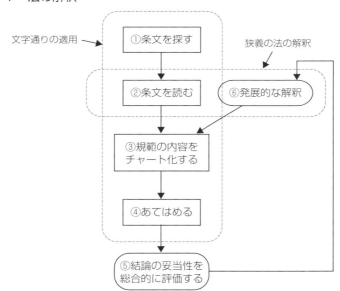

　法の解釈の全体的な流れについて抽象的に説明するだけではわかりにくいので，法学入門の教科書でしばしば用いられている例をつかって説明しよう。

　小さな川のほとりに「車馬通行止」と書かれた高札がたっている。その先には古くて頼りなさげな木製の橋がかかっている。さて，この橋をわたろうと，いろいろな人々や動物がやってくる。読者の皆さんは，この「車馬通行止」という条文を正しく解釈し，こうした人々や動物の通行を禁止したり，許可する

190 第5章 実践の学としての法解釈学

役目を担わされているとしよう。まずは，小さな女の子が三輪車をこぎながら
やってきた。続いて牛をひく人があらわれた。その後にアフリカ象をつれた人
がやってきた。さてこのうちの誰を通行させていいのだろうか。

　まずは文理解釈をやってみよう。「車」とは何かについての普通の意味を一義
的に定めるのは難しいが，仮に車輪がついている乗り物とこれを定義するなら
ば，三輪車は通行不可となる。女の子がいかに泣き叫ぼうとも，三輪車はおい
て橋をわたってもらうことになる。他方，牛や象は「馬」ではないから通行し
てよいことになる。

　しかし，このような結論ははたして妥当なのだろうか。直感的にこれはおか
しいと多くの人が感じるところであろう。なぜおかしいのか，その理由は少し
考えてみるとすぐにわかる。この高札が掲げられた法目的は，橋の状況からす
ると，老朽化した橋を守ること，あるいは橋の破壊による被害を防止すること
にある。この法目的に照らせば，三輪車を通行させることは問題がないはずで
あり，他方，牛や象を通行させてはならないはずである。では，こうした結論
を下すためにはどのようにこの条文を解釈すればよいのであろうか。本章第4
節の記述を参照にして考えてみよう。

第1節　法解釈学という学問

　法学という学問領域の中心をなす法解釈学（実定法学）は，上述の法の解釈
をどのように行うべきかを提言することをその主たる使命とする学問である。
すなわちある問題に関する既存の解釈の妥当性を総合的に評価し，それが妥当
ではないとするならば，より良い解釈を提言することがこの学問領域における
目標である。学問というものは，多くの人々の知的活動の協働により成り立っ
ている。より妥当な解釈を目指す解釈者たちが集う協働作業の場こそが法解釈
学のフィールドといえよう。

　この法解釈学という学問の特質を理解するため，その歴史と他の学問との違
いを簡単にみておくことにしよう。

1. 歴　史

　法解釈学という学問は古代ローマに発祥した。この地では，裁判を司る法務官（praetor）や裁判官（iudex）は，通例，法律の素人であった。そこで，こうした人々が裁判に関わるにあたり法が何であるかの助言が必要となった。この助言を与えたのが，ラテン語でiurisconsultus（これは「法についての助言を与える者」という意味）と呼ばれた法学者たちであった。古代ローマにあっては，民会や元老院議決や皇帝の定めた勅法といった成文法も存在していたが，法制度の大部分は不文法の慣習法として成り立っていた。そのため，法学者の仕事の中心は，こうした慣習法を解釈し，法が何であるかを具体的に明らかにすることにあった。当初は，個別事案ごとに助言を与えるという形で彼らは活動していたが，ある時期より彼らは文献を通してこうした助言を与えるようになり，この文献が後に編纂されるローマ法大全の『学説彙纂』としてまとめられて後世に伝わっていくことになる。

　　古代ローマの民事裁判では，事実問題と法律問題とが別の手続の中で処理されるべきものとされていた。ここではまずは，原告の主張する事実が真実であると仮定した上で，原告の主張する要求が法的に認容可能かの判断がなされ，その後，事実問題について判断する手続に進んだ。法学者が主として助言を行う対象はこの前者の手続を進める法務官であったため，法学者の書いた文献は，法律問題に専念するものとなった。

　中世イタリアで大学法学部が誕生すると，法解釈学は大学法学部で研究・教授されるようになった。ここでは，あたかも聖書のように，ローマ法大全のテキストが「書かれた理性ratio scripta」としての権威をもち，そのテキストの文言の解釈を通して，法の何たるかを明らかにすることが当時の法解釈学の任務となった。この任務を担う中で，様々な法解釈の技法が発展した。

　近代に入り，各国がそれぞれ法典編纂を行い法制度の大部分が成文法という形をとるに至ると，法解釈の対象となるものは主として法典中の条文となる。また，法典編纂後は，フランスでもドイツでも，法典には一切不備はなく，た

だ条文を機械的に解釈すれば適切な解決に至るという思想が支配的となった時期があった。つまり文理解釈を適確に行うことができればよいというものである（いわゆる「概念法学」的解釈論がこれにあたる）。この解釈論によれば，本章第3節にみるような文字通りの適用をしていさえすれば公正な裁判が実現できるのであり，裁判官はただこうした適用を忠実にすればよいということになる。

19世紀においてはこうした考え方が支配的であったが，19世紀末から20世紀にかけ，社会の変化の中で法も変化するということを正面から認めた上で，裁判の中で法の解釈という作業を通じて制定法に新たな意味を与えたり，法創造をすることを通じてこそ適正な裁判が実現するとする法学の潮流（自由法学，自由法論）が強まった。今日の法曹界や法学界において支配的なのはむしろこちらの見解である。このような解釈論によると，本章第5節にあげているような妥当性の実質的根拠を意識しつつ，本章第4節にあげる解釈技法を駆使し，より適切な法解釈が何かを裁判の中で考察していかねばならないことになる。

２．他の学問との相違

学問史的にみると，ヨーロッパの近代は自然科学の発達にその大きな特徴がある。自然科学とは，自然に属することについて，実験と観察を通じて得られたデータから，法則を明らかにすることを目的とする学問である。また，自然科学の手法を用いて人間社会を探求する社会科学の各分野もまた発展した。現代におけるこうした科学の成果を前にすると，法解釈学もまた科学化すべきとの声があがるのも当然のことかもしれない。しかし，このような科学が自然界や社会に存在する法則を明らかにするのを目指すのに対し，法解釈学はどうすべきかを提言することを目指しており，ここに学問としての決定的なスタンスの相違がある。そのため，法解釈学そのものが科学化することは不可能である。もちろんこのことは社会科学についての学習が法学にとって不必要であるといっているわけではない。いかなる法解釈が適切かをめぐる議論にあたっては，自然科学や社会科学の成果を無視した主張は説得力をもたない。

法解釈学と同様，「どうすべき」にかかわる学問としては神学や倫理学がある。こうした学問と法解釈学とはどのような相違があるのだろうか。神学とは，特定の宗教の枠内にあって，その教理に立脚した形で，信仰内容や信仰生活に

関連する諸問題を考察する学問である。法解釈学はこれとは異なり，特定の宗教の教理に依拠することはなく，信仰の有無にかかわらず共有可能な価値観に基礎をおくことを目指すものである。

　倫理学は，まずは個人の道徳を対象とし，個人がいかに道徳的に生きるべきかについて探求する学問である。これに対し，法解釈学では，社会がどうあるべきか，社会にはどういうルールがあるべきかという観点がたてられている。まずはこの点が倫理学と法解釈学との相違といえる。もちろん倫理学は，個人の道徳のみならず社会道徳をも考察の対象とする。そのとき倫理学は，法解釈学の中の，総合的価値判断（参照上記図表5-1）という作業と非常に接近している。ただし，法解釈学は，基本的には現に生じた紛争というものから出発し，その解決のために必要な範囲で考察する傾向が強く，こうした制約なく考察を拡げていく倫理学とはこの点において違うといえよう。

第2節　学理解釈（無権解釈）と有権解釈

1．学理解釈（無権解釈）

　法解釈学という学問への扉は誰にでも開かれている。ここに参加するために何らかの資格や地位は必要なわけではない。各人は，自らの思想・信条に基づき，あるべき解釈について自由に自説を展開することができる。この意見は単なる市井の意見に過ぎないかもしれない。しかし，こうした意見であっても，広く多くの人々の支持を得ることができれば，司法・立法・行政を変える大きな力となる。そのためには，ただの意見表明では十分ではない。先人の意見や議論を踏まえ，説得力のある形で自らの意見の根拠を学理に基づいて展開しなければならない。このような形で展開される解釈のことを学理解釈という。この学理解釈は法の解釈をする何らかの法的権限を与えられている者が行うものではないため，無権解釈ともよばれる。

　およそ文章というものは，それがいかなるものであれ読み手の解釈を必要とする。例えば，小説を複数の人が読んだとすると，その著者の意図の解釈は読み手によって異なるものとなろう。こうした相違は，通常の文章にあっては，

194 第5章 実践の学としての法解釈学

必ずしも克服されねばならないものではない。言い換えるならば，一つの正し
い解釈とは何かを議論する必要は必ずしもない。しかし，制定法の解釈は，裁
判という国家の強力な権力作用にかかわるものであり，その正当性や妥当性に
関し，多くの人々の意見の一致をみる必要がある。この一致を目指し多数の
人々が協働する知的活動こそが法解釈学であり，またその一環として行われる
法の解釈が学理解釈なのである。

2．有権解釈

　公権力の行使と関係する形で，特定の機関が法の解釈を行う権限を与えられ
ており，この権限に基づいて解釈を行うことがある。こうした解釈は，前述の
学理解釈（無権解釈）とは異なり，解釈者が法の解釈を行う権限を有している
ことから有権解釈とよばれる。また，公権力の行使と結びついていることから
公権的解釈ともよばれる。この有権解釈には，立法解釈，行政解釈，司法解釈
が存在する。

（1）　立法解釈

　成文法のある文言の意味がその成文法の中で定義づけられることがある。こ
れは，その文言を立法過程の中で解釈し，その意味を確定させるためになされ
るものである。こういう解釈を立法解釈という（例えば，民法85条，刑法7条1
項）。立法解釈は立法権の行使としてなされるものであり，その成文法が国民
や国家機関を拘束することと同様，この解釈も国民や国家機関を拘束する。

（2）　行政解釈

　行政解釈とは，行政機関が行う解釈のことをいう。行政は，「法律による行
政の原則」の要請により，法律により，かつ法津に基づいて行われねばならな
い。そのため，行政は，法律の内容を自ら確認し，その内容に従って行政を行
わねばならない。しかし，法律の条文は，常に一点の疑問もないほど明確に書
かれているわけではないので，この確認を行うに際し，不可避的に法の解釈が
行われることになる。このような形で行政が行う解釈のことを行政解釈という。

　通例，行政解釈は上級機関から下級機関に対して発せられる通達の中に示さ

れ，下級機関は上級機関の行政解釈に従わねばならない。また，こうした行政解釈に基づいて行政処分が行われた場合，その処分は一応有効なものとして扱われる。

こうした範囲では行政解釈に拘束力はあるといえる。しかし，行政解釈はあくまでも行政機関限りのものであり，国民を直接に拘束するものではない。行政処分を受けた者は，その前提となる法規の行政による解釈に疑義があるならば，その有効性を裁判の中で問題にすることができる。そして裁判所は，この行政解釈に拘束されることはなく，独自の判断でその行政解釈の妥当性を評価することができる。

以下でみる司法解釈とは違い，行政には違憲立法審査権はないため，行政解釈の枠内で法律の条文を憲法に違反するとすることはできない。また，行政は法律に厳格に従うことが要求されており，法の解釈を通した法創造は行政解釈としてはすべきではないとされている。

(3) 司法解釈

裁判所が法適用をするにあたっては，当然，法の解釈という作業が行われる。ここで裁判所が行う解釈が司法解釈である。ある事件に際してなされた司法解釈は，その事件の当事者を拘束する。もちろん第一審の裁判における司法解釈に不服があればその妥当性を第二審，上告審で争うことはできるし，それが覆ることもある。しかし，判決が確定するならば，その判決を導くためになされた法の解釈に，その事件の当事者は異を唱えることはできない。しかし，現代の日本では，裁判所の判断に先例拘束性が与えられているわけではない（第1章第1節9．参照）。したがって，その後，同種の事件が生じたとき，その事件を担当することになる裁判官が以前の解釈に拘束されるわけではない。

裁判は，古来より，単なる機械的法適用の場であったわけではない。裁判という営みを通じ，継続的な法形成が図られてきた。近代に入り，国家権力を立法・司法・行政の三権に分立する思想が支配的となった後も，その範囲こそ広狭はあるものの，継続的法形成という使命を司法は担い続けている。これは今日の日本においても同様である。裁判所は，妥当な解決を図るため，時に違憲立法審査権を行使し，既存の法令が無効であることを宣言したり，条理を適用

196　第5章　実践の学としての法解釈学

するなど，柔軟な法解釈を行うことができる（本章第4節参照）。そしてこうした取り組みを通して，社会の変化にあわせた形での新たな法形成が実現していくのである。法解釈学という学問は，裁判所がこうした活動を行うことを前提にした上で，裁判所に対しあるべき解釈を提言していくことを目指している。

第3節■文字通りの適用

―――――― Case Study 1 ――――――

　以下の説明を読む前に，読者は，最高裁判所のホームページの「裁判例情報」から以下の判例を入手すること。①国籍法違憲訴訟（最判平成20・6・4（平成18（行ツ）135）），②再婚禁止期間違憲訴訟（最判平成27・12・16），③夫婦別姓訴訟（最判平成27・12・16），④親子関係不存在確認請求訴訟（最（一）判平成26・7・17）

1．条文を探そう

　法の解釈は，解釈の対象となる条文を法源の中から探し出すことに始まる。残念ながらgoogle検索や全文検索システムで簡単に必要な条文にいきつくことができるわけではないので，この作業自体，一定の専門的知識を必要とする。この作業は，概ね，以下の三つの段階を踏んでなされる。

(1)　第1ステップ―問いの確認

　まず第1ステップは，問いを明確に把握することである。ここでは，①誰が，②誰に，③何を，請求しているのかをはっきり把握することが重要である。これは，必要とする情報を探す第一歩であり，目指すべき方向性を定める作業である。この方向性がしっかり定まっていないと，目的の条文にはたどり着けない。

第3節●文字通りの適用　　197

━━━━━━━━━━ **Case Study 2** ━━━━━━━━━━

　収集した判例を読み，事実関係を整理してみよう。その上で，①誰が，②誰に，③何を，請求しているのかを読み取り，その内容を必ず（！）文でまとめてみよう。

(2)　第2ステップ―法分野と法律の特定

　問いを確定させたならば，次に，その問いが法学のどの分野にかかわるものであるのかをつきとめねばならない。本書で示しているように，法学は，まずは公法，民事法，刑事法に分かれる。私人に対して何かを請求するなら民事法，刑罰を求めるなら刑事法，公権力行使にかかわることを求めるならば公法の問題となる。

　また，各分野の中でさらに分野が区分されている。こうした区分に従い，上の問いにかかわるのがどの法律であるのかを特定することになる。この作業をするためには，法学の分野全体，つまりこの時点で既に基礎知識が要求される。

(3)　第3ステップ―条文の特定

　法律が特定できたならば，まずはその法律の目次をみてみよう。内容上のまとまり毎に，「編」・「章」・「節」・「款」・「目」という形でまとめられている。目次を通し，その法律が全体的にどういう体系で成り立っているか理解することができる。この体系を理解すれば，法律のどの編のどの章のどの節をみればよいのかがわかる。続いて，該当の章・節・款をあけ，見出し等を補助的に使いながら，関係しそうな条文を探してみよう。

━━━━━━━━━━ **Case Study 3** ━━━━━━━━━━

　Case Study 2 でまとめた請求が法的に認められるかどうかにかかわる条文を六法の中から探してみよう。

2. 条文を読もう

(1) 条文の引用の仕方

条文を読み始める前に，簡単に条文の引用の仕方を確認しておこう。

一つの条文が段落で分かれる場合，各段落を「項」と呼ぶ（参照図表5-2〔1〕）。有斐閣の六法は，①，②という形で項が示されている。なお非常に稀ではあるが，元号法のように「条」がなく「項」だけで成り立っている法律も存在する。

条文の中で箇条書きがなされている場合，その各部分を「号」と呼ぶ（参照図5-2〔2〕）。号名は「一」「二」と漢数字で表記される。

箇条書きの号より前の部分を「柱書」という（参照図表5-2〔2〕）。また，条文中の「但し」で始まる一文を「但書」という（参照図表5-2〔3〕）。

図表5-2 条文の構成

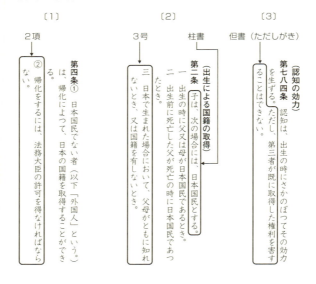

第3節●文字通りの適用　199

(2)　文理解釈

　それでは条文を読んでいこう。まず行うべきことは文理解釈である。文理解釈とは，成文法の文や文言を，それが書かれた言語の文法や普通の意味に則って行う解釈である。この解釈が法解釈のもっとも基本となるものである。

　ここでいう普通の意味とは，まずは，多くの人々が日常的に理解し，用いている意味である。この意味については国語辞典等で明らかにすることができる。しかし，注意を要するのは，専門用語については，専門的意味で理解しなければならない。専門的意味が何であるかは，必ずしも国語辞典には正確な記載がないため，法学用語辞典で確認することが必要である。

Column 17

法律用語の意味を正確におさえよう

　「不動産」という用語を例にとり，法律用語の学習の仕方を紹介することにしよう。

　日本の国語教育の中では，わからない単語は漢字の個々の意味を組み合わせて考えてみようという指導がなされることがある。この方法を法律用語に用いるとしばしば誤った理解に陥る。「不動産」という用語を「動かない財産」と理解してはならない。例えば，動かなくなった自動車やバイクは不動産ではない。日本の木造建築は，動かすこと（すなわち移築すること）ができるが，建物は不動産である。船舶は動くが不動産として扱われる。法律用語の多くは，欧米で生み出されアルファベットでもって表記されていたものを明治時代になって漢字へと翻訳したものである。また，その翻訳もやや拙速に行われた感があり，漢字をみつめても正しい意味へは到達できるとは限らない。

　勉強の初期段階にあっては無論のこと，ある程度勉強が進んでも，法律用語の意味を法律用語辞典等できちんと確認する必要がある。「不動産」は，通例，「土地及びその定着物」であると説明されている。「土地」とは「一定の範囲の地面に一定の限界内でその空中と地中を包含させたものをいう」とある。「地面」とは海や川のように表面に水が恒常的に張っているのではない場所をいう。「定着物」は建物や立木のことをいう。ローマ法以来の伝統の中では，建物や立木は土地と一体をなすものとしてとらえられてきたが，日本では特殊なことに，これらを土地とは別の，独立した不動産としてとらえる。

200　第5章　実践の学としての法解釈学

　ここまでで，一応，不動産という用語が何を意味しているかはわかるが，これだけで満足してはならない。この用語が近接する他の用語といかなる関係にたっているか，またそれが法的な取扱いの違いとどのように結びついているかについても，あわせて理解しなければならない。

　不動産は動産と区別される。不動産も動産も物（有体物）である。物（有体物）は，無体物と区別され，この両者の上位概念が広義の物である。物と対照をなすのは人である。こうした区別は，それぞれ法的な取扱いの違いと結びついている。

　所有権との結びつきという点に絞って，この区別の意味をみていこう。人は権利義務の主体となる存在であり，物は権利の客体になる存在である。したがって，人であれば所有権の主体（つまり所有者）になれる。有体物は所有権の客体になり得る対象であり，無体物はこの権利の客体にはなれない。不動産も動産も所有権の客体になるが，その移転に関して，登記が公示方法として必要であるとされる。以上を整理すると，図表5-3のようになる。

図表5-3

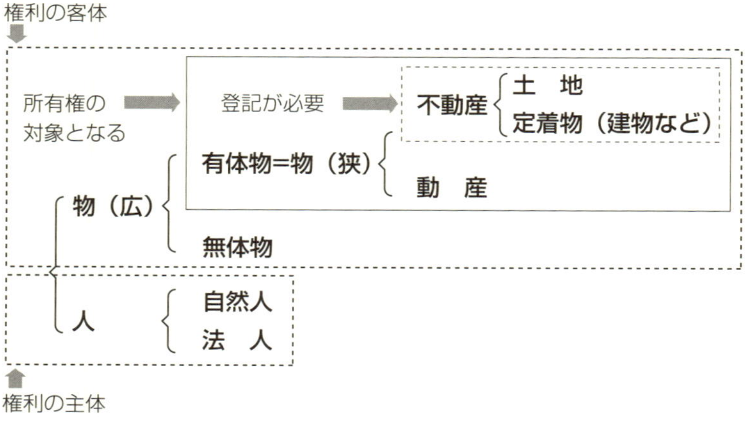

権利の客体

所有権の
対象となる　→　登記が必要　→　**不動産**〈**土　地**
　　　　　　　　　　　　　　　　　　　定着物（建物など）

有体物＝物（狭）〈**動　産**

物（広）〈

無体物

人〈**自然人**
　　　　法　人

権利の主体

　初学者にとって厄介なことに，普通によく使う単語が専門用語として用いられていることがある。例えば，「人」は，法律用語としては，「権利義務の帰属主体」という意味で用いられる。そのため胎児や死亡した者はこの意味における「人」ではないことになる。また，「または」や「もしくは」，「以下」や

「未満」のように，通常はあまり厳格に使い分けをしない用語が法律用語では厳格な使い分けをされるものもある。何が法律の専門用語かは始めのうちは確かにわかりにくい。そこで当面は，まめに法律用語辞典をひくことを強くおすすめする。

3．条文の内容を整理し，フローチャートをつくってみよう

規範は，通例，一定の要件に対し，一定の効果を与えるという形で成り立っている（参照図表5-4）。条文から要件が何であり，効果が何であるかを読み取ることが条文を読む作業でまず，しなければならないことである。

図表5-4　要件と効果

まずは一つの条文でこれをやってみよう。不法行為について定める民法709条には，「故意又は過失によって他人の権利又は法律上保護される利益を侵害した者は，これによって生じた損害を賠償する責任を負う」とある。ここにおける要件は次のように記述することができる。①AはBの権利又は法律上保護される利益を侵害する行為を行った。②Aの行為によりBに損害が発生した。③Aの行為はAの故意又は過失によってなされた。④Aの行為の結果として②の損害が生じた。以上の①から④のすべての要件を満たした場合（つまり各文を疑問文にした上で，それにすべてYesと答えることができるとき），AはBに損害を賠償しなければならないという効果が導かれる（参照図表5-5）。

ここでは，一つの条文だけをあげたが，実際にはそれだけではすまない。民法709条のうしろの712条，713条，720条をみてもらいたい。これらの規定により，行為者Aに責任能力があること，さらには正当防衛も緊急避難も成立しな

図表5-5　民法709条の適用

第3節●文字通りの適用　203

いことが要件として求められることがわかる。

　ここであげた例は，比較的簡単な例である。実際には，より多くの条文がかかわる複雑なものとなる。そこで，正確な法適用を行うためには，どういう要件があればどういう効果が生ずるのかをフローチャートにしてみるのが有益である。

─── **Case Study 4（国籍法違憲訴訟）** ───

　まずは，国籍法全体を概観し，①出生による国籍取得（2条），②準正による取得（3条。なおこの条文は現行のものではなく旧規定「父母の婚姻及びその認知により嫡出子たる身分を取得した子で二十歳未満のもの（日本国民であつた者を除く。）は，認知をした父又は母が子の出生の時に日本国民であつた場合において，その父又は母が現に日本国民であるとき，又はその死亡の時に日本国民であつたときは，法務大臣に届け出ることによつて，日本の国籍を取得することができる」を使うこと），③帰化による国籍取得についてざっくりとした形でフローチャートをかいてみよう。

　その上で，2条と3条のそれぞれについてフローチャートをつくってみよう。なお2条のフローチャートをつくるにあたっては，父の定め方についての民法の規定（民法772条と779条）も参照し，その内容も組み込んでみよう。

4．あてはめを行う

　条文の内容を要件と効果の形に整理できたならば，次にあてはめを行う。フローチャートを正確に書くことができたならば，あてはめ自体は難しくない。フローチャートに事実関係をあてはめていけば結論に辿りつくことができるはずである。

　結論にいきつくことができたならば，フローチャートを参考にしながら，なぜその結論に至ったのかを文章化してみよう。

─── **Case Study 5** ───

　Case Study 2のところで書いた請求が法的に認められるかどうかフローチャートに従って考え，結論を出してみよう。

204 第5章 実践の学としての法解釈学

第4節■発展的な法の解釈のための手段

　ここまでみてきた文理解釈を中核におく文字通りの適用が終わったとしても，それで法の解釈という作業が終わるわけではない。適用の結果導かれた結論が妥当といえるかについて，これから総合的な検討を加えなければならない。法の解釈は，いよいよここから佳境を迎えるといってもよい。

　妥当性の総合的判断の第一歩は，多くの場合，直感的な判断によることになろう。存外，直観というものは，鋭く不公平を見抜くことができるものかもしれない。しかし，直観に頼っている段階では，他者とその問題についての建設的な議論を積み重ねていくことはできない。他者との協働での建設的な議論こそ学問の要であり，そのためには，共有可能な根拠を探し，それに立脚した形で妥当性を基礎づけていくことが必要である。今日，ここでいう根拠となり得るものとして受け入れられているものが何であるかは第5節でみることにし，ここでは，文理解釈を中心とした法解釈では妥当な結論がでない場合に用いられる対応方法についてみていくことにする。

Case Study 6（国籍法違憲訴訟）

　国籍法違憲訴訟の最高裁判決の多数意見と反対意見，意見補足意見をみてみよう。その中で，①まずは何が論点になっているのか確認しよう。その上で，②各論点について，各裁判官たちのうちの誰が，文字通りの適用の結果を妥当と判断しているのか，あるいは妥当ではないと判断しているのか整理してみよう。また，③各見解が本節にあがる手段のどれを用いてそのような結論を導き出しているかを考えてみよう。

　その手段としては，まず第一には，条文の文言の意味を少しかえて読むという方法がある。前述の通り，文理解釈にあっては，条文は日本語としての普通の意味に従って読むが，ここでは，その普通の意味より広い意味または狭い意味で読むことによって妥当な結論を図ろうとするのである。第二に，条文にははっきり書かれていない意味を読み取るという方法である。第三に，適用可能な条文はないものの，類似性を理由として別の条文を用いるという方法である。

第4節●発展的な法の解釈のための手段　205

ここまでの手段は，条文を尊重しつつ，その論理的操作で妥当な結論を導こうとする方法であるが，その条文そのものをなくしてしまうことも可能である。すなわち，違憲立法審査権を行使するのである。これが第四の方法である。これにより，既存の法令の条文の有効性を否定し，その条文がないものとしての法適用を可能とする。また，第五に，これとは逆に，裁判の中で，補充的に新たなルールを創造し，そのルールを適用するという方法も存在する。これは言い換えるならば，条理を適用するということである。

１．拡張解釈・縮小解釈

　言葉というものは，一部の専門用語を除くと，普通の典型的な意味よりも広い意味で用いられたり，逆に狭い意味で用いられることがある。条文を適用するにあたり，そこに用いられている言葉を広い意味で用いると，その条文の適用範囲は広がり，狭めの意味で用いると適用範囲は狭まることになる。普通の意味で解釈する文理解釈とは異なり，普通の意味より広めの意味にとる解釈のことを拡張解釈という。これに対し，狭めの意味にとる解釈を縮小解釈という。

　　拡張解釈の例をみてみよう。憲法76条３項には，裁判官は「憲法及び法律にのみ」拘束されるとある。「法律」という単語は多義的であるが，さしあたり，この普通の意味とは，国会の議決を経て定められる成文法であると解するならば，裁判官は，法律ではない条例や政令には従わなくてもよいことになる。しかし，憲法は，こうした法形式の法源性も認めているのであるから，これに裁判官が従わなくてよいとしたのでは，憲法の条文の間で矛盾があることになってしまう。この不都合性は，この条文の「法律」を我が国において法源性が認められている成文法という広めの意味でとること，すなわち拡張解釈をすることで解消する。

　　縮小解釈の例として民法177条をみてみることにしよう。民法177条は，物権（例えば所有権）を取得したとしても，登記がない限りその権利を第三者に対抗できないと規定している。ここでいう「第三者」とは何であろうか。普通，第三者とは，当事者以外の者を指す。具体的にいうと，所有権の譲渡人と譲受人以外の人はすべて第三者ということになる。それでは，Ａさんが建物の所有権

をBさんから取得したところ，この建物にCさんが勝手に住み着いていたとしよう。条文の文言からすると，Aさんは登記をしない限り，Cさんに自らが取得したはずの所有権を主張できず，Cさんを排除することはできないことになる。所有権という権利は本来，誰に対しても主張可能な性質をもっていることからすると，この結論は明らかに妥当ではない。そこで，ここでいう「第三者」とは，通例は，登記の不存在を正当に主張することのできる第三者（例えば，Bさんからこの建物を買った人）であると解釈されている。すなわち，およそすべての第三者ではないとして第三者の範囲が狭められているのである。ここでなされている解釈が縮小解釈である。この縮小解釈の結果，AさんはCさんに対しては，登記がなくとも自らの所有権を主張できるという結論が導かれる。

2．反対解釈・類推解釈・勿論解釈

　Xという事項についての規定がない場合において，Yについての規定を根拠に，この規定の結論とは反対の結論を導く解釈のことを反対解釈という。

　　　第733条1項は「女は，前婚の解消又は取消しの日から起算して百日を経過した後でなければ，再婚をすることができない。」と女性について規定している。ここには男性については何も規定していない。それでは男性は離婚後すぐに再婚できるのであろうか。この条文を反対解釈すればこの問いに肯定的に答えることができる。
　　　反対解釈の例をもう一つあげよう。我が国の憲法では死刑は禁止されているのであろうか。憲法には，はっきりと死刑を禁止するということを定めた条文は存在しない。ところで憲法31条は，「何人も，法律の定める手続によらなければ，その生命若しくは自由を奪われ，又はその他の刑罰を科せられない。」と規定している。判例はこれを反対解釈し，法律の定める手続によれば生命を奪う刑罰も科すことも憲法上容認されていると解している。

　反対解釈と同様に，明文の規定がない場合にあって，解釈により規範を導き出す解釈として類推解釈も存在する。類推解釈は，Xという事項についての規

定がない場合にあって，Ｙについての規定を，ＸとＹとの類似性を理由に適用する解釈である。ここで適用される規定はあくまでもＹについてのものであってＸについてのものではない。それにもかかわらず，解釈者がＸとＹとは類似しており，同様の解決をすべきと判断した場合にこの解釈が用いられ，Ｘについての規定がＹに類推適用される。

　何をもって「類似している」といえるかは必ずしも客観的にきまるわけではない。刑事裁判において解釈者が恣意的に条文を類推解釈するとなると，われわれは何が犯罪として処罰されるのかどうか条文から知ることができなくなってしまう。そこで，刑事裁判において被告人に不利な形になされる類推解釈は罪刑法定主義に反するものとして禁止されている（第４章第４節参照）。

　　　世の中に電気の光がとどきはじめた明治時代のことであるが，電気会社の電柱からひそかに配線をひっぱって，料金を支払うことなく電気を使用した者がいた。この者は逮捕され，窃盗を犯したとして起訴された。当時の刑法（旧刑法）は，「人ノ所有物ヲ窃取シタル者ハ窃盗ノ罪ト為シ……」（366条）と規定しており，この文言からすると，窃盗罪が成立するためには「所有物」が盗まれることが必要となる。ところで所有関係は民法が規定しているが，民法上所有権が成立する対象は有体物である。有体物とは，ローマ法以来，「触ることのできるもの」と定義されてきており，今日では気体の存在も視野にいれつつ「空間の一部を占める有形的存在」と定義されている。ここにはもちろん電気は含まれない。そうすると，電気は「所有物」ではないということになり窃盗罪は成立しないはずである。ところが当時の裁判所は，電気を盗んだこの事件においても366条の類推解釈の上，窃盗罪の成立を肯定した。

　類推解釈の一種に勿論解釈がある。これは，上記の例でいうとＸとＹとの類似性が議論の余地のないほど明らかである場合に用いられる解釈のことをいう。すなわち，Ｙについてこのような処理をするのが規定されている以上，Ｘについて同様の処理をするのは当然のことと判断される場合にこの勿論解釈が用いられる。

　以上，ここでみてきた反対解釈・類推解釈・勿論解釈は，いずれも該当する

明文の規定がない場合の対処方法であるが，この内のいずれの解釈をとるかにより全く逆の結論が導かれることになる。再婚禁止の規定を例にとれば，これを反対解釈すれば男性は離婚後すぐに再婚できるということになり，類推解釈ないしは勿論解釈をとれば，男性も女性と同様に離婚後100日は再婚できないということになる。いずれの解釈をとるのが妥当かは，次節にみる妥当性の実質的根拠によって決まることになる。

３．違憲立法審査権の行使

憲法により裁判所に違憲審査権が与えられていることは，第2章第4節2. で述べられているとおりである。条文の適用の結果，不合理な結論がでる場合，裁判の中で，その条文の全部または一部を削除するということが可能である。

４．条理の適用（補充的法創造）

違憲立法審査権の行使とは逆に，新たな規範を創出し，その上で法適用を行うことも可能である。ただし，違憲立法審査権と異なり，裁判所にこうした規範の創出が可能であることを明文で認めた条文は存在しない。あえてあげれば太政官第103号布告もあるが（第1章第1節10. 参照），これが今日なお有効であるかは疑問なしとはしない。しかし，公正な裁判を実現するためには，補充的な形でこうした新たな規範の創出もまた可能であるとみるべきであろう。

ただし，ここでは全く何もないところから法を創造しているわけではない。あるいは，自然法という曖昧模糊とした法を適用しているというわけでもない。条文の文言という形にこそなっていないが，法の趣旨や法の目的に照らして認識される法をここでは用いているとみるべきであろう。この点に関し，笹倉教授の表現を借りるならば，ここで認識されている法とは，「制定法等からハシゴをかけてとらえられる（制定法等を基礎にしつつ社会生活をも考えることによって構成できる）もの」（笹倉秀夫（2009年）157頁）といえよう。

第5節●法の解釈の妥当性の実質的根拠　209

―――――――― Case Study 7（国籍法違憲訴訟）――――――――

　多数意見の裁判官たちと藤田裁判官は，文字通りの適用の結果を妥当ではないと判断した上で，上告人が日本国民となるという，文字通りの適用とは正反対の結論を導き出した。彼らは，どのような手段を用いてこの結論を導き出したのであろうか。この裁判官たちは，適用されるべきルールについて何らかの変更を加えている。その変更をフローチャートに反映させてみよう。

第5節　法の解釈の妥当性の実質的根拠

　前節までに法解釈の様々な方法をみてきたことで，法の解釈というものが柔軟性をもつものであることは理解できたであろう。文理解釈については，言葉の普通の用法という基準があり，ある解釈が文理解釈として正しいか否かということについては，ある程度客観的な判定が可能である。ところが，文理解釈によって法の解釈という作業は終わるのではなく，その結果が妥当かどうかを評価しなければならない。そして，それが妥当でないとなると，様々な方法を駆使して，妥当な結果に導かねばならない。それでは，ここでいう妥当性とは何をもってきまるのであろうか。言い換えるならば，妥当性の実質的根拠は何なのであろうか。本節ではこの点についてみていくことにする。

―――――――――――― Case Study 8 ――――――――――――

　最高裁判例の多数意見や意見，補足意見，反対意見が何を妥当性の実質的根拠においているか考えながら判例全体を読み直してみよう。まずは国籍法違憲訴訟についてこの作業をしてみよう。また，他の判例についても同じ作業をしてみよう。

1．憲法の枠内におさまっていること

　法の解釈自体は一定の柔軟性を有するが，どこまでも柔軟に解釈をしてよいというわけではない。大枠でその限界性は定まっている。すなわち，法の解釈は，日本国憲法の定めに則ったものでなければならない。特に憲法の定める基本的人権を侵害するような法の解釈は許されない。

210　第5章　実践の学としての法解釈学

　また，罪刑法定主義の要請により，被告人の不利になる形での刑罰法規の類推解釈は禁止されている。

2．立法趣旨（立法者意思）

　成文法というのは，立法者の考えを条文の形にまとめたものである。したがって，文言をみるだけでは立法者の意図がはっきりしないのであれば，立法過程を歴史学的方法でもって調査し，それを通じて判明した立法者の意思に従った解釈をすべきということになる。法の解釈の妥当性の根拠として最も重要であり，説得力があるのは立法者意思である。今日，各種の法典については，立法の各過程に関する詳細な史料が公刊されており，こうした史料を通して各条文がどのような意図の下で起草されたかを知ることができる。

━━━ Case Study 9 ━━━

　法令の定める区別が憲法14条に反しているか否かの判断に際しては，まずはその取扱いについて定める条文の立法目的を明らかにし，その目的が合理的な根拠に基づくかを考え，さらにその立法目的と区別との間に合理的関連性があるかを考えるという判断枠組みが用いられる。

　さて，国籍法違憲訴訟では3条1項の立法目的をどう解釈するかをめぐって最高裁の裁判官の間で意見が分かれた。多数意見は，「同法（国籍法）の基本的な原則である血統主義を基調としつつ，日本国民と法律上の親子関係の存在に加え我が国との密接な結びつきの指標となる一定の要件を設けて，これらを満たす場合に限り出生後における日本国籍の取得を認めることとした」と解している。これに対し，反対意見（横尾裁判官他）は，「国籍の当然取得の効果を認める面では同法2条の特別規定である一方，出生後の国籍取得という面では帰化の特別規定としての性質を持つものといえる」と解している。

　立法者意思への適合性という観点からみたとき，このいずれの解釈が妥当といえるのだろうか。国籍法3条1項の法案審議過程における議論がこの違憲訴訟の一審判決（東京地裁平17・4・13）の中で引用されているのでこれを読んで自ら判断してみよう。

　また，再婚禁止期間違憲訴訟においても，民法733条の立法趣旨の解釈をめぐって，多数意見と反対意見（山浦裁判官）の間で意見が分かれている。いずれの解釈が立法者意思に適合しているといえるか考えてみよう。

3. 法目的（法律意思）

　いくら有能な立法者といえども万能ではなく，将来生じるあらゆる疑義を立法時に予め検討し尽くすことはできない。もし立法時に予想していなかった事態が生じるならば，その事態に関する立法者意思がない以上，立法者意思に即した解釈は不可能である。また，社会状況が立法時より変化し，立法者が考えた通りの方法ではうまく問題を解決できないということも生じる。この場合には，あえて，立法者意思に反した解釈をしなければならなくなる。この二つの場合にあって，解釈の妥当性の根拠となるのは，法目的（法律意思）である。

　法目的とは，当該の条文や制度が目指しているところを，その法律全体の体系を考究し，その法律全体から論理的に導かれる形で明らかにしたものである。言い換えるならば，仮に立法者がその問題を考察したとしたならば立法者が考えたであろうと合理的に推論されるものである。

　こうした推論は，けっして容易ではない。上述の立法者意思は，一種の歴史学的方法でもって過去の人物や機関が有していた意思を確定させるのであるが，法目的は，過去に誰かが実際に有していた意思ではない。この法目的を確定させるためには，当該の法律全体に対する深い理解が必要となる。また，外国から継受した制度であれば，その外国においてその制度がもともと何を目指して設けられたかを知る必要がある。

　　本章第4節1.でみたように民法177条の「第三者」は，およそ第三者すべてではなく，「登記の不存在を正当に主張できることのできる第三者」であると縮小解釈されている。ここでこうした縮小解釈をすることの実質的根拠は法目的への合致であるといえる。立法者（民法典起草者）は，この第三者の意味を限定しようという意思を有してはいなかった。したがって，上記の縮小解釈の妥当性根拠を立法者意思に求めることはできない。しかし，そうであっても，この解釈が法目的に合致しているということはできる。物権というものは，本来，誰にでも主張できるという性質を有している。ところが，二重売買のように，所有者が同一物を二人の者に譲渡し，この二人とも所有権取得の要件を満たすということが稀に生ずる。こうした場合の問題解決のため民法177条は規定され

212 第5章 実践の学としての法解釈学

た。このように考えるならば，二重売買といった問題がおきていないときにまでは177条の適用を及ぼす必要はないということになるわけである。

4．具体的妥当性・一般的妥当性

裁判というものは，そもそも事件の適正な解決をするためのものである。そのため，こうした解決を可能にするような解釈こそ妥当であるということもできる。すなわち，具体的妥当性もまた法の解釈の妥当性の根拠の一つといえる。

他面，その事件だけにしか通用しないような解釈は妥当とはいえない。これと同時に，同様の事件が将来生じたときに通用し得るようなものであること，すなわち一般的妥当性もまた求められる。

Case Study 10　（親子関係不存在確認請求訴訟）

　この事件において金築裁判官は，「科学的証拠により生物学上の父子関係が否定された場合は，それだけで親子関係不存在確認の訴えを認めてよいとするものではなく，本件のように，夫婦関係が破綻して子の出生の秘密が露わになっており，かつ，生物学上の父との間で法律上の親子関係を確保できる状況にあるという要件を満たす場合に，これを認めようとするものである」と述べている。このような解釈をとる実質的根拠をどこに求めているのだろうか。

5．一般の人々の正義・衡平感覚への合致

究極的には，一般の人々の正義・衡平感覚への合致する解釈こそ妥当な解釈といえよう。ここで問題となるのは，解釈者本人の独善的な正義感ではなくあくまでも一般の人々のそれである。法の解釈者は，今の社会において多くの人々によって共有されている正義・衡平感覚を学理解釈を通して法学的議論の場に持ち込むことが求められる。

6．まとめ―総合的判断の必要性

以上ここに列挙した根拠のほとんどに合致する解釈であれば，文句なしの妥当な解釈と評価できるであろう。しかし，現実にはなかなかそうはいかない。ある問題について様々な解釈が提唱されていても，そのいずれも，この内のい

第5節●法の解釈の妥当性の実質的根拠　213

くつかは満たすもののいくつかには反するものでしかない場合，どの解釈が最も妥当かは容易に判断することはできない。最高裁の大法廷においてこういう状況になったならば，最後は多数決で決することになり，多数派となった解釈に従ってその事件は処理される。しかし，その問題についての議論はそこで終わるわけではない。今後，同様の問題が生じた場合にあって，いかなる法の解釈をすべきか，法学を学んだ者たちの間で引き続き議論を継続していく必要がある。そしてかつての少数意見であったものが，いつか多数意見となり判例を変更させることもあり得よう。

──── **Case Study 11** ────

　最後に，判例で問題となっている論点について自分の見解を展開してみよう。その際，自分が裁判官たちの評議の場にいることをイメージし，自分の見解と違う見解をとる裁判官に対し反論をしてみよう。

参考文献

序章

碧海純一『新版 法哲学概論〔全訂第2版補正版〕』（弘文堂，2000年）

碧海純一他『法学史』（東京大学出版会，1976年）

新井勉他『ブリッジブック 近代日本司法制度史』（信山社，2011年）

本間修平『日本法制史〔改訂版〕』（中央大学通信教育部，2010年）

木間正道他『現代中国法入門』（有斐閣，2012年）

森光編著（菅原彬州監修）『超然トシテ独歩セント欲ス 英吉利法律学校の挑戦』（中央大学出版部，2013年）

ウルリッヒ・マンテ（田中実他訳）『ローマ法の歴史』（ミネルヴァ書房，2008年）

ピーター・スタイン（屋敷二郎監訳）『ローマ法とヨーロッパ』（ミネルヴァ書房，2003年）

以上の他，第1章にあげる文献も参考にした。

第1章

石山文彦編『ウォーミングアップ法学』（ナカニシヤ出版，2010年）

小沢奈々『大正期日本法学とスイス法』（慶應義塾大学出版会，2015年）

眞田芳憲『法学』（中央大学通信教育部，2005年）

田中成明『法学入門〔新版〕』（有斐閣，2016年）

団藤重光『法学の基礎〔第2版〕』（有斐閣，2007年）

星野英一『法学入門』（有斐閣，2010年）

前田達明「法解釈への提言─民法学において」同志社法学56巻6号63頁以下

南野森編『ブリッジブック 法学入門〔第2版〕』（信山社，2013年）

第2章

本文中掲げたもののほか，本章の取り扱った内容について発展的に学習する際に役立つと思われるもの。いわゆる「基本書」は除く。

芦部信喜『人権と憲法訴訟』（有斐閣，1994年）

伊藤正己『法の支配』（有斐閣，1954年）

稲葉馨『行政組織の法理論』（弘文堂，1994年）

兼子仁『行政行為の公定力の理論』（東京大学出版会，1960年）

小山剛『「憲法上の権利」の作法〔新版〕』（尚学社，2011年）

佐藤幸治他編『人権の現代的諸相』（有斐閣，1990年）

塩野宏『公法と私法』（有斐閣，1989年）

塩野宏『法治主義の諸相』（有斐閣，2001年）

杉原泰雄『憲法Ⅱ　統治の機構』（有斐閣，1989年）

高橋和之『国民内閣制の理念と運用』（有斐閣，1994年）

高柳信一『行政法理論の再構成』（岩波書店，1985年）

田中二郎『公法と私法』（有斐閣，1955年）

辻村みよ子『市民主権の可能性』（有信堂高文社，2002年）

橋本公亘『公法の解釈』（有斐閣，1987年）

長谷部恭男『憲法学のフロンティア』（岩波書店，2013年）

原田尚彦『行政責任と国民の権利』（弘文堂，1979年）

原田尚彦『地方自治の法としくみ〔改訂版〕』（学陽書房，2005年）

藤田宙靖『行政法学の思考形式〔増補版〕』（木鐸社，2002年）

南博方『行政手続と行政処分』（弘文堂，1980年）

宮沢俊義『公法の原理』（有斐閣，1967年）

第3章
本文中に掲げたもののほか，

荒木尚志『労働法〔第3版〕』（有斐閣，2016年）

江頭憲治郎『株式会社法〔第7版〕』（有斐閣，2017年）

江頭憲治郎『商取引法〔第8版〕』（弘文堂，2018年）

大村敦志『生活民法入門 ―暮らしを支える法―』（東京大学出版会，2003年）

加藤雅信『新民法体系Ⅱ 物権法〔第2版〕』（有斐閣，2005年）

白石忠志『独禁法講義〔第8版〕』（有斐閣，2018年）

菅野和夫『労働法〔第12版〕』（弘文堂，2019年）

橘木俊詔＝長谷部恭男＝今田高俊＝益永茂樹『リスク学入門1―新装増補』（岩波書店，2013年）

田村善之『知的財産法〔第5版〕』（有斐閣，2010年）

日本弁護士連合会編『消費者法講義〔第5版〕』（日本評論社，2018年）

吉村良一『不法行為法〔第5版〕』（有斐閣，2017年）

第4章

芦部信喜（高橋和之補訂）『憲法〔第7版〕』（岩波書店，2019年）

渥美東洋『レッスン 刑事訴訟法［上］』（中央大学出版部，1985年）

渥美東洋『罪と罰を考える』（有斐閣，1993年）

渥美東洋『全訂 刑事訴訟法〔第2版〕』（有斐閣，2009年）

石川文康『カントはこう考えた―人はなぜ「なぜ」と問うのか』（筑摩書房，1998年）

井田良『基礎から学ぶ刑事法〔第6版〕』（有斐閣，2017年）

井田良『講義刑法学・総論〔第2版〕』（有斐閣，2018年）

井田良・佐藤拓磨『刑法各論【新・論点講義シリーズ2】〔第3版〕』（弘文堂，2017年）

伊藤邦武責任編集『哲学の歴史 第8巻』（中央公論新社，2007年）

伊東研祐『刑法講義 総論』（日本評論社，2010年）

大谷實『刑法講義総論〔新版第5版〕』（成文堂，2019年）

大塚仁『刑法の基礎知識（1）―質問と回答〔新版〕』（有斐閣双書，1982年）

斎藤信治『刑法総論〔第6版〕』（有斐閣，2008年）

裁判所職員総合研修所監修『刑法総論講義案〔4訂版〕』（司法協会，2018年）

佐久間修『刑法総論』（成文堂，2009年）

佐藤幸治『憲法〔第3版〕』（青林書院，1995年）

椎橋隆幸編『プライマリー 刑事訴訟法〔第6版〕』（不磨書房，2017年）

芝原邦爾『刑法の社会的機能―実体的デュー・プロセスの理論の提唱』（有斐閣，1973年）

下村康正『刑法1（総論）』（中央大学通信教育部，1971年）

高木八尺・末延三次・宮沢俊義編『人権宣言集』（岩波文庫，1957年）

高橋和之他編『法律学小辞典〔第5版版〕』（有斐閣，2016年）

高橋直哉「刑法理論と政治哲学―自由主義刑法理論の再検討」刑法雑誌44巻2号45頁

高橋則夫『刑法総論〔第4版〕』（成文堂，2018年）

只木誠「刑事立法（刑法，刑事訴訟法の立法）へ与える被害者保護の影響」金尚均／ヘニング・ローゼナウ編著『日独シンポジウム 刑罰論と刑罰正義 日本－ドイツ 刑事法に関する対話』（成文堂，2012年）

立石二六『刑法総論〔第3版〕』（成文堂，2008年）

団藤重光『刑法綱要総論〔第3版〕』（創文社，1990年）

西田典之（橋爪隆 補訂）『刑法総論〔第3版〕』（弘文堂，2019年）

橋本公亘『日本国憲法』（有斐閣，1980年）

初宿正典・辻村みよ子編『新解説世界憲法集〔第4版〕』（三省堂，2017年）

日笠完治『憲法がわかった〔改訂第2版〕』（法学書院，2015年）

前田雅英『刑法総論講義〔第7版〕』（東京大学出版会，2019年）

曲田統「一般理論」法律時報81巻6号6頁以下「特集 刑法典施行100年　今後の100
　年を見据えて」

曲田統「第3講 偶然防衛」立石二六編著『刑法事例30講』（成文堂，2013年）

三井誠他編『刑事法辞典』（信山社，2003年）

宮澤浩一「刑法学説の種々相（その1）」時の法令1354号

山口厚『刑法総論〔第3版〕』（有斐閣，2016年）

ジョン・ロック（加藤節訳）『完訳 統治二論』（岩波文庫，2010年）

ハンス・ヴェルツェル（福田平＝大塚仁訳）『目的的行為論序説：刑法体系の新様相
　〔再版〕』（有斐閣，1965年）

ヴォルフガング・フリッシュ（岡上雅美訳）「講演 責任刑法の将来について：刑法と
　神経科学」刑法雑誌52巻2号260頁以下

ヨシュア・ドレスラー（星周一郎訳）『アメリカ刑法』（雄松堂出版，2008年）

芝原邦爾他編『刑法判例百選Ⅰ・Ⅱ〔第5版〕』（有斐閣，2003年）

西田典之他編『刑法判例百選Ⅰ・Ⅱ〔第6版〕』（有斐閣，2008年）

山口厚他編『刑法判例百選Ⅰ・Ⅱ〔第7版〕』（有斐閣，2014年）

第5章

五十嵐清『法学入門〔第3版〕』（悠々社，2005年）

小室百合『法律の条文解釈入門〔新版〕』（信山社，2018年）

笹倉秀夫『法解釈講義』（東京大学出版会，2009年）

田中成明『法的思考とはどのようなものか』（有斐閣，1989年）

田中成明『現代法理学』（有斐閣，2011年）

林修三『法令解釈の常識〔第2版〕』（日本評論社，1975年）

前田達明『民法学の展開』（成文堂，2012年）

前田達明『続・民法学の展開』（成文堂，2017年）

山下純司・島田聡一郎・宍戸常寿『法解釈入門』（有斐閣，2013年）

ヘルムート・コーイング（松尾弘訳）『法解釈学入門』（慶應義塾大学出版会，2016
　年）

索　引

あ行

アジア法	15
足尾鉱毒事件	132
アックルシウス	5
アメリカ合衆国憲法	143
アメリカの独立宣言	69
アメリカ法	15
EU法	15
違憲審査基準論	75
違憲審査権	79, 88
違憲立法審査制度	141
意思決定論	170
意思自由論	170
意思主義	110
意匠法	110
イスラーム	37
イスラーム法	16, 17
イタイイタイ病訴訟	132
一般刑法	138
一般社団法人及び一般財団法人に関する法律	105
一般予防論	154
委任命令	28
違法性	160, 163, 169
——の意識	172, 174
——の錯誤	174
違法性阻却事由	163
医薬品副作用被害救済基金法	134
入会権	115
医療品医療機器総合機構法	134
因果関係	161, 162

ヴェルツェル	165, 166
訴え却下判決	129
訴えの提起	125
ウルピアヌス	4, 18
永小作権	115
英米法	51, 179
英米法系	16
営利法人	105
押収	178, 182
応報刑論	153, 154, 158
オットー・マイヤー	52, 67

か行

外国法	15
解雇権の濫用	119
会社法	105
開成学校	10
改善刑	156
学説	2, 35
学説彙纂	3, 4, 5, 36
拡張解釈	149, 205
確定判決	32, 125, 178
学理解釈	193
過失	130, 161, 162, 173, 175
過失責任	130
過失責任主義	92, 130, 130, 131
過失犯	175
割賦販売法	98
可罰的違法性	168, 169
株式	113
株式会社	105
環境権	77

環境法	21, 22, 48, 59	行政裁判制度	53
韓国法	15	行政作用法	45
慣習	30, 31	行政事件	49
慣習刑法	149	行政事件訴訟	60
慣習法	2, 27, 30, 34, 149	行政事件訴訟法	49
カント	155, 165	強制執行	125, 140
韓非子	1	行政責任	140
官報	33	行政組織	81
議院規則	30	行政組織法	45
議院内閣制	79	行政不服審査	60
議会制度	26	行政不服審査法	87
企業	93	行政法	45, 50
企業法	94	——各論	59
危険責任主義	133	——総論	58
規則	30	——の解釈	85
基礎法学	11	行政法学	58
起訴猶予	183	強制履行	124
期待可能性	172, 174	——の手続	124
規範違反説	165	共通善	141
既判力	129	協定	29
基本権	68	共同正犯	175
基本的人権	57, 68	共犯	175
義務論	165	協約	29
客体	161, 162	漁業権	115
糺問主義	180, 182, 185	挙証責任	179
教育刑	156	近代自然法	13
教会法	6	近代市民社会	48
強行法規	31	近代自由主義国家	53
教唆	175	金融商品取引法	119
行政	81	偶然防衛	168
行政解釈	194	熊本水俣病訴訟	132
行政救済法	45, 56, 60	クルアーン	37
行政刑法	139	グロチウス	6
行政権	78, 83, 83	君主	39
行政行為	66	経験則	128
行政裁判所	49	経験則違反	185

経済刑法	139	憲法	25, 29, 45, 47, 50
経済法	21, 48	——の解釈	85
警察法	59	——の最高法規性	85
形式的法治主義	144	憲法制定権者	26
刑事政策	138	憲法訴訟論	56, 88
刑事責任	131, 140	憲法保障論	58
刑事訴訟法	137	謙抑主義	142
刑事法	18, 48	権利	45
刑事未成年者	173	——の実現	56, 84
刑罰	140	——の請求	84, 86
——の種類	138	——の保護	84, 86
刑罰法規の適正の要請	149	権利能力平等の原則	92, 100
刑法	137, 138	権利保護機能	87
——各論	138	権力	45
——総論	138	権力分立	78
——の謙抑性	142	権力分立制	81
——の断片性	142	故意	161, 162, 173
——の補充性	142	行為	161
——の目的	176	行為規範	86, 146
啓蒙思想家	144	行為無価値論	163, 164, 165, 166, 168
契約	117	公益	46
契約解釈	122	公益法人	105
契約解除	124	公開主義	126
契約自由の原則	92, 117	公害問題	22
結果	161	鉱業権	115
——の発生	162	公共団体	46
結果無価値論	163, 164, 165, 166	公共の福祉論	75
決定論	170, 171	鉱業法	132
原因責任主義	130	公権	45, 68
原因において自由な行為	173	合憲限定解釈	152
検察官	9, 183	公権力	47, 54
検察審査会制度	184	——の行使	66
元首	29	公権力論	66
憲章	29	抗告	178
原子力損害賠償法	133	抗告訴訟	54, 60, 77, 77
限定責任能力者	172	公示の原則	112

工場法	95	国際法	14, 48
公序良俗	122, 123	国際連合	14
公信の原則	112	国民主権	63
公信力	112	国民主権主義	61
構成要件	160	個人主義	99
構成要件該当性	160	個人の尊厳	71
構成要件的過失	173	個人の尊厳論	72
構成要件的故意	173	国家	47
控訴	129, 178	——の三要素	47
公訴	183	国会	78
公訴提起	183	国家権力	177
公定力	66	国家賠償訴訟	60

さ行

口頭主義	126	罪刑均衡の原則	150
行動制御能力	172	罪刑法定主義… 122, 131, 143, 144, 145, 147,	
行動の自由	182	155, 161, 210	
口頭弁論	126	債権	118
高度の蓋然性	128	債権譲渡	113
公判	179	最高法規	26
公判手続	178	再審	178, 185, 186
公判前整理手続	186	罪数論	176
公布	28, 33	財政法	48
幸福追求権	72	採石権	115
公法	18, 45, 46, 47, 52	財団法人	104
——の解釈	84	裁判員	186
公法学	45, 50, 54	裁判員制度	186
公法私法二元論	52, 53	裁判官	9
公法人	104	裁判規範	146
公務員	161	裁判事務心得	34
公務員法	59	裁判所	78
功利主義	156, 157, 165	裁判上の自白の拘束力	126
功利主義思想	156, 157	裁判所規則	30
合理的な疑いを差し挟む余地のない程度		裁判制度	49
の証明	179	債務不履行	123
小切手	113	債務名義	125
国際公法	14, 49		
国際私法	15, 49		

裁量訴追主義	182, 183
差止請求	136
参議院	27, 30
三権分立	28, 78, 141
三審制	178
参政権	70, 72, 73
私益	46
事後審	185, 186
事後的救済	135
自己負罪拒否特権	179
市場	21
私人	46, 48
私人間適用	73
自然状態	7
自然人	161
自然法	7, 9
自然法的人権論	72
実行行為	161
執行命令	28
執行力	129
実質的法治主義	52
実体的正義	141
実体的デュープロセス	150
実体法	17
実定法	23
実定法学	11
実用新案法	110
私的自治	126
——の原則	52, 92
私的独占の禁止及び公正取引の確保に関する法律	122
自動車運転過失致傷罪	140
自動車損害賠償保障法	132
自白法則	179
私法	18, 45, 46, 47, 48, 52, 91
司法解釈	195

司法権	78
司法省法学校	9, 10, 11
私法人	104
司法制度	49
市民社会	20
社会契約	55
社会契約論	72, 177
社会権	69, 70, 72, 73
社会主義法系	16
社会秩序の維持	145
社会的責任	171
社会法	20, 48, 53, 92
借地借家法	97
借地人	101
借家人	101
社団法人	104
ジャン・ボダン	61
自由意思	153, 172
衆議院	27, 30
自由権	69, 70, 72
自由主義原理	148
自由心証主義	129
修正的解釈	122
従犯	175
自由放任主義	95, 102
自由民権運動	27
住民の直接請求権	89
縮小解釈	205
主権	55, 60, 61, 61, 63
主権国家	8
主権論	66
主体	161
主張責任	126
出資の受入れ，預り金及び金利等の取締りに関する法律	119
準拠法	15

準刑法	139
状況	161
商業使用人	103
証拠	127
上告	129, 178
上告受理申立て	129
上告審	129, 185
証拠決定	127
証拠裁判主義	127
証拠資料	127
証拠法則	179
証拠方法の無制限	127
上訴	31, 185
上訴制度	129
商人	103
証人喚問権	181
消費者	102
消費者基本法	102
消費者契約法	98, 121
消費者被害回復裁判特例法	106
消費者法	97
消費者問題	97
商標法	110
商法	92, 93
証明責任	128
——の分配	128
証明度	128
条約	29
条理	34, 35
省令	28
条例	27, 28
処断刑	146
職権証拠調べの禁止	126
職権探知主義	126
処分権主義	125
所有権	107

所有権絶対の原則	92, 107
ジョン・ロック	68, 177
自力救済の禁止	124
神意	36
信義誠実の原則	123
信義則	123
真偽不明	128
人権	45, 55, 68, 71, 72, 73
——の享有主体	73
——の限界	75
——の制約原理	75
——の調整（制限）	71
人権宣言	143
審査蕃	185, 186
心神耗弱者	172
心神喪失者	172
心神喪失者等医療観察法	173
新勅法	4
人的違法論	166
心理強制説	154
スイス民法	35
正義	41
正義原理	148
請求棄却判決	128
請求認容判決	128
正義論	72
製造物責任法	98, 133
正当化事由	163, 169
正当防衛	163, 168
成文法	2, 24
西洋法制史	13
政令	28
責任（有責性）	160, 169
責任過失	172, 173
責任故意	172, 173
責任主義	170

責任なければ刑罰なし	170	大審院		34
責任能力	172	大日本帝国憲法		25
責任保険制度	134	逮捕		178, 182
責任無能力者	172	大陸法系		16, 49
絶対主義	48	代理商		103
絶対的不定期刑	149	弾劾主義		179, 180, 181, 182
是非弁別能力	172	単純行為犯		162
宣告刑	146	治安警察法		96
専修大学	11	地役権		115
占有	111, 115	地上権		115
占有訴権	115	知的財産基本法		110
先例拘束性	195	知的財産高等裁判所		110
——の原則	32	知的財産法		110
臓器移植	42	知的所有権		113
臓器移植法	43	地方議会		28
捜査	182	地方公共団体		28, 83
捜索	178, 182	地方自治		29, 82
捜査手続	178	——の本旨		82
相続	113	地方自治法		83
相対的意思自由論	171	地方分権		82
相対的応報刑論	153, 156, 158	中央大学		11
遡及処罰の禁止	149	中国法		15
即時取得	112	中止犯		175
続審	185	懲罰的損害賠償制度		159
訴訟資料	126	直接主義		126
訴訟要件	129	勅法彙纂		3
租税刑法	139	著作権法		110
租税法	48	賃借権		114
損害賠償	159	手形		113
損害賠償請求	124	適正手続		143
損害賠償責任	140	適法状態の確保		87

た行

代言人	10	手続的正義		141
胎児	160	手続法		17
ダイシー	51	デュープロセス		143
		典型契約		118
		電子記録債権		113

伝統	40		内閣	27, 29, 78
天皇	27		内閣府令	28
伝聞法則	179		仲立営業	103
ドイツ法	15		ナシオン主権	64
問屋営業	103		ナシオン主権論	63
登記	111		新潟水俣病訴訟	132
道義的・倫理的非難	169		二元的行為無価値論	167
道義的責任	171		二重の基準論	76
東京大学法学部	10		日本国憲法	45
動産	200		日本大学	11
当事者・論争主義	179, 180, 181, 182, 185		日本法制史	12
当事者主義	180		入国の自由	73
統治	55, 77		任意規定	118
統治機構	55		任意法規	31
統治機構論	56, 57		脳死	42
統治権	47		ノン・リケット	128

な行

は行

統治行為	79			
道徳	37		売買契約	110
道徳理論的人権論	72		売買は賃貸借を破る	114
答弁書	127		ハディース	37
特定商取引に関する法律	98		判決	31
特別刑法	139		——の確定	129
特別権力関係	77		犯罪学	138
特別抗告	178		犯罪者処遇法	137
特別法	93		犯罪の成立要件	159
特別予防論	155		犯罪被害者等給付金支給法	135
独立行政委員会	82		反射的利益	87
独立宣言	143		反対解釈	206
都市法	59		反対尋問権	181
獨協大学	11		万民法	8
特許法	110		判例	31, 33, 35
トマジウス	6		判例法	35
取消訴訟	60, 77		非営利法人	105
取調べ	178			

被害者	162	文理解釈	199, 209
被疑者国選弁護制度	186	ベッカリーア	7, 144, 155
引渡し	111	弁護権	181
非決定論	170	弁護士	9, 10
批准	29	弁論主義	126
非常救済手続	178	ボアソナード	147
非常上告	178	法	1, 2, 3, 36, 139, 140
人	99, 162	法益	141, 165
——の支配	143, 148	法益侵害説	165
非難	153	法解釈学	190
非難可能性	170	法学提要	3
百里基地訴訟判決	67	法源	24
平等主義	100	法社会学	13
プーフェンドルフ	6	幇助	175
プープル主権	63	報償責任主義	133
プープル主権論	63, 64	法人	103, 104, 161
フォイエルバッハ	154, 155	法制史	12
福祉国家的発想	98	法政大学	11
復讐の連鎖	177	法体系	16
覆審	185	法治行政の原理	52, 86
不告不理の原則	125	法治国家担保機能	87
付審判請求手続	184	法治国家の原理	51
不正競争防止法	110	法治主義	51, 52
普通刑法	138	法定刑	146
普通法	6, 7, 8, 12, 17	法的三段論法	125
不動産	199	法哲学	13
不動産賃借人	100, 101	法典	9
不動産賃貸借法	96	法典編纂	36
不服申立て制度	129	法の解釈	187
部分社会の法理	73, 77	法の支配	52, 144, 145
不文法	24	——の原理	51
プライヴァシーの権利	183	法の適用	24
フランス革命	69	法の適用に関する通則法	15, 31
フランス法	15	法律	26, 29, 31, 205
フランツ・フォン・リスト	156	法律主義	148
文書提出命令	127	法律上保護された利益	77

法律なければ犯罪なし，法律なければ刑
　罰なし……………………… 147
法律による行政……………… 86
保険………………………… 133
保護法益…………………… 162
補正命令…………………… 125
ホッブス……………………… 7
ボローニャ大学……………… 6

ま行

マグナ・カルタ……………… 143, 144
増島六一郎………………… 34
未遂罪……………………… 162, 175
未遂犯……………………… 162, 175
三菱樹脂事件……………… 73
身分犯……………………… 162
民事事件…………………… 49
民事執行法………………… 125
民事責任…………………… 131, 140
民事法……………………… 18
民主主義原理……………… 148
民法………………………… 92
無過失責任………………… 132, 135
無罪推定の原則…………… 179
無体物……………………… 200
明確性の原則……………… 150, 151
明治維新…………………… 8
明治大学…………………… 11
命令………………… 28, 29, 30, 31
目的刑論…………… 153, 154, 158
目的的行為論……………… 165, 166
勿論解釈…………………… 205
モンテスキュー…………… 144

や行

約款規制…………………… 120

有権解釈…………………… 194
有責性……………………… 160, 169
有責性………………………
有体物……………………… 109, 200
四日市公害ぜんそく訴訟… 132
予防原則…………………… 136
予防法……………………… 135

ら行

リスク負担………………… 133
リスト……………………… 156
利息制限法………………… 119
立憲君主制………………… 39
立法解釈…………………… 194
立法権……………………… 78
立法趣旨…………………… 210
利用権……………………… 114
類推解釈………… 122, 150, 151, 206, 210
　——の禁止………………… 149
類推適用…………………… 131
　——の禁止………………… 149
ルソー……………………… 7, 61
労働基準法………………… 95
労働基本三権……………… 96
労働組合法………………… 95
労働刑法…………………… 139
労働災害補償保険法……… 134
労働者……………………… 100, 101
労働法……………………… 21, 95
ローマ法…………………… 11, 12
ローマ法大全……………… 3, 5, 12
ロック……………………… 7, 68, 177
論理則……………………… 128
論理則違反………………… 185

わ行

早稲田大学……………………………… 11

●編者・執筆者略歴●

〔編　者〕

永井 和之（ながい・かずゆき）
現　在　中央大学名誉教授

森 光（もり・ひかる）
現　在　中央大学法学部教授（ローマ法）
　　　　　　担当：序章，第1章，第5章，Column1〜3・17

〔執筆者〕

畑尻 剛（はたじり・つよし）
現　在　中央大学法学部教授（憲法）
　　　　　　担当：Column4・5

柳川 重規（やながわ・しげき）
現　在　中央大学法学部教授（刑事訴訟法）
　　　　　　担当：第4章第7節，Column16

曲田 統（まがた・おさむ）
現　在　中央大学法学部教授（刑法）
　　　　　　担当：第4章はじめに，第1〜6節，Column12〜15

野口 貴公美（のぐち・きくみ）
現　在　一橋大学大学院法学研究科教授（行政法）
　　　　　　担当：第2章，Column6

遠藤 研一郎（えんどう・けんいちろう）
現　在　中央大学法学部教授（民法）
　　　　　　担当：第3章はじめに，第1節，第2節，第3節1・2，第4節，Column7・9〜11

秦 公正（はた・きみまさ）
現　在　中央大学法学部教授（民事訴訟法）
　　　　　　担当：第3章第3節3，Column8

柴田 憲司（しばた・けんじ）
現　在　中央大学法学部准教授（憲法）
　　　　　　担当：第2章

法学入門（第3版）

2014年3月25日　第1版第1刷発行	
2016年2月5日　第1版第5刷発行	
2017年4月1日　第2版第1刷発行	
2020年2月25日　第2版第11刷発行	
2020年3月30日　第3版第1刷発行	
2022年3月30日　第3版第11刷発行	

編　者　永　井　和　之
　　　　森　　　　　光

発行者　山　本　　　継

発行所　㈱中央経済社

発売元　㈱中央経済グループ
　　　　パブリッシング

〒101-0051　東京都千代田区神田神保町1-31-2
電話　03 (3293) 3371 (編集代表)
　　　 03 (3293) 3381 (営業代表)
https://www.chuokeizai.co.jp

© 2020
Printed in Japan

印刷／三英印刷㈱
製本／有井上製本所

＊頁の「欠落」や「順序違い」などがありましたらお取り替えいた
しますので発売元までご送付ください。（送料小社負担）

ISBN978-4-502-34201-1　C3032

JCOPY〈出版者著作権管理機構委託出版物〉本書を無断で複写複製（コピー）することは，
著作権法上の例外を除き，禁じられています。本書をコピーされる場合は事前に出版者著
作権管理機構（JCOPY）の許諾を受けてください。
　JCOPY〈https://www.jcopy.or.jp　eメール：info@jcopy.or.jp〉

会社法・法務省令大改正を収録！

「会社法」法令集 第十一版

中央経済社 編　A5判・688頁　定価3,080円(税込)

◆新規収録改正の概要
◆重要条文ミニ解説　付き
◆改正中間試案ミニ解説

会社法制定以来初めての大改正となった、26年改正会社法と27年改正法務省令を織り込んだ待望の最新版。変更箇所が一目でわかるよう表示。

本書の特徴

◆会社法関連法規を完全収録
☞ 本書は、平成17年7月に公布された「会社法」から同18年2月に公布された3本の法務省令等、会社法に関連するすべての重要な法令を完全収録したものです。

◆好評の「ミニ解説」さらに充実！
☞ 重要条文のポイントを簡潔にまとめたミニ解説。平成26年改正会社法と平成27年改正法務省令を踏まえ大幅な加筆と見直しを行い、ますます充実！

◆引用条文の見出しを表示
☞ 会社法条文中、引用されている条文番号の下に、その条文の見出し（ない場合は適宜工夫）を色刷りで明記。条文の相互関係がすぐにわかり、理解を助けます。

◆政省令探しは簡単！条文中に番号を明記
☞ 法律条文の該当箇所に、政省令（略称＝目次参照）の条文番号を色刷りで表記。意外に手間取る政省令探しもこれでラクラク。

◆改正箇所が一目瞭然！
☞ 平成26年改正会社法、平成27年改正法務省令による条文の変更箇所に色付けをし、どの条文がどう変わったのか、追加や削除された条文は何かなどが一目でわかる！

中央経済社